# 阿西西的圣方济各

SAINT
FRANÇOIS
D'ASSISE

〔法〕雅克·勒高夫 著

栾颖新 译

*SAINT FRANÇOIS D'ASSISE*

Jacques LE GOFF

© Édition GALLIMARD, 1999, 2014

中译本根据伽利玛出版社1999年版、2014年版译出

涵芬楼文化 出品

# 中译本序

## 托钵修会与中世纪法国的城市现象
——雅克·勒高夫开创的问题域

提起阿西西的圣方济各（1181/1182—1226），我们会想起什么呢？现任教宗方济各、美国加州的旧金山市（San Francesco），还是翁贝托·埃科（Umberto Eco）的小说《玫瑰的名字》里的威廉修士[1]？威廉修士是一位来自英国的方济各会修士，他与故事的叙述者阿德索一道去一座修道院调查。1986年，这部以中世纪为背景、带有推理元素的小说被改编为电影，而电影的历史顾问就是法国历史学家雅克·勒高夫（Jacques Le Goff），法国历史学家让-克劳德·施密特（Jean-Claude Schmitt）和以研究中世纪的颜色著称的法国历史学家米歇尔·帕斯图罗（Michel Pastoureau）也参与了电影的筹备工作[2]。勒高夫和埃科不仅认识，还一起来过中

---

1 〔意〕翁贝托·埃科著，沈萼梅、刘锡荣、王东亮译，《玫瑰的名字》，上海译文出版社，2020年。

2 Jacques Le Goff, *Une vie pour l'histoire: entretiens avec Marc Heurgon*, Paris, La Découverte, 1996, p. 58.

国。1993年6月，勒高夫受一个法语协会的邀请，到中国参加巡回研讨会，当时受邀的也有埃科。研讨会在不同的城市举行，勒高夫、埃科一行人去了广东、乌鲁木齐、吐鲁番和北京，还去西安参观了兵马俑[1]。埃科之所以把勒高夫推荐给《玫瑰的名字》的导演让-雅克·阿诺（Jean-Jacques Annaud），一方面是因为埃科自己不习惯参与电影的改编[2]，另一方面是因为勒高夫是研究方济各和方济各会的专家。

1999年，法国历史学家雅克·勒高夫把他在20世纪60—80年代撰写的四篇关于阿西西的圣方济各的文章合在一起，出版了一本名为《阿西西的圣方济各》的书[3]。勒高夫对阿西西的圣方济各的研究与他此前的研究有着紧密的联系。在勒高夫的学术生涯刚开始时，中世纪史研究者的关注重点是12世纪和14世纪[4]。20世纪中叶，法国中世纪史学界主要关心的是农村。研究者重点讨论的问题是在千禧年的变化（évolution/mutation de l'An Mil）之后，中世纪法国的村镇（village）是如何形成的，农民是何时、如何被重新组织起来的[5]。马克·布洛赫、乔治·杜比、罗贝尔·福西耶、埃

---

1 Jacques Le Goff, *Avec Hanka*, Paris, Gallimard, 2008, pp. 166-168.
2 Jacques Le Goff, *Une vie pour l'histoire, op. cit.*, p. 58.
3 Jacques Le Goff, *Saint François d'Assise*, Paris, Gallimard, 1999.
4 Jacques Le Goff, *Saint Louis*, Paris, Gallimard, 1996, p. 13. 中文版即：〔法〕雅克·勒高夫著，许明龙译，《圣路易》，商务印书馆，2002年。
5 Magali Watteaux, "À propos de la 'naissance du village au moyen âge': la fin d'un paradigme?", *Études rurales*, 2003, n° 167-168, pp. 306-318.

## 中译本序

马纽埃尔·勒华拉杜里和皮埃尔·图贝尔……这些历史学家主要关心的都是法国中世纪的农村世界[1]。勒高夫则另辟蹊径，关注其他人不太关注的13世纪，关注其他人还没有开始仔细研究的中世纪城市现象。

在勒高夫眼中，13世纪是一个非常重要的世纪，13世纪是商业繁荣、城市发展的世纪，也是托钵修会出现的世纪。中世纪的商人、银行家、知识分子、托钵修士都是活跃在城市里的人。从他最初的两部作品——《中世纪的商人和银行家》及《中世纪的知识分子》开始，勒高夫一直对13世纪感兴趣，也持续关注着中世纪的城市现象[2]。勒高夫关心的炼狱信仰也在12、13世纪之交出

---

[1] Marc Bloch, *La socitété féodale: Les classes et le gouvernement des hommes*, Paris, Albin Michel, 1940; Georges Duby, *La société aux XI<sup>e</sup> et XII<sup>e</sup> siècles dans la région mâconnaise*, Paris, Armand Colin, 1953; Robert Fossier, *La Terre et les hommes en Picardie jusqu'à la fin du XIII<sup>e</sup> siècle*, Paris, B. Nauwelaerts, 1968; Pierre Toubert, *Les structures du Latium médiéval. Le Latium méridional et la Sabine du IX<sup>e</sup> siècle à la fin du XII<sup>e</sup> siècle*, Rome, École française de Rome, 1973; Emmanuel Le Roy Ladurie, *Montaillou, village occitan de 1294 à 1324*, Paris, Gallimard, 1975. 中文版可参考：〔法〕马克·布洛赫著，张绪山译，《封建社会》，商务印书馆，2004年；〔法〕罗贝尔·福西耶著，陈青瑶译，《中世纪劳动史》，上海人民出版社，2007年；〔法〕乔治·杜比著，周嫄译，《骑士、妇女与教士》，上海人民出版社，2008年；〔法〕乔治·杜比著，梁爽、田梦译，《布汶的星期天：1214年7月27日》，北京大学出版社，2017年；〔法〕罗贝尔·福西耶著，周嫄译，《这些中世纪的人：中世纪的日常生活》，上海社会科学院出版社，2011年；〔法〕埃马纽埃尔·勒华拉杜里著，许明龙、马胜利译，《蒙塔尤：1294—1324年奥克西坦尼的一个小山村》，商务印书馆，1997年。

[2] Jacques Le Goff, *Marchands et banquiers du Moyen Âge*, Paris, PUF, 1956; Jacques Le Goff, *Les Intellectuels au Moyen Âge*, Paris, Édition du Seuil, 1957. 中文版可参考：〔法〕雅克·勒戈夫著，张弘译，《中世纪的知识分子》，商务印书馆，1996年；〔法〕雅克·勒高夫著，高建红译，《中世纪的知识分子》，华东师范大学出版社，2021年。

现，托钵修会的传道促进了炼狱信仰的普及[1]。很多重要的变化在13世纪发生，城市的兴起、农业的变化、人口的增长、经院哲学与托钵修会的出现、国家的诞生……勒高夫认为：西方基督教世界社会的一整套价值观都在大约12世纪中期到13世纪中期的这段时间里发生了转变，公元1000年左右开始的发展使人们的价值观逐渐发生变化；虽然中世纪早期的蔑世（contemptus mundi）倾向依然存在，但人们已经开始关注此世，关注自己正生活着的这个世界[2]。

勒高夫认为13世纪有三个重要的人物，分别是圣路易、腓特烈二世和阿西西的圣方济各[3]，他选择人物传记这一体裁来呈现这些重要的人物。1996年，勒高夫出版了《圣路易》，1999年又出版了《阿西西的圣方济各》。在旁人看来，一位被认为是"年鉴学派"代表人物的历史学家居然使用传统的人物传记体裁，"不能说是没有矛盾之处"[4]。在勒高夫看来，传记是一种实现整体史的方式，通过研究一个时代的重要人物，可以看到整个时代的样貌。勒高夫认为在看待历史上的人这方面，米什莱对他影响很大，米什莱倡导的是"活着的历史"，认为"我们不仅要讨论已经死去的

---

[1] Jacques Le Goff, *La naissance du Purgatoire*, Paris, Gallimard, 1991, p. 509. 中文版即：〔法〕雅克·勒高夫著，周莽译，《炼狱的诞生》，商务印书馆，2021年。

[2] Jacques Le Goff, "Du ciel sur la terre: la mutation des valeurs du XII$^e$ au XIII$^e$ siècle dans l'Occident chrétien" dans *Héros du Moyen Age, le Saint et le Roi*, Paris, Gallimard, 2004, pp. 1266-1267.

[3] Stéphane Bouquet, "François d'Assise, un saint debout", https://www.liberation.fr/livres/1999/10/07/francois-d-assise-un-saint-deboutdans-sa-biographie-jacques-le-goff-balaie-l-idee-recue-du-doux-idyl_285637/，获取日期：2021年8月28日。

[4] Jean-Claude Schmitt, "Jacques Le Goff (1924-2014)", *Brathair*, 2016, vol. 16, n° 1, p. 8.

人,更要讨论曾经活过的人";不仅要研究制度和结构,还要看到有血、有肉、有心的男人们和女人们[1]。倡导新的研究方法、研究视野和研究路径,与使用旧有体裁并不矛盾,勒高夫在1987年曾写道:"在新的基础上,旧的历史作品形式也会得到更新,比如说传记,现在传记很流行。"[2] 然而,勒高夫写出的两部传记都跟传统的传记不同,他自己甚至认为《圣路易》是一部"反传记"(antibiographie)的传记。《圣路易》出版之前,勒高夫和该书的编辑皮埃尔·诺拉(Pierre Nora)都没有料到这本书被读者当成了"一部真正的传记",销量超过了6万册[3]。法国历史学家伊丽莎白·拉卢(Elisabeth Lalou)评价勒高夫的《圣路易》道:"这本书展示出了一种全新的撰写传记的方式、一种讨论圣路易和国王的新方式。"[4]

正如勒高夫所言,在《阿西西的圣方济各》出版之前已经有了很多很好的关于圣方济各和方济各会的专著[5]。勒高夫的《阿西

---

[1] Jacques Le Goff, *Une vie pour l'histoire, op. cit.*, p. 98.

[2] Jacques Le Goff, "L'appétit de l'histoire" dans Pierre Nora (ed.), *Essai d'ego-histoire*, Paris, Gallimard, 1987, p. 235.

[3] Jacques Le Goff, *Avec Hanka, op. cit.*, pp. 187-188.

[4] Jean-Baptiste Auzel et Jean-François Moufflet (eds.), *Saint Louis en Normandie: hommage à Jacques Le Goff*, Saint-Lô, Archives départementales de la Manche, Conseil départemental de la Manche, 2017, p. 7.

[5] John Moorman, *A history of the Franciscan Order from its origins to the year 1517*, Oxford, Clarendon Press, 1968; Chiara Frugoni, *François d'Assise: la vie d'un homme*, traduit par Catherine Dalarun-Mitrovitsa, Paris, Éd. Noêsis, 1997; Grado Giovanni Merlo, *Au nom de Saint François: histoire des Frères mineurs et du franciscanisme jusqu'au début du XVI[e] siècle*, traduit par Jacqueline Gréal, Paris, Éditions du Cerf, Éditions franciscaines, 2006.

## 阿西西的圣方济各

西的圣方济各》的特别之处在于这本书跟他的《圣路易》一样，也是一部"反传记"的传记。勒高夫讨论了关于圣方济各的不同记载是如何产生的、这些记载中使用的词汇反映了何种观念，而不是把不同来源的史料中的矛盾之处去掉，写成一个符合线性逻辑的故事。勒高夫认为"乌托邦式的传记"是不存在的，因为人物的实际经历充满偶然，人物也可能犹豫，也会在犹豫之后做出选择，而传记应该把这些方面都呈现出来[1]。法国历史学家阿兰·布罗（Alain Boureau）认为有三部传记对勒高夫产生了重大影响，分别是恩斯特·康托洛维茨（Ernst Kantorowicz）的《腓特烈二世》、彼得·布朗（Peter Brown）的《圣奥古斯丁》和阿尔塞尼奥·弗鲁格尼（Arsenio Frugoni）的《布雷西亚的阿诺德》[2]。在使用史料方面对勒高夫影响最大的或许是阿尔塞尼奥·弗鲁格尼，他在《布雷西亚的阿诺德》中对史料的使用非常具有实验性，他选择了12种不同的史料，逐一分析每种史料中布雷西亚的阿诺德的形象。这12份史料中的记载有不少矛盾之处，但弗鲁格尼没有回避这些矛盾，而是直接把这些矛盾呈现出来。正如弗鲁格尼在序言中所写到的那样："我逐一处理史料，我愿意相信这些文本只是被写了出来，文本产生时没有想过要跟其他的文本形成互补。"[3] 勒

---

1　Jacques Le Goff, *Saint Louis*, *op. cit.*, p. 18.

2　Arsenio Frugoni, *Arnaud de Brescia*, traduit par Alain Boureau, Paris, Les Belles Lettres, 2004, p. XI。

3　*Ibid.*, p. 3.

## 中译本序

高夫在《圣路易》和《阿西西的圣方济各》中都采取了不回避史料中的矛盾的处理方式。圣路易的形象在托钵修士写的圣徒传记、编年史、劝谕集、《君主明鉴》、儒安维尔的记载中各不相同,圣方济各的形象在他自己的笔下、在修会内不同派别的人的笔下也很不同。正如弗鲁格尼所言,不同的史料反映出了人物的不同侧面,这些史料都是该人物的见证人,传记不应该是一种拼贴出的马赛克[1]。而正因如此,书写人物传记与书写整体史的雄心并不矛盾。

方济各会与多明我会、加尔默罗会和奥斯定会合称四大托钵修会[2]。13世纪最主要的两个托钵修会是方济各会和多明我会[3]。阿西西的圣方济各是方济各会的创始人,勒高夫对阿西西的圣方济各的研究与他对托钵修会的研究有关。20世纪60年代末,勒高夫在法国高等实践学院(EPHE)第六部的历史研究中心发起了一项讨论法国中世纪的托钵修会与城市现象的团队研究[4]。托钵修会与

---

[1] Arsenio Frugoni, *Arnaud de Brescia, op. cit.*, p. 173.

[2] 除了这四个修会,还有若干修会也被划入了托钵修会,参见:Emery Richard W., *The friars in medieval France: a catalogue of French mendicant convents, 1200-1550*, New York, Columbia University Press, 1962。

[3] Agnès Gerhards, "Ordres Mendiants" dans *Dictionnaire historique des ordres religieux*, Paris, Fayard, 1998, pp. 436-437.

[4] Jacques Le Goff, "Apostolat mendiant et fait urbain dans la France médiévale: L'implantation des ordres mendiants Programme-questionnaire pour une enquête", *Annales. Histoire, Sciences Sociales*, 1968, vol. 23, n° 2, pp. 335-352; Jacques Le Goff, "État de l'enquête", *Annales. Histoire, Sciences Sociales*, 1970, vol. 25, n° 4, pp. 924-946.

13世纪之前的传统型修会（如本笃会）不同，传统型修会掌握自己的财富，靠地产和租税等定期收入维生；托钵修会则强调清贫，在以往的修会规章都规定了的个人层面的清贫之上，强调集体的清贫，靠劳动、乞讨和信徒的捐赠生活。传统型修会的成员是在远离人群的修道院内静修的修士（moine），而托钵修士则是行走在路上、在城市中传道的"兄弟"（frère）。方济各会修士也被称为"小兄弟"（frère mineur），这里的"小"指的是方济各会强调的清贫和谦卑。勒高夫认为很多研究中世纪城市的历史学者〔包括亨利·皮雷纳（Henry Pirenne）〕混淆了对城市的定义和对城市的描述，他认为衡量中世纪城市的标准与衡量当下城市的标准是相同的，即：在一个人口聚集的地点，从事第三产业活动的人群占主导地位[1]。勒高夫认为对中世纪城市的研究不能满足于大范围的粗线条研究，而应该深入具体的地区，进行具体的研究。

中世纪并没有我们习以为常的统计年鉴，为了研究城市现象，需要找出一个衡量指标。中世纪的城市难以研究，因为中世纪的人们既没有对城市的定义，也没有城市的清单。一直到中世纪末期，法国国王也无法清点王国内的所有城市。如果从词汇入手，也很困难，因为不同地区、不同语言中形容城市的词是不同的，而且有很多词都可以用来形容城市[2]。勒高夫选择托钵修会作为衡

---

1　Jacques Le Goff, "État de l'enquête", art. cit., pp. 924-925.
2　*Ibid.*, p. 937.

量城市现象的指标，有两方面的考虑。首先，托钵修会强调清贫，他们经济上依赖他人的捐赠，如果不是在人口充足、商业发达、有足够的贵族和富人的城市，托钵修会难以维系。由此倒推，托钵修会的修道院能够存在的地方应该是具有一定城市属性的。其次，托钵修会在初创期已经有了非常清晰的要去城市发展的意识，因为他们要去人群中传道，依靠他人的捐赠才能活下去，也需要一个相对安全的环境[1]。综合这两方面，使用托钵修会作为衡量城市现象的指标是可行的。勒高夫还提出了从定性角度进行研究的思路，即统计一个地区有多少个托钵修道院。他列出了1335年法国有三座或四座托钵修道院的城市的清单，并且认为这就是14世纪法国的大城市的清单[2]。托钵修会的分布情况反映了中世纪法国城市的分布情况，通过一个城市内的托钵修道院的数量，可以推断该城市的规模。宗教和城市是勒高夫一直感兴趣的两个主题，贯穿他的整个学术生涯，他参与了两部丛书的编写出版工作，分别是1980年出版的《法国城市史》和1988年出版的《法国宗教史》[3]。

勒高夫发起的这项团队研究整合了宗教史和城市史。而宗教

---

[1] Jacques Le Goff, "État de l'enquête", art. cit., p. 929.

[2] *Ibid.*, pp. 939-940.

[3] Georges Duby et Jacques Le Goff (eds.), *L'Histoire de la France urbaine*, Paris, Éditions du Seuil, 1980; Jacques Le Goff et Réné Rémond(eds.), *Histoire de la France religieuse: Des origines au XIV[e] siècle*, Paris, Éditions du Seuil, 1988.

史和城市史之所以能在这项研究中合流，与当时的时代背景有关。直到20世纪50年代，法国的宗教史研究还多集中在教会内部，教会内部人士往往从灵修的角度研究教会史中的重要人物。而20世纪五六十年代，大学的研究者开始研究修道现象[1]。第二次梵蒂冈大公会议以后，整个天主教世界也发生了很大变化。此外，第二次世界大战以后法国的城市化进程开始加快，城市开始得到学术界越来越多的关注。

勒高夫发起的这项研究之所以能够实现，还与研究者对与教会相关的史料的态度转变有关。20世纪50年代，法国史学界的主流观点是来自修道院的史料属于教会史的范畴，只能用来研究教会史。以乔治·杜比的经历为例，杜比去拜访路易·阿尔方（Louis Halphen）时，阿尔方批评他："克吕尼是一座修道院。修道院的文书集（cartulaires）理应首先用来研究宗教史。"[2] 勒高夫能脱离这种古板的风气、从经济史的角度看待与托钵修会相关的史料，与他遇到的两个人相关。1953年，勒高夫到罗马法兰西学院（École française de Rome）学习，在此期间，他结识了修道院院长布里安（abbé Brien）。布里安告诉勒高夫：听忏悔的神父用的手册或许对他的研究有帮助，因为这些手册提供了与13世纪社会很多方面有关的信息[3]。1954年，勒高夫在里尔大学工作，他要开一门关于12世

---

[1] André Vauchez et Cécile Caby (eds.), *L'histoire des moines, chanoines et religieux au Moyen âge: guide de recherche et documents*, Turnhout, Brepols, 2003, p. 15.

[2] Georges Duby, *Mes ego-histoires*, Paris, Gallimard, 2015, p. 97.

[3] Jacques Le Goff, *Une vie pour l'histoire, op. cit.*, p. 81.

纪和13世纪知识分子的课。为了准备这门课,他写信给当时研究13世纪神学尤其是托马斯·阿奎纳的专家什尼神父(Marie-Dominique Chenu),两人由此结识。什尼神父认为:神学并不应该跟社会和历史分离,反之亦然。他认为经院神学和托钵修会的出现都与城市有关[1]。此外,马克·布洛赫的《国王神迹》对勒高夫影响很大,这本思考中世纪王权与神圣性关系的著作让勒高夫看到了使用与奇迹有关的史料的具体方法,也让他意识到了神圣性是中世纪人心态中非常重要的一部分[2]。布洛赫认为圣徒传记有非常高的史料价值,他很早就注意到了比利时的耶稣会团体博兰德协会(société de Bollandiste)的工作。17世纪起,博兰德协会开始整理、出版《圣徒传集成》(*Acta Sanctorum*)[3]。圣徒传记告诉我们那个时代的人们是如何生活和如何思考的,同时布洛赫也清醒地认识到:这些内容其实是圣徒传记最不想让我们知道的内容[4]。

---

[1] Jacques Le Goff, *Une vie pour l'histoire, op. cit.*, p. 85.

[2] Marc Bloch, *Les rois thaumaturges: étude sur le caractère surnaturel attribué à la puissance royale particulièrement en France et en Angleterre*, Paris, Gallimard, 1983, p. 542. 中文版即:〔法〕马克·布洛赫著,张绪山译,《国王神迹:英法王权所谓超自然性研究》,商务印书馆,2018年。

[3] André Vauchez, *La Sainteté en Occident aux derniers siècles du Moyen Âge: d'après les procès de canonisation et les documents hagiographiques*, Rome, École française de Rome, 1988, p. 1.

[4] Jacques Le Goff, "Préface" dans *Apologie pour l'histoire ou Métier d'historien*, Dunod, 2020, p. 29. 中文版可参考:〔法〕马克·布洛赫著,张和声、程郁译,《历史学家的技艺》,上海社会科学院出版社,1992年、2019年;〔法〕马克·布洛赫著,张和声译,《历史学家的技艺》,北京师范大学出版社,2014年,〔法〕马克·布洛赫著,黄艳红译,《历史学家的技艺》,中国人民大学出版社,2011年。

勒高夫开始在研究中使用圣徒传记和传说记载，甚至是当时很少有历史学者会使用的奇迹集和被当时的历史学者所鄙视的劝谕集[1]。奇迹集之所以长久以来不被历史学者重视，与奇迹的超自然性质有关。正如雅克·达拉汉（Jacques Dalarun）所言，"奇迹让所有人都感觉无所适从"，在中世纪的史料中，人们就像记载战役的结局和赋税的金额那样记载奇迹[2]。研究者对待奇迹的态度大体可以分为两类：一类是忽略奇迹里的超自然因素，只提取与当时的社会相关的信息，比如美国学者莎伦·法尔默用圣路易的奇迹集研究中世纪巴黎的贫困现象[3]；另一类是研究奇迹的神圣性本身，研究是何种因素构成了中世纪的神圣性，从心态史的角度研究圣徒和人们对圣徒的态度，这种研究路径的开创者是安德烈·孚歇[4]。勒高夫在一次采访中说明了自己对奇迹的态度："有信仰的人也无法为奇迹提供科学上的解释。当奇迹被当时的社会接受时，历史学家应当把奇迹看作历史事实。"[5] 勒高夫的很多研究都与圣徒

---

[1] Jean-Claude Schmitt, "Tout peut faire source" dans *Une autre histoire: Jacques Le Goff (1924-2014)*, Paris, Éditions EHESS, 2015, pp. 41-42.

[2] Jacques Dalarun, *La vie retrouvée de François d'Assise*, Paris, Éditions franciscaines, 2015, p. 20.

[3] Sharon Farmer, *Surviving Poverty in Medieval Paris: Gender, Ideology, and the Daily Lives of the Poor*, Ithaca (N. Y.), Cornell University Press, 2005.

[4] André Vauchez, *La Sainteté en Occident aux derniers siècles du Moyen Âge*, op. cit.

[5] Stéphane Bouquet, "François d'Assise, un saint debout", https://www.liberation.fr/livres/1999/10/07/francois-d-assise-un-saint-deboutdans-sa-biographie-jacques-le-goff-balaie-l-idee-recue-du-doux-idyl_285637/，获取日期：2021年8月28日。

相关，人们或许会形成一种"研究中世纪史的学者都是虔诚的基督徒"的刻板印象，而实际上勒高夫既不定期上教堂，也不是信徒[1]。勒高夫把教会当作中世纪社会中一个重要的机构来研究，从心态史的角度考察神圣性，由此研究中世纪人的价值观。

勒高夫对托钵修会的关注也与当时历史学界对"贫困"这一主题的关注有关，宗教团体强调的自愿清贫的基准是被迫受穷的穷人，历史学研究对这两方面都很关注。法国历史学家米歇尔·莫拉在1962—1976年间组织了对中世纪贫困现象的团队研究，没有名字的穷人的历史开始得到关注[2]。格列高利改革、律修改革运动（mouvement canonial）、追求清贫的异端团体（如巴塔利亚派、瓦勒度派等）、格朗蒙修会和13世纪兴起的托钵修会都被纳入同一个主题，即宗教上的自愿清贫观念的产生和变化[3]。其中，因为方济各会的清贫理念和实践从13世纪中叶起就引起了争论，所

---

1 Jacques Le Goff, *Avec Hanka, op. cit.*, p. 36.

2 Michel Mollat (ed.), *Études sur l'Histoire de la Pauvreté*, Paris, Publications de la Sorbonne, 1974; Michel Mollat, *Les pauvres au Moyen Age*, Paris, Hachette, 1978.

3 Tadeusz Manteuffel, *Naissance d'une hérésie: les adeptes de la pauvreté volontaire au Moyen Age*, traduit par Anna Posner, Paris-La Haye, Mouton, 1970; Lester K. Little, *Religious poverty and the profit economy in medieval Europe*, London, Paul Elek, 1978; Mathieu Arnoux (ed.), *Des clercs au service de la réforme: études et documents sur les chanoines réguliers de la Province de Rouen*, Turnhout, Brepols, 2000; Jean Becquet, *Études grandmontaines*, Ussel, Musée du Pays d'Ussel, 1998; André Vauchez, "La pauvreté volontaire au Moyen Age", *Annales. Histoire, Sciences Sociales*, décembre 1970, vol. 25, n° 6, pp. 1566-1573.

以，方济各会的清贫备受关注[1]。

勒高夫发起的关于托钵修会与中世纪城市现象的研究引起了很大的反响，有些学者攻击勒高夫的思路，有些学者沿着勒高夫的思路在具体的地区进行研究[2]。这项研究开启了一个新的问题域，此前几乎没有交集的宗教史学者和经济史学者都开始关注托钵修会。雅克·西弗洛犀利地指出：长久以来主要是教会内部的学者在研究托钵修会，他们重视研究修会的发展、传教的内容、教会学或神学，把修会的历史写得"有点儿过于平铺直叙了"，带有"内部人士"的视角；而历史研究者应该是一种与之平衡的力量，历史研究者应该查阅具体地区的档案，了解托钵修会在各地具体的情况。[3]托钵修会在各地的发展情况往往各不相同，近半个世纪

---

1 Malcolm D. Lambert, *Franciscan poverty: the doctrine of absolute poverty of Christ and the apostles in the Franciscan Order, 1210-1323*, London, S. P. C. K., 1961; Jacques Paul, "Les franciscains et la pauvreté aux XIII$^e$ et XIV$^e$ siècles", *Revue d'histoire de l'Église de France*, 1966, vol. 52, n° 149, pp. 33-37; Jacques Chiffoleau, "Usus pauper? Les franciscains, la règle et l'argent en Avignon (vers 1360-1430)" dans Henri Dubois, Jean-Claude Hocquet et André Vauchez (eds.), *Horizons marins, itinéraires spirituels (V$^e$-XVIII$^e$ siècle)*, Paris, Publications de la Sorbonne, 1987, vol.1: Mentalités et sociétés, pp. 135-149; Giacomo Todeschini, *Richesse franciscaine: de la pauvreté volontaire à la société de marché*, traduit par Nathalie Gailius et Roberto Nigro, Lagrasse, Verdier, 2008.

2 Paul Bertrand, "Ordres mendiants et renouveau spirituel du bas Moyen Âge (fin du XII$^e$s.-XV$^e$s.): Esquisses d'historiographie", *Le Moyen Age*, 2001, CVII, n° 2, p. 308.

3 Jacques Chiffoleau, "Conclusion" dans Nicole Bériou et Jacques Chiffoleau (eds.), *Économie et religion: L'expérience des ordres mendiants (XIII$^e$-XV$^e$ siècle)*, Presses universitaires de Lyon, 2009, p. 709.

以来也出版了一系列关于欧洲各地的托钵修会的研究专著[1]。勒高夫发起的这项研究所提出的假说被称为"勒高夫假说"（l'hypothèse Le Goff），这项调查研究也被称为"勒高夫调查"（l'enquête Le Goff）。从此以后，宗教与经济之间的关系开始得到重视，对这个主题的研究至今依然很活跃[2]。1979年，米夏埃尔·克朗希（Michael Clanchy）出版了《从记忆到文字记载：1066—1307年间的英格兰》，研究者又开始注意研究托钵修会的"档案意识"。近年

---

[1] Hervé Martin, *Les ordres mendiants en Bretagne (vers 1230-vers 1530): pauvreté volontaire et prédication à la fin du Moyen-Age*, Paris, C. Klincksieck, 1975; Clément Lenoble, *L'exercice de la pauvreté: économie et religion chez les franciscains d'Avignon, XIII$^e$-XV$^e$ siècle*, Rennes, Presses universitaires de Rennes, 2013; Paul Bertrand, *Commerce avec dame pauvreté, structures et fonctions des couvents mendiants à Liège, XIII$^e$-XIV$^e$ s*, Liège, Genève, Bibliothèque de la Faculté de Philosophie et Lettres de l'Université de Liège, Diffusion, Librairie Droz, 2004; Jens Röhrkasten, *The mendicant houses of medieval London, 1221-1539*, Münster, Piscataway, 2004.

[2] Jacques Le Goff, *Le Moyen Âge et l'argent*, Paris, Perrin, 2010; Giacomo Todeschini, *Les marchands et le temple: la société chrétienne et le cercle vertueux de la richesse du Moyen âge à l'Époque moderne*, traduit par Ida Giordano, Paris, Albin Michel, 2017; Giacomo Todeschini, "'Au ciel de la richesse': Le cœur théologique caché du rationnel économique occidental", *Annales. Histoire, Sciences Sociales*, mars 2019, vol. 74, n° 1, pp. 3-24; Valentina Toneatto, "La richesse des Franciscains. Autour du débat sur les rapports entre économie et religion au Moyen Âge", *Médiévales*, 30 juin 2011, vol. 60, n° 60, pp. 187-202; Clément Lenoble et Valentina Toneatto, "Les 'lexiques médiévaux de la pensée économique': Une histoire des mots du marché comme processus de domination et d'exclusion", *Annales, Histoire, Sciences Sociales*, mars 2019, vol. 74, n° 1, pp. 25-41.

来，有关托钵修会的研究开始转向他们生产文书、保存文书的情况[1]。有关方济各会的研究生生不息，在史料方面也有激动人心的发现。2014年年底，雅克·达拉汉在一家拍卖行的目录中发现了一份方济各传记的手抄本，在此之前没有人知道这部方济各传记的存在。法国国家图书馆购入了这份手抄本，并且把它的高清扫描版上传到了数据库Gallica上，供所有人查阅[2]。新出现的史料和此前未被人重视的史料都在告诉我们更多关于方济各会和圣方济各本人的信息[3]。

对13世纪的关注、对城市现象的关注，贯穿勒高夫的整个学术生涯。在寻找衡量城市现象的量化指标的过程中，勒高夫开始关注13世纪兴起的托钵修会。他在20世纪60年代末发起的关于托钵修会与中世纪法国城市现象的研究，不仅开启了新的问题域、启发了后来的研究者，也为勒高夫日后研究圣方济各和方济各会打下了基础。在《圣路易》之后，勒高夫将目光转向了13世纪的又一重要人物——圣方济各，这部《阿西西的圣方济各》是勒高夫又一次对传记题材的尝试。在本书第三章和第四章中，勒高夫通

---

[1] Michael T. Clanchy, *From memory to written record: England 1066-1307*, London, Arnold, 1979.

[2] Bibliothèque nationale de France, Nouvelle Acquisition Latine 3245. https://gallica.bnf.fr/ark:/12148/btv1b10516082m，获取日期：2021年12月25日。

[3] Nicole Bériou, Jacques Dalarun et Dominique Poirel (eds.), *Le manuscrit franciscain retrouvé*, Paris, CNRS Éditions, 2021; Chiara Frugoni, *François: le message caché dans les fresques d'Assise*, traduit par Lucien d'Azay, Paris, les Belles Lettres, 2020.

## 中译本序

过对词汇的研究，厘清了方济各会对当时社会的认识以及它对当时社会产生的影响，而这种词汇研究的方法我们在《炼狱的诞生》中也能看到。这部《阿西西的圣方济各》能让我们进一步了解勒高夫处理史料的方法、他对传记体裁的创新和实现整体史的雄心，也能让我们更加了解13世纪，乃至整个中世纪。

栾颖新
2021年12月
巴黎

# 目 录

作者简介 1

序　言 3

年　表 9

第一章　阿西西的方济各身处封建世界的革新与重压之间 13

第二章　寻找真正的圣方济各 31

　　追寻真正的圣方济各 31

　　圣方济各本人所写文本中的圣方济各 34

　　传记的问题 37

　　圣方济各的一生 48

　　皈　信 52

　　从第一版规章到第二版规章 60

　　方济各与英诺森三世 62

　　圣克莱尔 68

　　奇迹与漂泊 70

　　第四次拉特兰公会议 72

| | |
|---|---|
| 《教宗批准的规章》 | 77 |
| 走向死亡 | 79 |
| 作品与使命 | 84 |
| 圣方济各是中世纪的，还是现代的？ | 94 |

**第三章 阿西西的圣方济各与 13 世纪圣方济各传记作者笔下表示社会阶层的词汇**     111

| | |
|---|---|
| 研究的定义与范围 | 115 |
|   研究的意义 | 115 |
|   研究的难点 | 119 |
|     中世纪文本固有的难点 | 119 |
|     所选文本固有的难点 | 126 |
| 社会阶层词汇的要素 | 128 |
|   圣方济各的情况（根据他本人的作品、根据他的传记） | 128 |
|     天上的社会 | 128 |
|     方济各会的社会 | 132 |
|     地上的基督教社会 | 138 |
|   在传记作者笔下 | 142 |
|     清单 | 143 |
|     孤立的人与异常人 | 149 |
| 尝试进行解释 | 159 |
|   这套词汇的情况：与中世纪的思想模式相比 | 159 |

## 目录

这套词汇的情况：与中世纪的几套重要的描述

社会实际情况的词汇相比 　　　　　　　　161

　　与"封建"词汇相比 　　　　　　　　161

　　与"政治"词汇相比 　　　　　　　　162

　　与"宗教"词汇相比 　　　　　　　　162

　　其他影响 　　　　　　　　　　　　　163

这套词汇的情况：与方济各会的视野和目标相比 　166

　　从对抗出发 　　　　　　　　　　　　166

　　为平均而战 　　　　　　　　　　　　167

　　新社会秩序的基础 　　　　　　　　　172

这套词汇的情况：与历史研究者的问题域相比 　174

　　重现历史情境 　　　　　　　　　　　174

　　选择参照系 　　　　　　　　　　　　177

　　定义问题 　　　　　　　　　　　　　177

### 第四章　方济各会思想与13世纪的文化模式 　181

与空间概念、时间概念有关的模式 　　　　　184

　　城　市 　　　　　　　　　　　　　　184

　　教　堂 　　　　　　　　　　　　　　187

　　家 　　　　　　　　　　　　　　　　188

　　新奇之处 　　　　　　　　　　　　　190

　　记　忆 　　　　　　　　　　　　　　193

与经济发展有关的模式 　　　　　　　　　　195

　　金　钱 　　　　　　　　　　　　　　195

　　劳　动 　　　　　　　　　　　　　　198

| | |
|---|---|
| 与整体社会或市民社会结构有关的模式 | 202 |
|   各种身份 | 202 |
|   平信徒 | 204 |
|   女　性 | 206 |
|   儿　童 | 208 |
|   爱　德 | 209 |
| 与宗教社会结构有关的模式 | 211 |
|   高级神职 | 211 |
|   兄弟会 | 213 |
| 与狭义的文化有关的模式 | 215 |
|   脑力劳动 | 215 |
|   话　语 | 218 |
|   通俗语言 | 222 |
|   计　算 | 223 |
| 与举止和感受力有关的模式 | 224 |
|   宫廷典雅风度 | 224 |
|   美 | 227 |
|   愉　悦 | 228 |
|   死　亡 | 230 |
| 狭义的伦理－宗教模式 | 231 |
|   悔　过 | 231 |
|   清　贫 | 233 |

## 目录

　　　谦　卑　　　　　　　　　　　233
　　　纯洁与身体　　　　　　　　234
　　　祷　告　　　　　　　　　　236
　　　神圣性　　　　　　　　　　237
　　有关神圣的传统模式　　　　　238
　　　梦与幻象　　　　　　　　　238
　　　奇迹、巫术、驱魔　　　　　239
　　结　论　　　　　　　　　　　241

# 附　录　　　　　　　　　　　　245

　参考书目　　　　　　　　　　　247
　补充书目　　　　　　　　　　　252
　后　记　　　　　　　　　　　　257
　索　引　　　　　　　　　　　　259

# 译后记 / 栾颖新　　　　　　　273

# 作者简介

雅克·勒高夫曾通过历史教师资格考试,毕业于巴黎高等师范学院,曾是罗马法兰西学院的成员。他曾在布拉格大学和牛津大学(林肯学院)学习。雅克·勒高夫的职业生涯始于里尔人文科学学院,后来他曾在法国国家科学研究中心(CNRS)工作,之后又到高等实践学院第六部(1975年改组为法国社会科学高等研究院)工作。在费尔南·布罗代尔(Fernand Braudel)卸任之后,勒高夫于1972—1977年间担任高等实践学院的院长,后任高等实践学院的荣誉教授。

勒高夫著作颇丰,著作被译成多国语言,如:《中世纪的知识分子》(瑟伊出版社,1957年)、《西方中世纪文明》(阿尔多出版社,1964年)、《钱袋与永生》(阿谢特出版社,1986年)、《欧洲诞生于中世纪吗?》(瑟伊出版社,2003年)、《中世纪的上帝》(巴亚出版社,2003年)、《中世纪的英雄与奇迹》(瑟伊出版社,2005年)、《中世纪与金钱》(佩兰出版社,2010年),在伽利玛出版社则出版了《试谈另一个中世纪》(1977年)、《炼狱的诞生》(1981

年,"口袋本历史"系列中的第31册)、《中世纪的想象》(1986年)以及《历史与记忆》(1988年,"口袋本历史"系列中的第20册)。

勒高夫是《年鉴》杂志的主编之一,遵循年鉴学派传统,始终坚持整体史的思路。勒高夫是历史人类学领域和心态史领域的先锋人物,他对史学方法很感兴趣,曾与皮埃尔·诺拉主编《研究历史:新问题、新方法、新对象》(三卷本,历史图书馆,1974年;2011年被重新编入"口袋本历史"系列,第188册),勒高夫也曾与罗杰·夏蒂埃(Roger Chartier)和雅克·勒韦尔(Jacques Revel)合著《新史学》(雷兹出版社,1978年)。

在1983—1985年间,勒高夫曾任历史和地理教学改革国家委员会(Commission nationale)主席,负责历史和地理教学的改革工作。他还在法国文化广播电台(France Culture)主持《周一论史》节目(获1986年狄德罗-百科全书奖)。曾担任《大英百科全书》顾问。勒高夫于1987年荣获法国国家历史大奖,1991年获国家科学研究中心金质奖章,1997年获法国文学及艺术勋章司令勋位。

# 序　言

　　我差不多是在半个世纪以前开始对中世纪感兴趣的，从两个方面来讲，我都对阿西西的圣方济各感到着迷。首先，我对作为历史人物的方济各着迷，他身处12、13世纪之交，正是在这个时期，现代而充满活力的中世纪诞生了，方济各则改变了这个时期的宗教、文明和社会。方济各是半宗教的，同时也是半世俗的，他活跃在欣欣向荣的城市里，行走在路上，也曾独自避静隐修，又经历了宫廷典雅文明的繁荣时期，他把这一切融合在一起，用自己的行动开创了全新的达到清贫、做到谦卑和使用话语的方式，他身处教会的边缘，却没有落入异端；他具有反叛精神，却没有沾染虚无主义。方济各活跃在位于罗马和僻静的韦尔纳之间的意大利中部地区，此地堪称基督教世界中最为风起云涌的地方。方济各在新型的托钵修会突飞猛进的发展之中起到了决定性的作用，托钵修会在与往日不同的新基督教社会中传教，为基督教灵修思想提供了从生态角度进行思考的视角，人们认为是方济各发明了中世纪的宗教、文学和艺术中那些有关自然的情感。方济各代表了一种全新的神圣性，这种新的神圣性以基督为中心，甚至到了要跟基督一样的程度，方济各是第一个身上出现圣痕的人。方济各在他所生活的时代是一个令人印象深刻的人物，直到今天，我们依然为他着迷。

此外，方济各本人写下的文本、关于方济各的传记讲述的内容，以及与方济各有关的图像都让我对他感到着迷。他既简朴又负有盛名；既是谦卑的，又获得了社会地位的提高；相貌普通，却有着非凡的影响力。有关他的叙述让我们感觉到他是真实的，而这种叙述的丰富程度让我们可以从熟悉亲近的角度和疏远的角度想象他。每个历史学家都想要讲述过去的一个男人（或是一个女人）的一生，我也不例外，我想写一本传记，力图接近传主一生的真实情况。很久以前，方济各让我感到着迷，他比其他人更吸引我，我想把方济各当作一个整体史的研究对象（而不是那种充斥着奇闻逸事的、肤浅的传统类型传记）。方济各在历史方面和人性方面，不论对于过去还是当下而言，都是一个榜样性的人物。而我迟迟未能动笔写方济各的传记，一方面是因为之前我一直忙于思考，忙于阅读吸收那些主题更为宽泛的历史学著作；另一方面是因为现在已经有了不少写得很好的方济各传记，尤其是法国和意大利的历史学家写的那些方济各传记都非常好。

我便继续想象和建构我自己的圣方济各，那时我以为用一些流传有限的意大利语和法语的研究文献就足够了，用方便快捷、间接的方式了解方济各就足够了。

## 序　言

而如今，我已经写了《圣路易》。圣路易跟圣方济各很不一样，我想让这本书成为一部能流传下去的作品，我一直有撰写人物传记的计划，也为这本《圣路易》投入了很多精力。然而，我还是感觉没有写够人物传记。后来，当我的朋友皮埃尔·诺拉问我要不要再写些什么的时候，我马上决定出版我之前写的所有关于圣方济各的文章。

我在即将迈入第三个千年之际思考圣方济各留给我们的历史和形象，并且在思考的过程中更新对他的认识，这本书便是这种充满求知欲的思考的产物。他的历史和形象植根于实际的历史脉络，那些伪千禧年思想的信徒胡乱写的东西表现的不是真实的圣方济各。在有关方济各的新研究中，雅克·达拉汉和嘉拉·弗鲁格尼（Chiara Frugoni）的著作十分优秀（详见附录中的参考书目），他们与我一样敏感地关注方济各，不过我们提出的问题并不相同。我曾为嘉拉·弗鲁格尼所著的《圣方济各》（*Saint François*）作序，这本书刚刚推出了法文译本，该书着重描写圣方济各本人，重点使用了图像形式的史料。方济各会图书馆出版社（Edizioni Biblioteca Francescana）的修士们把我之前用意大利文写的关于圣方济各的文章结成一集，推出了新版本（米兰，1998年），雅克·达拉汉曾为此书写过一篇很长的介绍和概述（这篇文章有助于读者了解这部集子）。

最后，受普鲁奈·布尔日（Prune Berge）的盛情邀请，我最近录制了一张关于阿西西的圣方济各的光盘，收录在伽利玛出版

[11]

社的"高声朗读"（À voix haute）新系列里。

本书收录了四篇论文。第一篇是用英文和意大利文写的，于1981年发表在《神学国际期刊》（*Revue internationale de théologie*）的《公会议》（*Concilium*）专号上，着重在历史背景中讨论阿西西的方济各，尝试简要地说明他在12、13世纪之交的地位，这个时期处于"封建世界的革新与重压之间"，社会的革新与传统相互碰撞，而圣方济各既是推动革新的主要人物之一，又没有脱离传统——他始终是一个被撕裂的人和被撕裂的圣徒。

第二篇论文是最主要的一篇，这篇论文按照时间顺序对圣方济各进行整体的介绍，因此采取了传记的形式，把方济各重新置于他所处的地理背景、社会背景、文化背景和历史背景中。本篇尽可能用清晰、简洁的方式来呈现方济各的作品和他的传记中的问题，这些问题与方济各的形象和对方济各本人的解释紧密相关，而且本篇引出了方济各的思想观念和行为活动中的核心主题。这篇论文当初只以意大利文发表，1967年收录于"主角"（*I protagonisti*）书系，这个书系里收录的都是重要历史人物的普及性传记。最近我重新修改了这篇论文，写得更为详细。这篇文章试图接近并且展现**真正的**圣方济各，因为即使我想要追求客观的真实，这篇文章还是不可避免地带有我个人的解读，因为这篇文章写的是**我的**圣方济各。

在其余的两篇里则可以看到活灵活现的方济各，这两篇讨论方济各本人对13世纪整个方济各会的影响，修会的内部冲突导致

# 序　言

方济各会的成员对方济各本人有着不同的理解，他们对方济各创立修会的初衷也有着不同的解释，这些分歧最终导致了中世纪中期的矛盾和冲突。方济各和方济各会戏剧性的历史搅动了他们所处的时代。我希望我的这两篇文章能展现出这出戏剧。

其中一篇已经于1967年在圣克卢（Saint-Cloud）召开的研讨会上做过口头报告，这篇文章于1973年收入半内部发行性质的研讨会论文集中，是对词汇的研究（《阿西西的圣方济各与13世纪圣方济各传记作者笔下表示社会阶层的词汇》）。找出过去的人说的话语，并且让这些话语被人听见，然后对这些话语做出阐释，这些对历史学家而言是极为重要的任务。方济各用口头和书面的方式来表达自己，试图影响他所处时代的社会。本篇侧重分析他的词汇、思想与情感，这三者是一整套工具，揭示了他用来感化和改变社会所使用的手段。这是一套行动性的词汇。

最后，我讨论了初创阶段的方济各会对13世纪文化模式的影响〔1980年，我在阿西西的会议上报告了这篇文章，该文1981年发表于阿西西的《方济各会研究》（Studi francescani）中〕。这篇文章勾画了这个时代整个文化领域的草图，并且给方济各和他的门徒在这个领域中定位。正如方济各和他的修会想要从整体的角度来理解社会和文化，想要在这个领域有所行动，我便试图通过方济各和方济各会，从社会的角度出发，用整体的方法来研究这段历史。

但愿我没有犯下时代倒错（anachronisme）的错误，如今我

14 们即将迈入第三个千禧年，对于新时代有着种种疑问，我希望今天的人们能在本书中听到方济各和他的兄弟们的言语和行动所产生的回响。

又及：伊莎贝尔·夏特莱（Isabelle Châtelet）审阅了《圣路易》和《阿西西的圣方济各》的初稿，她的审阅工作堪称典范。

# 年 表

| | |
|---|---|
| 1181年或1182年 | 方济各（乔万尼）·博纳多内〔Francesco（Giovanni）Bernardone〕出生于阿西西。 |
| 1180—1223年 | 法国由菲利普·奥古斯特（Philippe Auguste）统治。 |
| 1182年 | 克雷蒂安·德·特鲁瓦著《帕西法尔》，又名《圣杯的故事》。 |
| 1183年 | 红胡子腓特烈与伦巴第同盟签订《康斯坦茨和约》。 |
| 1184年 | 瓦勒度派的创始人皮埃尔·瓦勒度被罗马教廷判为异端。 |
| 1187年 | 萨拉丁从基督徒手中收复耶路撒冷。 |
| 1189—1191年 | 第三次十字军东征。 |
| 1196年 | 巴黎圣母院开始以哥特风格重建。 |
| 1198—1216年 | 教宗英诺森三世在位。 |
| 1200年 | 阿西西的市民阶层和居民反抗贵族：占领拉罗卡岩石要塞，开始与佩鲁贾作战。 |
| 1202年 | 圣乔万尼桥之战。方济各被囚禁于佩鲁贾。<br>菲奥雷的约阿希姆去世。<br>比萨的列奥纳多·斐波那契撰写《计算之书》（Liber abacci）。 |
| 1203—1204年 | 第四次十字军东征，攻下君士坦丁堡。 |
| 1204年 | 方济各患病。成吉思汗统一蒙古。 |
| 1205年 | 方济各前往普利亚。他去了斯波莱托，之后返回阿西西。 |

## 阿西西的圣方济各

| | |
|---|---|
| 1206年 | 方济各皈信：受到圣达米亚诺教堂十字架的感召，与麻风病人相遇，放弃父亲的财产。<br>在蒙彼利埃公会议上，圣多明我决定用以身作则和讲道的方式与清洁派异端做斗争。 |
| 1208—1229年 | 十字军讨伐阿尔比派。 |
| 1209年 | 方济各在波蒂昂卡拉受到福音书的感召。昆塔瓦莱的贝尔纳和彼得·卡塔尼成为方济各最初的追随者。 |
| 1210年 | 方济各和最初的12位追随者同去罗马，教宗英诺森三世口头准许了小兄弟会的最初的规章（已遗失）。<br>巴黎大学的教师被禁止讲授亚里士多德的形而上学，泛神论派和阿摩利派（Amauriciens）的教师被判为异端。 |
| 1211年 | 在纽伦堡会议上，众人拥护西西里国王腓特烈二世为皇帝。 |
| 1212年 | 儿童十字军。<br>在纳瓦斯-德-托洛萨战役中，西班牙的基督徒战胜穆斯林。<br>圣克莱尔在波蒂昂卡拉发愿。<br>方济各本计划乘船前往圣地，却在达尔马提亚海岸遭遇风暴。 |
| 1213—1217年 | 阿拉贡国王海梅一世在位，又名征服者。<br>奥兰多伯爵将韦尔纳赠予方济各。 |
| 1214年 | 方济各动身去摩洛哥，经过西班牙时患病，之后返回意大利。<br>布汶战役。 |
| 1215年 | 第四次拉特兰公会议召开，方济各参加了会议。<br>据说方济各在贝瓦尼亚对鸟群布道。<br>英国王室做出让步，签署《大宪章》。 |
| 1216年 | 英诺森三世在佩鲁贾去世。新上任的教宗洪诺留三世同意方济各的请求，前往波蒂昂卡拉教堂的朝圣者可被赦罪。 |

# 年　表

| | |
|---|---|
| 1217年 | 波蒂昂卡拉修会会议（chapitre）召开：向意大利以外的地区派出传教士。方济各在前往法国的途中经过佛罗伦萨，枢机主教乌戈利诺劝方济各留在意大利。 |
| 1219—1220年 | 方济各在东方（埃及、阿卡）。他很可能拜访了圣地。 |
| 1220年 | 方济各在阿卡得知许多兄弟在摩洛哥殉道，又得知在意大利发生了修会内部的冲突。方济各返回意大利，不再掌管修会，请彼得罗·卡塔尼接任。罗马教廷任命枢机主教乌戈利诺为方济各会的保护人。 |
| 1221年 | 彼得罗·卡塔尼去世。埃利兄弟成为新一任修会总会长。方济各起草了一份新规章，然而这份规章既没有获得修会的同意，也没有获得罗马教廷的同意（这版规章被称为《教宗未批准的规章》）。<br>第三会规章撰写完毕，被批准。 |
| 1222年8月15日 | 方济各在博洛尼亚的大广场讲道。 |
| 1223年 | 方济各再次撰写修会规章，这版规章得到了洪诺留三世的批准（因此被称为《教宗批准的规章》）。<br>12月25日，方济各在格雷乔庆祝圣诞节。 |
| 1224年 | 在韦尔纳的高地上，方济各身上出现了圣痕。 |
| 1225年 | 方济各患病，在圣克莱尔的照顾之下，在圣达米亚诺教堂中度过了两个月，他在那里写了《太阳兄弟赞歌》（Cantico di frate Sole），教宗的医生来列蒂为方济各治病，但病情没有好转。方济各被转移到锡耶纳，在那里写下《遗嘱》（Testament，写于1225年年末或1226年年初）。 |
| 1226年 | 方济各在波蒂昂卡拉去世。 |
| 1228年 | 塞拉诺的托马斯撰写了第一部方济各传记。<br>7月16日，枢机主教乌戈利诺此时已经成为教宗格列高利九世，他封方济各为圣徒。 |

| | | |
|---|---|---|
| | 1230年 | 5月25日，方济各的遗体被安葬在阿西西宏伟的圣殿中，此大教堂由埃利兄弟组织建造。<br>9月28日，格列高利九世在教宗诏书 Quo elongati 中用温和、弱化的方式解释了方济各的规章，否认方济各本人的遗嘱在方济各会内的法律效力。 |
| | 1234年 | 圣多明我（1221年去世）被封圣。 |
| | 1248年 | 塞拉诺的托马斯撰写了第二部方济各传记。 |
| | 1251年 | 塞拉诺的托马斯撰写了关于圣方济各的《奇迹集》（*Traité des miracles*）。 |
| | 1260年 | 小兄弟们（方济各会成员的别称）在纳博讷召开全体教士会议，委托新一任修会总会长圣波那文图拉重新写一版"好的"圣方济各传记，希望以这个版本替代其他版本。 |
| | 1263年 | 圣波那文图拉写的方济各传记被批准。 |
| | 1266年 | 圣波那文图拉写的方济各传记被认定为唯一一部符合教规的方济各传记，命令毁掉其他所有版本的方济各传记。 |

# 第一章

## 阿西西的方济各身处封建世界的革新与重压之间*

阿西西的方济各出生在西方中世纪蓬勃发展的时期,而且他出生的地区深受这个突飞猛进的大发展时期的影响。

对当今的历史学家而言,这个大发展时期的首要表现是人口和经济的增长。自公元1000年左右以来,虽说各地的人口增长情况并不是均衡的,但是整体来看,人口是在不断增长的,有时甚至是爆发式增长,比如意大利的北部和中部就发生了人口的爆炸式增长,人口数量提高,有可能是原来的两倍。因此就有了养育这些人口的需要,要为这些人提供食物和精神食粮。

那时,土地是一切的基础。在这种情况下,进步首先是农业的进步。农业进步主要是数量上的进步,这种进步是粗放的:大量开垦土地,开辟新的种植空间,覆盖基督教世界的森林中出现了新的开垦地,已有的林中开垦地的面积也变大了。如果想要找

---

* 本文于1981年发表在《神学国际期刊》的《公会议》专号上,感谢埃里克·韦涅(Éric Vigne)对本文所做的修改和提出的意见。

到荒凉无人的地方，要比以前走得更远。同时，农业也存在质量上的进步，但质量上的进步几乎没有触及方济各家乡的陡峭山区。质量上的进步主要体现在平原地区，使用轮子和不对称的犁壁的犁代替了只能在地表发挥作用的摆杆步犁；出现了新型的套车系统，人们可以用更有力气的马代替牛；还引入了新型耕种方式——三圃制，人工草场的发展促进了畜牧业的发展。这些进步对群山遍布的翁布里亚地区影响甚微。不过翁布里亚地区的风车数量大大增长，这一点跟其他地方一样，风车为山谷地区引入了一种新的动力机制。大量增长的人口聚集在一起，形成了村庄，形成了集中的居住点，这种居住点大多分布在高地，围绕一座教堂或者一座城堡而形成。这个过程就是筑城（*incastellamento*）。

人口增长和经济增长最直观的结果是强劲的城市化进程。与希腊-罗马世界那种浮于表面的城市化相比，这场城市化进程更接近19世纪以及20世纪那几波爆发式扩展的城市化浪潮，出现了城市的网络。而且城市网络中的城市不再是古典时期或中世纪早期那样的军事中心、行政中心，而是经济、政治和文化的重镇。

这种城市发展的形态（不过我们将会发现这种现象从13世纪开始便在意大利消失了，在城市化程度还很低的英格兰还保留着这种形态）对宗教领域的一种影响是：身为主教的圣徒大多是古典时期或中世纪早期城市的主教。此后神圣性将更加紧密地与城市有关，有一类圣徒生活在城市里，比如身为市民的圣徒、身为平信徒的圣徒、身为托钵修士的圣徒；还有一类圣徒远离城市，即隐修士圣徒。

城市是一个工地,通过劳动分工,城市中发展出了数量繁多、形式多样的手工业。在建筑业、纺织业和制革业这三个正在走向"工业化"的行业中,产生了一个由出力者组成的前无产阶级(pré-prolétariat),他们无力抵抗,直接接受"公平工资"被"公平价格"决定的现实,而"公平价格"只不过是供求关系所决定的市场价格,出力者也无法挣脱那些"给他们派活儿的人"的控制。城市是交换的场所,城市吸引其他地方的集市和市场迁移到城市中,在城市里也催生了集市和市场,长途和中短途的贸易促进了集市和市场的繁荣,因此商人在城市生活中的影响力越来越明显。城市是经济交换的主要场所,在交换中人们越来越频繁地使用一种主要的交换手段,即货币。基督教世界中的货币并不统一,种类繁多,在商人群体中很快就产生了一群货币专家,即货币兑换者。货币兑换者之后就变成了银行家,他们取代了修道院和犹太人。修道院此前可以满足中世纪早期数量较少的货币兑换需求。而犹太人从此以后只做消费领域中的放款人,也就是"高利贷者",而这也说明了信仰基督教的商人在增多。城市是金钱主导之地,城市的劳动力市场也变成了金钱主导之地,城市中的受雇佣者一直在增多。

城市不仅是经济中心,也是权力中心。在此之前,传统类型的权力多由主教或领主执掌,有时候主教就是领主,而从这时起,一个由公民或市民组成的新兴群体开始在传统类型的权力之外获得"自由",也就是范围越来越广的特许状。公民与市民没有颠覆封建系统的经济基础和政治基础,而是在封建系统中引入了一个变量,这个变量创造了自由(德国人说"*Stadtluft macht frei*",即"城市的空气使人自由")和平等(公民宣誓和市镇宣誓是法律上跌为平等的人之间签订的契约)。引入这个变量以后,不平等的基础不再是出身和血统,而是财富多寡,财富包括:不动产和动产,拥有土地和城市中的房屋、年贡、年金,以及金钱。

就像离我们更近的那场城市化进程一样,中世纪的城市也充满了来得或早或晚的移民,总有新的移民进入城市。城市中的男男女女是无根的人,是迁移到城市里来的农民。

在阿西西的方济各出生的1181年或1182年,这个新社会正从强烈的无政府主义时期过渡到制度化的阶段,意大利的手工业者和商人的行会和城市自治体都有制度化的倾向,而且这种变化比其他地方发生得更早。仅以佩鲁贾的一个标志性事件为例:在方济各生活的时代,佩鲁贾是阿西西最强劲的竞争对手,1205年佩鲁贾修建了市镇的首个大型建筑,即执政官宫殿(之后变成了最高行政官宫殿),当时方济各23岁。

然而,农村社会也并非一成不变。即便城市化(*inurbamento*)这个将人口向城市迁移的过程把一部分农村人口纳入了城市人口中,留在乡下的人也从领主那里取得了特许状,农奴也从领主那里取得了自由。领主手头变紧了,城市正在从农村吸取越来越多

# 第一章

的财富，面对这种情况，领主加重了对大部分农民的剥削。

身处这个新社会，面对这个新社会，教会和教士阶层何去何从？从某种程度上说，教会是最早开始转型的。名为"格列高利改革"的改革的时段远远超过格列高利七世在位的时间（1073—1085年），改革的范围也远远超出格列高利七世的主张。这场改革的内容不仅是教会脱离世俗封建势力的支配。这场改革最明显的表现是教廷不再依附皇帝的权力，取得了独立地位，取得了不受世俗统治者干涉、选举主教和修道院院长的自由。经济和社会方面的压力被归结为买卖圣职罪（simonie），教会为消除经济和社会方面的压力也做出了不少努力，其中最主要的举措就是打击圣职者结婚或与女性同居的现象（nicolaïsme）。而打击教士淫乱行为的举措不仅是出于道德和灵修方面的进步的考虑。从11世纪初开始出现了三元模式（schéma triparti）的说法，三元模式把人分成三类，即祈祷者（oratores）、战斗者（bellatores）和劳动者（laboratores），通过禁止祈祷者结婚和与女性同居，教会以性行为为界，彻底把教士群体和平信徒分开了。

然而，格列高利改革既向往回到最初的阶段，回到教会的最初形式（Ecclesiae primitivae forma），又强调要过真正的使徒式生活（Vita vere apostolica）。教会意识到了基督教社会中存在着恶行，教士和平信徒都有恶行，于是基督教化的过程又一次开始了。那时人们刚刚跨过公元1000年这个节点，迈入了"世界的新春天"（乔治·杜比所言）。通过主张和平的机制，这种热忱的情绪被传达给了整个社会。从某种意义上来说，格列高利改革历经整个12世纪，是把这种热忱的情绪制度化的过程，这种热忱的情绪渗透到了基督教社会中。

教会改革也是对世界变化的回应，是教会为了适应外部变化而做出的努力。

这种回应首先是制度层面的，主要涉及三个方面：成立新修会、律修改革运动蓬勃发展以及接受教会的多样性。

这些新修会力图实践最初的圣本笃规章，主张从事体力劳动，体力劳动与神功（*opus dei*）并重，而且强调要过简朴的生活。这也就意味着要抛弃传统形式的修道院财富，遵循洁净简朴的建筑和审美风格，抛弃以精细为特点的罗马巴洛克风格雕塑、细密画和金银器。新修会中最重要的有两个：一个修会是加尔都西会，该会1084年由布鲁诺创立，追求最初的隐修方式。1173—1180年间吉格二世担任加尔都西会的会长，在这个时期加尔都西会实行由四个"精神阶梯"组成的严格修行，这四个"精神阶梯"即阅读、沉思、祈祷和冥想。另一个修会是熙笃会，1098年茂来斯木的乐伯成立了熙笃会，1115—1153年间圣贝尔纳担任熙笃会明谷（Clairvaux）修道院的院长，他对熙笃会产生了巨大的影响，修会既取得了经济方面的成绩，又实现了灵修方面的改革。对于熙笃会而言，"沙漠"在山谷里，熙笃会在山谷里修建磨坊，利用机械设备解放人力，修士们得以把更多的时间投入到灵修生活中去。熙笃会在技术进步方面有着突出的贡献，尤其是在冶金领域。熙笃会适应了农村经济的新形势,尤其是牧场和羊毛纺织产业的发展,修会推广了一种新型经营模式,即仓房。仓房由杂务修士管理,用于饲养牲畜、储存粮食以及存放劳动用具。

改革后的修道制度更好地平衡了体力劳动和祈祷,而律修改革运动则实现了劳动生活和静思生活之间的新平衡,以及牧灵(*cura animarum*)和集体生活之间的新平衡。1120年克桑腾的诺贝特在拉昂附近的普雷蒙特成立了普雷蒙特修会,修会的规章植根于农村的环境,主张过清贫的生活,从事体力劳动(修会开垦了大量的土地),重视传教。然而,大多数12世纪的律修教士(chanoine)生活在城市中,而他们采取的圣奥古斯丁规章正是在城市背景中产生的。虽说圣奥古斯丁规章是在古代城市中诞生的,12世纪的城市已经不同于古代的城市,但圣奥古斯丁规章依然是灵活开放的,使得律修教士可以同时实现集体生活、个人修行和在教区的传教任务。

《教会中各修会与各职业之书》(*Liber de diversis ordinibus et professionibus quae sunt in Ecclesia*)据传为一位住在列日(Liège)的律修教士在1125—1130年间所作,这份手稿的内容是不完整的,可能是因为作者没有写完,也可能是因为传世的手稿残缺不全。这部作品介绍了各种教士和修士的阶位。正如神的居所有很多座房子,教会的制度安排也存在多样性。作者根据他们与俗世的关系、距离居民点的远近来定义其身份:"有一些完全脱离人

26

群……另一些在人群旁边；还有一些生活在人群之中。"

尽管教士和平信徒之间存在分隔，平信徒越来越多地参与到宗教生活中，平信徒在宗教领域的地位逐渐稳固。在新成立的修会中，平信徒成员或者说是杂务修士发挥着越来越大的作用。军事性质的修会在某种程度上是修士和战士的结合，是宗教生活和骑士生活的结合。在教士的鼓励下，皮卡第、佛兰德地区以及阿尔卑斯山附近都出现了讲求虔诚的团体，比如，在1177年去世的列日神父朗贝尔·北格的鼓励下，佛兰德地区出现了男性组成的北格团和女性组成的北真团。雅克·德·维特里也鼓励虔诚团体，是著名的传教者，他曾撰写北真团隐修女奥涅的玛丽的传记，雅克·德·维特里日后当上了阿克（Acre）的主教，又升任枢机主教。1200年左右，出现了很多由平信徒组成的信仰团体（*laici religiosi*）和女性组成的信仰团体（*mulieres religiosae*）。米兰出现了巴塔里亚派，他们的活动一直持续到12世纪，吸引了渴望改革的教士和平信徒。1117年冬天，米兰大主教和执政官召开了一次会议，"一大群期盼着除恶扬善的教士和平信徒"聚集在城门附近的草地上。在12世纪40年代，律修教士布莱西亚的阿诺刚开始在他的家乡布莱西亚讲道，抨击教士的腐化生活，就在罗马的平信徒中引发了政治改革和宗教改革。

教会身处这个新世界，试图更新解释教义的方式，提供新的宗教实践方式。最重要的变化堪称有关原罪和圣事的教义。

虽然神学家们经常意见相左，比如拉昂主教学校的教师安塞

# 第一章

尔姆和纪尧姆·德·香浦、巴黎的阿贝拉尔，他们却一同发展了唯意志论的原罪教义，认为原罪在意识中。从此以后，最重要的就是意志，这种对意志的重视催生了新的告解方式。古代那种在众人面前进行告解的方式已经消失，而新的个人告解尚未出现，在新旧两种告解方式之间的空白期内，出现了尝试悔过的个人行为和集体行为。到了12世纪，传统的悔过方式发生了变化，人们不再在众人面前说出自己的罪，而是转向在耳室里进行个人的告解。这种变化得到1215年第四次拉特兰公会议颁布的教会法规 *Omnis utriusque sexus* 的认可，告解成了必须要做的事，该教会法规要求男女信徒每年必须至少做一次个人告解。从此，坦白自己的过错成了悔过惩罚的一种形式，良心领域拓展了新的边界，即检验良心。

新形式的告解被纳入了新提出的七件圣事中，新系统中包括了新提出的七件圣事，还包括七宗罪和七项圣灵的赠予。我们应该思考七宗罪的排序发生了什么变化，这些变化很能说明问题。贪婪比傲慢排得更靠前，贪婪是与货币经济的发展有关的，而傲慢是与封建制度有关的。

法律思想领域和司法实践领域也发生了同样的变化，值得关注。在根据罪行严重程度量刑的时候，不仅依据犯罪者行为的严重程度，还要考虑犯罪者所处的情境和犯罪者的动机。

最后一个重要的变化是学校的巨变。伴随着城市的蓬勃发展，拉昂、兰斯、夏尔特尔、巴黎的主教学校也开始了革新。然而主教学校的革新只不过是一棵稻草燃起的小火苗，修道院学校仍在散发最后的光芒。在城市中，与主教学校和修道院学校截然相反的新学校产生了，新学校的发展相对松散随意，主要朝两个方向发展。其中一个方向是神学，在巴黎风起云涌的知识、社会和政治环境中，人们主要对神学感兴趣；另一个方向是法学，博洛尼亚商业繁荣，人们热衷于研究法律。两部日后被推崇为经典的作品几乎同时诞生：其中一部作品是1140年左右格兰西编纂的《教令集》（Decretum），或称《歧异教规考订》（Concordia discordantium canonum），它是第一部试图统一教宗敕令的集子，为14—15世纪出现的《天主教法典》（Code de droit canonique）奠定了基础；而另一部作品是四卷本《判决》（Sentences），由巴黎主教意大利人皮埃尔·隆巴尔（Pierre Lombard）于1155—1160年间写成。这两部作品都是在新的知识圈子里诞生的，这个新的知识圈子由研究神学或法学的专业人员组成，他们使用基于理性的讨论和论证的方法，即经院哲学。

教会的重大转变的结果是在西方重新召开了好几个世纪都没有开过的"全体教会的"公会议：第一次拉特兰公会议（1123年）、第二次拉特兰公会议（1139年）、第三次拉特兰公会议（1179年）和第四次拉特兰公会议（1215年）。这些公会议的召开既标志着格列高利改革的收束，又体现出教会面对发生了重大变化的世纪所做出的革新（aggiornamento）。公会议的召开是教宗权力占上风的体现，可是教宗权力的胜利和公会议的召开所体现出的意义都是模棱两可的。教会为适应新事物做出了改变，然而教会又在这个新社会中进行控制，实行阻隔措施，甚至是封闭措施。事实上，尽管教会做出了革新的努力，在13世纪初教会依然承受着旧的压力和新的压力。

教会的反应很迟缓，在应对经济领域的变革和城市中的变革时的反应尤为迟缓，教会依然深陷农村的封建制度中。

教会采取了新的组织方式，可是这些新的方式很快就让教会失去了活力：新兴起的修会积聚了大量的财富，尤其是熙笃会，开始让杂务修士干活；农村地区陷入了不良局面；教会法管控的领域越来越宽，唯法律是从；教宗的官僚系统开始堕落，罗马教廷变得专制。

教会遭遇的一些失败也很说明问题：十字军无力对抗穆斯林，偏离了目标，1204年朝君士坦丁堡进发的第四次十字军东征丝毫无法激起人们的热情；在基督教世界内部，也无力打击异端。

最终，教会显得笨手笨脚，无力迎接历史的挑战：金钱渗透到各个领域，出现了新的暴力；教会的态度也很矛盾，一方面渴望更多地占有这个世界的财富，另一方面又与日益强烈的追求财富、权力和色欲的倾向做斗争。

经院哲学和教会法渐渐成型，为教会提供了将基督教社会中的新情况进行理论化的手段，告解手册、讲道范例和劝谕（*exempla*）等通俗易懂的作品为知识水平一般的神父提供了一些方便,有了这些通俗易懂的文本,他们便可以回应一部分信徒的新需求了。然而,这些知识领域的发展也让教会精英和平信徒大众之间出现了一道文化水平的鸿沟,学者的建树压制了,甚至是熄灭了13世纪产生的民间文化。

封建制度实行君主制政体,主流文化借鉴了贵族和骑士这两个世俗统治阶层的文化,贵族和骑士那种主张宫廷式的典雅风度的价值观在新社会中占据主导地位,在意大利城市自治体的城市社会中也是如此。阿西西的方济各本人便受到了骑士文化的影响,他对于清贫的虔诚中就包含骑士和宫廷阶层所主导的典雅气质。方济各一直没有放弃当骑士的梦想,他在梦到房间的时候,那个房间里充满了武器。方济各提出清贫女士(Dame Pauvreté)的概念显然是为了对抗贵族-市民社会中盛行的财富至上的价值观的,然而方济各所依赖的模型却还是带有封建制度色彩的。英格兰作者沃尔特·迈普在《朝臣琐事》(*De nugis curialum*,1192—1193年)中写到了教士在王公贵族的恶行与琐事的搅扰中所受到的训练。而同样是在12世纪末,巴黎主教莫里斯·德·苏利出身贫寒,却当上了主教,这种现象十分罕见。他同时用拉丁语和通俗语言布道,却在布道词中强调农民也有农民应尽的义务,农民应该向教会缴纳什一税,也应该向领主缴纳供赋。

加布里埃尔·勒布拉(Gabriel Le Bras)曾写到12世纪的教会的人员冗余达到了何等程度:"经过一个莫名其妙的过程,教士的类型确实增多了,可是他们根本没有满足当时的需求,教会

# 第一章

只是满足了富人们对救赎（或是奢侈铺张）的需求，为律修教士和神父提供了（有时是过度的）便利。"

教会最明显的失败发生在12世纪末，当时出现了一些平信徒信仰团体，有些很明显就是异端团体，还有一些团体是被教会归为异端的。其中最引人注目也最严重的一个团体是清洁派，清洁派信仰的是一种不同于基督教的宗教，认为善与恶、精神与物质之间是完全对立的。清洁派的活动范围包括下莱茵地区、法国和神圣罗马帝国的一些地区、从卢瓦尔地区到阿尔卑斯山地区，尤其是法国南部、普罗旺斯地区和意大利北部。教会曾把传教和十字军东征的任务交给各地的堂区教士群体和熙笃会，但他们却没能完成任务。其后果就是教会开始在基督教世界内发动战争，法国南部和法国北部之间的隔阂长期存在，而且还设立了宗教裁判所。宗教裁判所是历史上一桩重大的反人类罪行。

而教会在面对那些并没有提出异端教义的平信徒虔诚团体时，最明显的态度就是不理解，而且又很害怕这些团体。第二次拉特兰公会议（1139年）发布的第26条教规已经禁止虔诚的女信徒在自家按修道院的方式生活的做法。

情况更为严峻的是瓦勒度派和卑贱者。瓦勒度派主张过穷人一般的生活，是里昂富商瓦勒度在1170年左右发起和组织的。瓦勒度派强调要虔诚，要做善事，而且要读《圣经》，还要传教和乞讨。而卑贱者是1175年左右在米兰兴起的，主要由手工业者组成，他们住在一起，一同劳动和祈祷，也读通俗语言版本的《圣经》，而且还传教。卑贱者很快就遍布整个伦巴第地区。1184年，教宗卢修斯三世在维罗纳宣布对清洁派、瓦勒度派和卑贱者处以绝罚。而教会觉得他们哪里有错呢？主要是因为这些团体传教，而理论上只有教士才能传教。

沃尔特·迈普在教会内居于高位（牛津的总执事），他最先表达不满："《圣经》应该被传给那些头脑简单的人吗？这就好比把珍珠扔给猪一样。我们知道那些头脑简单的人根本就无法理解《圣经》，他们自己都没有明白，还能去传教吗？"沃尔特·迈普觉得平信徒传教实在是耸人听闻，不能接受，而且他更不能接受的是女性平信徒也传教。

显然，英诺森三世在背后操纵，他在1196年收编了卑贱者团体里的一些人，他把这些人编入"修会"，把他们分成三个修会。第一个和第二个修会里是真正的修士，要遵守一个规章；而第三个修会类似于"真正的第三会出现之前的雏形"，第三个修会里的成员从事手工业劳动，用自己的劳动养活自己，而且用这些报酬来救济穷人。此外，英诺森三世还对《圣经》的内容做出了区分，他认为其中一部分内容是浅显的，这一部分里的叙述和宣传的道德观念所有人都能看懂；另一部分内容则是深奥的，这一部分的教义必须由教士来解释和阐述。

由此我们可以了解1200年左右的平信徒受到了何种影响，他们有什么需求，又有什么诉求。平信徒想要直接阅读《圣经》，想要突破拉丁文的阻碍，不需要教士群体充当平信徒和《圣经》

之间的中介，平信徒也想要传教，他们想在俗世中过福音书一般的生活，想在家庭中、在从事自己的职业的过程中以平信徒的身份过福音书式的生活。而且12世纪末还兴起了主张男女平等的观念，伦巴第的卑贱者团体、意大利北部农村的悔过者，以及法国和神圣罗马帝国北部边境的北格团与北真团都在实行男女平等。

有一部分人认为只有圣父时代与圣子时代过去以后的第三个时代——圣灵时代才有希望，比如卡拉布里亚（Calabrais）修道院院长菲奥雷的约阿希姆。他们认为在圣灵时代"灵修的人"将会共同生活，组成团体，而为了达成这个目标需要"积极地行动，甚至是做出革命性的举动"。

阿西西的方济各便处在这样的一个时代背景中，那是1201年或是1202年，当时方济各20岁。他之所以获得了成功，是因为他回应了绝大多数同时代人的期待，他接受的东西和他拒绝的东西都符合同时代人的期待。

方济各是一个在城市里长大的孩子，他是一位商人的儿子，他最开始传教的地点就是城市。不过他给城市带来的是清贫的理念，清贫的理念与城市中的金钱和财富正相反。方济各曾在阿西西经历过阿西西与佩鲁贾之间的内战，他也想给城市带去和平的理念。

方济各认为圣马丁的精神值得学习，圣马丁曾暂时放弃图尔主教的职位，到马尔穆捷修道院独自修行。方济各所处的时代已经不同于圣马丁的时代，方济各试图找出一条兼容在城市中传教和在偏僻之地隐修这两种状态的第三条道路，他既想在人群中传教，又想在无人打扰的地方独自修行。方济各于是提出了一种解决方案，这个方案应该可以适应他所处社会的现实，这个方案就是踏上朝圣的路。

在方济各还是平信徒的时候，新上任的教宗英诺森三世在1199年封平信徒商人奥莫彭·德·克雷莫纳为圣徒，方济各是知道这件事的。英诺森三世想告诉大家平信徒有资格，也有能力过真正的使徒式的生活，平信徒也可以像教士一样，跟教士一起过使徒式的生活。尽管方济各的内心有过挣扎和矛盾，他还是忠于教会的。他怀着一颗谦卑的心，尊重圣事，接受教会内部人员的区别和等级之分。但是，在方济各自己正在成型的修会中，他很明显地拒绝在兄弟会内部搞等级区分，也不希望修会的成员变成职位很高的教士。那时已经出现了由夫妇双方组成的、规模较小的父系家庭，可是人们依然看不起女性，也不重视儿童。方济各却与几位女性保持着亲近的关系，其中与他关系最密切的是圣克莱尔，他由此表现出了对女性的关注。方济各还赞美格雷乔的马槽中那个还是婴儿的耶稣，由此表现出他对儿童的关爱。

方济各认为所有人都应该遵循同一个典范，那就是基督，要远离等级制度、分类和分级，他认为唯一可走的道路就是"赤身裸体地追随赤身裸体的基督"。

这个世界把各种各样的人排除在外，在公会议的立法和教会法的教例中都能看到把一些人排除在外的做法，犹太人、麻风

# 第一章

病人、异端和同性恋者都被排斥在这个世界之外。同时,经院哲学在赞美抽象的大自然,却完全不了解这个具体的世界。方济各并不相信泛神论,而他在这个把一些人隔绝在外的世界里,强调一切造物都体现着神性。他的一边是整日以泪洗面的修道院,另一边则是沉浸在虚幻欢愉中的无忧无虑的民众,他站在这两者之间,展现出一张笑脸,他微笑着,人们只要看到他就能知道上帝是快乐的。

在方济各所生活的13世纪,哥特艺术中也出现了正在微笑的人物形象。方济各也是他所处时代的产物,他接受的事物、他拒绝的事物、他的犹豫不决和他的模棱两可都受到了他所处时代的影响。

让他感到犹豫不决的是:要如何实现崇高理想中的谦卑生活,是通过劳动还是通过乞讨?自愿地过贫穷的生活跟被迫受穷有什么区别,应该如何定义自愿的贫穷呢?自愿的贫穷和被迫受穷,到底哪一种是真正的贫穷呢?如何在社会中做一个使徒、做一个悔过的人?劳动的价值是什么呢?

让他感到模棱两可的是:贫穷与知识有着何种关系?知识难道不是一种财富吗?知识是否会导向对他人的支配和不平等呢?书籍是不是也属于一种应该拒绝的尘世财富呢?知识界繁荣发展,大学兴起了,方济各会的成员们很快也会去大学教书。面对这一切,方济各没有明确的答案。从更宽泛的角度出发,我们应当思考一下:在方济各临死的时候,他认为自己创立的是最后一个修道团体呢,还是第一个现代兄弟会呢?

# 第二章

## 寻找真正的圣方济各*

### 追寻真正的圣方济各

按理说，介绍阿西西的圣方济各是一件格外容易的事。他写的东西流传至今，我们由此得以了解他的情感、意图和思想。他的写作风格十分简朴，这与他的生活方式是一致的。他过着简朴的生活，他追求的理想也是简朴的、单纯的，他有意识地不用经院哲学的烦琐概念，不用学者式的、模糊的词汇和风格来表达自己的思想或者进行文学创作，不写读者费很大力气解读和阐释才能明白的东西。方济各是一位新型的圣徒，他的神圣性主要不是通过奇迹显现出来的，虽说他也施行了不少奇迹；他的神圣性也不在于数不尽的美德，不过方济各也的确有一些美德，而且很明

---

\* 本文最初以意大利文发表，由莉萨·巴鲁菲（Lisa Barruffi）翻译（*Francesco d'Assisi, I Protagonisti della storia universal*, vol. IV, *Cristianesimo e Medioevo*, Milan, 1967, pp.29-56）。1998年，这篇文章由米兰的方济各会图书馆出版社再次出版，标题为《阿西西的方济各》（*Francesco d'Assisi*）。本文在1999年以法文出版，此前未曾以法语出版。

显。方济各的神圣性在于他度过的一生整体上具有示范性。有很多关于方济各的传记，他周围的人也写了他的传记，这些传记不仅内容翔实，记述他的事迹，而且着重描写他的求真精神、简朴单纯和真诚亲切。他自然地流露着这些品质。

他认为自己是一切生物、一切造物的朋友和兄弟，对一切造物都回以关怀，怀着兄弟般的理解和最大程度的慈善，这也就是爱。而历史也回报了他，以往的历史记载一致地高度评价方济各，强烈地推崇他。他的魅力感动了、折服了那些谈论他、写他的人们，不论是天主教徒、新教徒、非基督教信徒，还是不信教者都为他感到着迷。地理和历史天然地勾勒出了他一生的框架和环境，正是这个隐秘的框架和环境催生了他与他的家乡之间的深刻羁绊，他的一生与他所在的地点有着紧密的联系。他首先与阿西西紧密相连。阿西西紧邻交通要道，连接平原和山区，既能接触到人群，又能找到独处的僻静地点。他也与翁布里亚大区紧密相连。翁布里亚地区的山峰和山谷遍布小道，既喧嚣又宁静；有光明的一面，也有阴暗的一面；农业和商业并重，欣欣向荣；那里的人们既淳朴又深邃，既平静又充满热情。他内心充斥着火热的情感，而这种情感有时也会向外表达，他向树木、大地、岩石和汩汩流淌的小溪表达情感。他与一群或高贵或平凡的动物为伴，包括羊、牛、驴、鸟，而在鸟类中最为人所知的是鸽子、乌鸦和寒鸦，他曾向它们布道，此外还有隼、野鸡、勤劳的蜜蜂和

## 第二章

曾停在他手上歌唱的谦虚的蝉。他还与意大利紧密相连，教宗和皇帝在意大利争夺地盘，城市与城市互相敌对，贵族和平民对抗，农村地区的传统无法与日益受到货币侵蚀的经济发展兼容。他还与他所处的时代紧密相连，那是一个动荡的时代，城市繁荣发展，异端的发展令人感到不安，人们迫不及待地要去参加十字军，表现骑士风度的典雅诗歌盛行，这个时代也被高昂的热情和纤细的情感撕扯着。给他定位是一件多么容易的事啊！历史学家是幸运的，他们的面前出现了装满无价之宝的闪闪发光的宝盒，宝盒里装着圣方济各本人写的诗以及关于他的传奇故事，这些材料从圣方济各还在世的时候就开始出现了，通过这些材料我们可以了解他是怎样的一个人、他度过了什么样的一生，以及他的行为。在他身上既可以看到真相，又可以看到诗意。早在一百多年以前，欧内斯特·勒南（Ernest Renan）就曾称赞圣方济各："他精彩的传奇值得仔细研究，通过考证可以确认传奇中的大致走向是真实的。"

然而事情并不是这么简单。虽然圣方济各为人简单淳朴，又乐于表现自己的想法，也曾有很多人讲述和描写他的事迹，可是人们却没有意识到讨论他的时候会涉及中世纪历史书写中最令人困惑的问题之一。圣方济各本人厌恶学者的著作和渊博的知识，而我们却不得不通过理性来勾画出他的轮廓，这真是十分矛盾，用理性来分析关于圣方济各的史料绝非易事。

## 圣方济各本人所写文本中的圣方济各

我们遇到的第一个困难来自圣方济各本人的作品。首先,他很谦卑,不太讲自己的事情,所以不能指望他的作品能提供什么关于他的生平的详细信息。他的作品里只有一些影射,大概指的是他曾几次以身作则为兄弟们做表率。他的《遗嘱》就是一个例子,这是方济各的作品中最具有"自传性质"的一部,他回忆说他总是用自己的双手劳动,他想示范给兄弟们看,让兄弟们也学着这样做:"我呢,我用自己的双手劳动,因为我愿意这样劳动;而且我也希望所有其他的兄弟们也能用这种光明磊落的方式劳动。"[1] 此外,还有一部作品也是方济各写下的最重要的文本之一,这部作品就是方济各在1209年或1210年写下的修会的最初的"规章",这个文本已经不存于世。我们只能通过方济各本人和圣波那文图拉得知这版规章很短,内容很简单,里面主要是一些福音书的片段。然而有一些历史学家试图复原这版规章,我认为这种尝试还是非常不可靠的,也做不到根据这份决定性的文件就说在那个时代方济各已经想让他和他的兄弟们组成教会之内的一个新"修会"了,也不能由此就说他那时候已经想用教会的组织方式把独立的平信徒组织成一个小群体了。他写的信、诗歌和赞美歌也都已经不存于世(我们知道他曾写过一封信给法国的兄弟们,

---

1 "*Ed io con le mie mani lavoravo, come voglio lavorare; e voglio che lavorino tutti gli altri frati, di onesto lavoro.*"

## 第二章

还写过一封信给博洛尼亚的兄弟们,他给枢机主教乌戈利诺写过很多封信,枢机主教乌戈利诺是方济各会的保护人,日后成为教宗格列高利九世),那些"积极宣扬方济各的"博学者曾满怀热情地在图书馆和档案馆翻找,结果是没有找到他的信,所以目前也不太可能有新发现了。他创作的若干诗歌作品中仅有《太阳兄弟赞歌》流传至今,这首诗歌大概算得上是一篇杰作。假如我们还能看到他写的其他诗歌的话,我们或许会发现一些是用拉丁文写的,一些是用意大利文写的,或许还可能有一些是用法文写的,我们或许会对作为诗人的圣方济各有着更全面的了解,诗人的身份是他的人格中非常重要的一方面。

研究圣方济各的困难之处包括上文涉及的史料散佚,另一个难点在于很多人们认为是圣方济各所作的文本未必真的是他写的。总的来说,那些我们不确定是不是圣方济各本人所写的文本是相对次要的,不过其中的一些文本对于了解他的思想来说还是很重要的。比如说那封写给"全世界所有最高行政官、行政官、法官和教区长,以及所有可能看到这份文件的人"[1]的信,这封信也被叫作《写给所有统治者的信》,这封信的内容让人觉得它应该是圣方济各写的。但是没有任何外部证据能证明这封信真的是他写的。然而,虽说这封信的主张或许与他在其他文本里提出的主张一致;虽说号召统治者听从上帝的命令并且让统治者命令其

---

[1] "A tutte le podestà, a tutti i consoli, giudici e rectori nel mondo intero come a tutti gli altri a cui il documento può pervenire."

他人也听从上帝的命令似乎与时代的特点相符，当时基督教世界的世俗权力和宗教权力都被整合在同一个机构之中；这种号召似乎也符合圣方济各的性格，他总是想要重建和谐的秩序、主张在市民组成的共同体里实现和平与爱，他致力于实现集体的救赎，也同样在意作为个人的人各自的救赎，可是这封信也有一些地方让人觉得不太对劲。这封信明显地影射世界末日即将到来，这种思路更像是13世纪方济各会内部某些小群体主张的启示录思想，圣方济各虽然多次提到基督徒和教士在生活中为末日审判的到来做好准备的重要性，但是他并不认为世界末日真的要到来了。而且，这封信的主张很明显是一种极具"政治性"的方济各思想，那个时代有一些行政长官很乐意从中汲取一些思路，但这封信应该不是圣方济各本人所作，因为他本人的思想和行动都比这封信的内容更为低调，也更为深刻。

如今大家倾向于认为方济各写给帕杜瓦的安东尼的那封信是真的，不过那封信的格式看起来还是很可疑，而且他在那封信中认可用经院神学所提出的神学思想，这与他一贯怀疑科学的态度不符，因此也让人觉得不太可靠。

最后，学者们在解释那些已经确定是圣方济各本人所作的文本时并无太多争议，因为他用词简单明了，行文风格也同样简单明了，但是学者们对这些文本产生的背景却无法达成共识。比如，他不顾教宗和一部分兄弟的反对，修改了1221年写下的那版规章，他受到了何种外部因素的影响呢？最近学界认为圣方济各的《遗嘱》不是很重要了，但我认为这种做法并无明确的依据，他们宣称圣方济各当时因为生病住到了锡耶纳的方济各会修道院，他口授遗嘱的时候受到了锡耶纳的兄弟们的影响，因此《遗嘱》中所反映出来的主张严格修行的思想其实是这些持"极端"立场的兄弟们的立场，而非他本人的立场。

当我们把圣方济各的各类文本存在的问题放在一起思考的时候，我们可以发现撰写他的历史的难点主要在于修会内部存在两派，在他还在世时，修会已经有了两股势力，双方都想把他拉到自己这边，想根据自己的主张来解释他的话语和文本。其中一股势力是严格的一派，他们主张修会成员要实现全面的清贫，作为修会的集体要清贫，修士个人也要清贫；他们认为教堂、修道院和修会的礼拜仪式都不应奢华铺张；他们与罗马教廷保持距离，认为罗马教廷与俗世走得太近。另一股势力则是温和的一派，他们认为随着修会的发展壮大，修士越来越多，清贫的理想应该做出相应的调整；越来越多的信徒投奔方济各会，不能因为排斥外界的认可就把信徒拒之门外；他们还认为罗马教廷代表着教会真正的源头和真相，而方济各会也是教会的一个组成部分。那么真正的方济各到底在哪儿呢？

## 传记的问题

如果我们结合圣方济各的生平来阅读他写下的文本，那么我们或许可以回答上述问题。13世纪，方济各会内部发生了分裂，这实际上导致我们没有关于圣方济各生平的可靠史料。他还在世的时候，分裂就产生了。为了处理分裂的局面，他还在1220年从圣地返回意大利；也正是因为修会内部产生了分裂，圣方济各在1221年起草了一版规章，而这版规章很快就要被修改。1220年起，他放弃了修会的领导权，把领导权交给了彼得罗·卡塔尼，其在1221年去世，此后圣方济各又把领导权交给了埃利兄弟。分裂还导致方济各在1224年退回韦尔纳隐修。方济各去世后分裂日益加剧，把持修会领导权的埃利主张铺张奢侈。虽说埃利在1227—1232年间把会长的职位让给了乔万尼·帕朗第，而在1221—1239年的其他时间里埃利都是修会的会长，在他的领导下，修会走向了豪奢铺张的道路，其中最具代表性的就是在阿西西修建的宏伟华丽的圣方济各圣殿。埃利的做法激怒了主张朴素的修会成员。13世纪下半叶，修会内的两派日益敌对，教廷的干预也没起到缓和敌对的作用，有时甚至因为教廷的干预，两派的敌对愈演愈烈，最终走向了针锋相对的敌对状态。教宗诏书主张弱化清贫的实践，住院派接受了被教宗诏书解释过和修改过的规章；而与住院派相对的另一派总体上被称为"属灵派"，这一派在普罗旺斯地区多被称为"属灵派"，他们也被称为"属灵派小兄弟"，"属灵派小兄弟"的叫法主要是在意大利。属灵派越来越多地吸收了菲奥雷的约阿希姆的千禧年思想，在修行方面变得越来越极端。他们反对罗马教廷，最终沦为异端。在1294年的教宗

## 第二章

选举中隐修士摩罗尼的彼得罗被选为教宗西莱斯廷五世,这让属灵派看到了希望,而他们的希望很快就破灭了,因为六个月之后西莱斯廷五世就不得不让出教宗的位置。按照但丁的描述,西莱斯廷五世是"极不情愿的"。虽然属灵派直到15世纪末仍然存在(顽强的属灵派小兄弟或坚持严格修行的小兄弟日后成了"守规派"),我们还是可以认为方济各会内部的争端在1322年被教宗约翰二十二世解决了,他发布了教宗诏书 *Cum inter nonnullos*,坚决反对实行绝对的清贫,反对属灵派。

不过根据有关阿西西的圣方济各的史料,这场争端的决定性时期是1260—1266年间。修会内一直有人持居中的立场,他们希望走向极端的两派能互相妥协,他们对方济各的大家庭的看法就像但丁所写的那样:

他的家庭以往追随他的脚步,
现在却如此分裂,
头尾之间互相敌对,
很快就能看到不好的劳动的恶果,
稗子将要抱怨自己不能被收进谷仓。
我觉得如果人们一页页地翻阅我们手中的一卷书,
我们或许会看到其中一页写着:
"我跟之前的我一样。"
但这说的既不是卡萨莱,

也不是阿夸斯帕尔塔。

他们都没能理解我们的规章，

其中一个背离了规章，

另一个则歪曲了规章。[1]

在但丁的笔下，这番话是圣波那文图拉说的。1257年，温和的一派选举圣波那文图拉担任修会的总会长，希望他能重新把修

---

1  *La sua famiglia, che si mosse drittu*
   *coi piedi a le sue orme, è tanto volta,*
   *che quel dinanzi a quel di retro gitta*
   *E tosto si vedrà de la ricolta*
   *de la mala coltura, quando il loglio*
   *Si lagnerà de l'arca li sia tolta*
   *Ben dico, chi cercasse a foglio a foglio*
   *nostro volume, ancor troveria carta*
   *u'leggerebbe "I mi son quel ch'i'soglio",*
   *ma non fia da Casal né d'Acquasparta,*
   *là onde vegnon tali a la scrittura,*
   *ch'uno la fugge, e altro la coarta.*

选自但丁（Dante Alighieri）：《神曲·天国篇》（*La Divina Commedia, Paradis*），第12曲，第115—126行。本书内中文译文译自雅克利娜·里瑟（Jacqueline Risset）的法文版译文（Paris, Flammarion, 1990, p. 123）。在但丁笔下，这番话是圣波那文图拉说的，这番话表现出了他为方济各会大家庭的分裂和方济各死后修会的情况感到悲伤。品行不端的弟子们抱怨自己被修会排除在外，但是他们做了恶事。方济各应该保持故我，他应该远离卡萨尔的阿尔贝蒂诺·达·卡萨莱这类狂热的属灵派，这些人歪曲了他的规章；还应该远离马泰奥·阿夸斯帕尔塔（Mateo d'Acquasparta）、方济各会总会长和主教，这些人背离了规章。

## 第二章

会团结起来,他之后采取的行动对有关圣方济各的历史书写产生了重大的影响。方济各会内的两派都写了很多部圣方济各传记,把符合自己这方观点的话和态度加到传主身上。人们不知道该相信哪一个圣方济各。1260年召开的修会总会议决定让圣波那文图拉写一部官方的圣方济各传记,从此以后修会就只认定这一版传记。这部传记又名《圣徒传》(Legenda)〔这个版本被称为《大圣徒传》(Legenda maior),用以与《小圣徒传》(Legenda minor)相区分;《小圣徒传》是波那文图拉以礼拜仪式日课的形式编纂的节选本,供唱诗班使用〕,1263年召开的修会总会议认可了这个版本的传记,而1266年召开的修会总会议则禁止兄弟们阅读其他版本的圣方济各传记,并且下令销毁之前写的其他版本的圣方济各传记。这个决定令人震惊,然而当时人们并不在意科学的客观性,也想要平息修会内部的分歧争端,因此十分欢迎这个决定。而这种做法也显得有些奇怪,因为这样做就意味着他们并不尊重圣方济各本人的想法,他曾在《遗嘱》中强调要尊重文本的书面形式,同时要尊重文本本身要表达的意思。他在《遗嘱》中写道:"修会总会长(ministre général)、其他负责人和分省负责人(custode)应该有服从精神,不得在这个文本的基础上增加内容,也不能删节这个文本。应该永远把这个文本跟规章放在一起。如果读规章,就也要一起读这个文本。"[1]

---

[1] "Il ministro generale e tutti gli altri ministri e custodi per obbedienza siano tenuti a non aggiungere e a non togliere nulla a queste parole. Anzi abbiano sempre con sè questo scritto insieme con la Regola, leggano anche queste parole."

然而，从1230年起，教宗格列高利九世发布了诏书*Quo elongati*，允许小兄弟们不遵守圣方济各《遗嘱》中的这段话。既然可以不遵守圣方济各本人的话，那么更有理由不在乎他传记中的说法了。

不幸的是方济各会成员非常遵守1266年的命令，导致历史学家很难找到没有被破坏的手稿。不过我们还是可以期待一些新发现的。研究圣徒传记的博兰德派学者（bollandiste）在1768年出版了《传奇》（*Légende*），这个文本也被叫作《三兄弟传奇》（*Légende des trois compagnons*），他们还出版了塞拉诺的托马斯所写的《第一版传记》（*Vita prima*）。现如今我们可以找回一些手稿，新的发现可以稍稍减弱1266年焚书的灾难性后果。

另一件不幸的事则是：圣波那文图拉所写的《圣徒传》基本不能当成关于圣方济各生平的史料来用，如果要用的话也需要其他更可靠的史料来佐证。实际上圣波那文图拉的任务是平息争端，他从心底尊敬圣方济各，穷尽以往的真实史料，可是他写出的作品却不符合现代历史学的要求，因为这部传记的观点具有倾向性，而且并不可靠。说这部传记不可靠是因为传记使用不同来源的史料，有时会出现相互矛盾的地方，但是圣波那文图拉却不做任何史料批判。这部传记又具有倾向性，因为它闭口不谈那些方济各会偏离了圣方济各本人的主张的地方，有一些甚至是圣方济各的核心主张，比如对科学和教学的态度、对体力劳动的观点、看望麻风病人、教堂和修道院都要坚持清贫。实际上，这版传记塑造出的圣方济各站在住院派和属灵派之间,而且离住院派更近一些。

圣波那文图拉笔下的方济各已经被修正、歪曲和淡化了,而圣方济各的形象在14世纪上半叶又被进一步淡化了,比萨的巴特勒米怀着虔诚的心写圣方济各的传记,但他写出的作品却很平庸,1399年的修会总会议批准了这部作品。直到19世纪末,人们都认为圣波那文图拉和比萨的巴特勒米笔下的圣方济各是真正的圣方济各。

19世纪末,人们开始用现代历史学的标准批判史料,由此开始重新审视传统的圣方济各。1882年是圣方济各700周年诞辰,利奥十三世(Léon XIII)发布了通谕 *Auspicato concessum*,我们可以认为从此以后人们开始重新审视圣方济各了。而追寻真正的圣方济各的开端应该从1894年算起,新教徒保罗·萨巴提耶(Paul Sabatier)在1894年出版了研究圣方济各的重要作品。

从此以后,关于方济各的历史书写日益发展、完善,在此我只能非常简要地概括这段史学史。

人们认为有关圣方济各生平的核心史料表现出了两个不同的圣方济各,其中一个代表了温和的一派的立场,另一个则代表了严格的一派的立场。应该注意的是:虽说现在我们在研究与方济各会相关的问题时,强调要对那些所谓的"属灵派"史料进行史料批判,实际上,温和一派所写的文本比与之相反的一派的文本更容易被找到。

然而，解读温和一派所写的文本并非我们以为的那么简单。这一派的文本由方济各会修士塞拉诺的托马斯所作，是在教会高层人员的授意之下完成的。塞拉诺的托马斯以文笔优雅著称，他首先应教宗格列高利九世的要求写了一部圣方济各的传记，即《第一版传记》，1228年完稿。这部传记内容翔实丰富，却绝口不提修会内部的分歧和修会与罗马教廷之间的分歧，对当时大权在握的埃利兄弟大加赞美。这部传记借鉴了传统传记的模式，比如叙尔皮斯·塞瓦尔（Sulpice Sévère）所写的图尔的圣马丁的传记，以及格列高利一世所作的圣本笃的传记。1230年左右，塞拉诺的托马斯撰写了缩略版传记《唱诗班用传记》（Legenda chori），供唱诗班晨祷时阅读用。

1244年，修会总会长耶西的克莱桑斯要求塞拉诺的托马斯完善补充《第一版传记》，请他撰写一部新传记，要加入那些没亲眼见过圣方济各的兄弟们需要了解的元素。耶西的克莱桑斯还要求大家尽量帮助塞拉诺的托马斯，请大家写下自己与圣方济各有关的回忆，供塞拉诺的托马斯使用。而《第二版传记》（Vita secunda）依然存在诸多问题：它与《第一版传记》的联系和区别是什么？兄弟们写下的自己与圣方济各的回忆为《第二版传记》做出的贡献体现在哪里？《第二版传记》在何种程度上美化了记忆？

塞拉诺的托马斯使用了诸多兄弟写下的回忆，提供回忆材料的兄弟中有三位非常了解方济各，分别是鲁凡兄弟、安格兄弟和

## 第二章

莱昂兄弟，而莱昂兄弟还参与撰写了另一派主导的方济各传，是其中的核心人物。很难说清楚这种合作关系具体是什么样，这也让《第二版传记》的问题变得更为复杂。

这三位兄弟在1246年写信给塞拉诺的托马斯，附上了他们的《传奇》，信中写道："我们不想讲述方济各的奇迹，事实上奇迹并不构成神圣性，奇迹只不过是展现神圣性罢了，我们更想让人们了解我们真福的父亲具有示范性的一生和他真正的主张。"这种新的、"带有进步性的"神圣性概念无法满足习惯于把神圣性和奇迹联系在一起的信徒的需求。正是为了回应这些传统的需求，塞拉诺的托马斯应新的修会总会长帕尔玛的约翰的要求于1253年撰写了一部圣方济各的《奇迹集》。尽管这些奇迹主要是圣方济各死后产生的奇迹，尽管《奇迹集》是对两部传记的补充，然而与属灵派所写的圣方济各传记相比，《奇迹集》还是向后退了一步。

塞拉诺的托马斯的作品逻辑严密，行文扎实，叙事中有明确的日期，与之相比，另一派撰写的圣方济各传记则显得漏洞百出，很多地方写得不准确。这一派的核心人物是莱昂兄弟，他此前是听圣方济各告解的人，了解圣方济各一生中隐秘的一面，他为传记提供了信息，也是传记的作者。研究者认为很多作品都是莱昂兄弟写的，但实际上没有任何准确的证据可以证明那些作品是莱昂兄弟的真作。我们今日所见的《三兄弟传奇》很可能不是当年呈给塞拉诺的托马斯的原本，而像是14世纪初的汇编作品，

53　在汇编的时候节选了托马斯的《第二版传记》，也节选了那些莱昂兄弟提供的但托马斯没有使用的材料，在这批材料中可能有被认为是莱昂兄弟原创的《完美之镜》(Speculum perfectionis)，这部汇编作品很可能也节选了其中的片段。而我认为《完美之镜》应该也不是莱昂兄弟本人所作，这部作品应该是在莱昂去世以后根据他的口述或作品汇编而成的。《菲利普手稿》(Manuscrit Philippe)是《方济各和他的同伴的记录》(Actus beati Francisci et sociorum ejus)的一个旧版本，这部作品是在14世纪编纂完成的，接近《灵花》(Fioretti)成书的年代。这部手稿可能包括一些从莱昂兄弟的一部原创作品中摘录出的段落。最后，这些文本中最有价值的可能是《古老传奇》(Legenda antiqua)，1926年点校完成。在所有被认为是莱昂兄弟所作的作品中，这一部显得最像是真作，但这部作品中依然存在一些尚未解决的问题。

因此，使用这组文本难免遭遇重重困难。与"官方版本"中的圣方济各相比，莱昂兄弟的这组文本中的圣方济各显得更坚定、不那么精致，也更真实，不过我们也应该想到这组文本反过来也可能歪曲了圣方济各的形象。历史学家喜欢对照莱昂兄弟的文本和"审订修改"过的圣方济各传记，但不得不承认的是：1266年修会下令销毁所有官方版本以外的圣方济各传记，这个决定导致很多莱昂兄弟本来可以使用的材料都消失了。

还有一些作品提到了方济各的生平，其中有两部作品值得我

## 第二章

们重视，这两部作品的历史性不强，更接近于传说，不过这两部作品在方济各的传说中不容忽视，非常重要。

其中一部是《圣方济各与清贫女士的精神婚礼》(*Sacrum Commercium beati Francesci cum domina Paupertate*)，这是一部从1227年开始撰写的短叙事诗，它所表现的主题大概从圣方济各还在世的时候就已经产生了，这个主题日后大获成功。

第二部作品是《灵花》，是一部用意大利文汇编成的作品，在圣方济各去世后一个世纪左右成书，该书汇编了一些篇幅短小的、具有教化意义的叙述，其中一部分是从拉丁文的虔信小册子翻译过来的，还有一部分是用道听途说的模范事迹来解释《完美之镜》中的格言。这部作品流传甚广，现代学术考证曾认为这部作品是伪作，现在学界改变了看法，认为这部作品有一定的可信度。这部作品比人们预想得还要接近真实的史料，它受到了属灵派的影响，此前人们一度更相信官方版本的圣方济各传记，两派之前的平衡被打破，这部作品重新建立起了一种平衡关系。而且这部作品也表现出从很早的时候开始就已经出现了以圣方济各为中心的作品，在这些作品中，传说与历史、现实与虚构、诗性与真实紧密结合[1]。

---

[1] 我们跟随塞拉诺的托马斯讲述阿西西的方济各生平的节奏。我们将要根据他仅有的作品来展现他的事迹、他的思想和他的情感。总之，我们要使用所有有关圣方济各的史料来描述历史中的他，以及他在众多历史人物之中所占有的独特地位。

## 圣方济各的一生

1181年或1182年,方济各·博纳多内出生在阿西西。他的父亲是布匹商人,方济各出生时他正在法国做生意,不在方济各身边。方济各的母亲带他受洗,取名施洗者约翰。约翰是沙漠圣徒,善于传道、布告,方济各一直都对施洗者约翰怀有特殊的敬爱。"方济各"这个名字什么时候、为什么取代了"约翰"这个名字呢?我们并不知道。学界提出的假说主要有如下三种:第一种假说是方济各的父亲从法国回到了意大利,因此决定用法国的国名为刚出生的儿子命名;第二种假说是这个名字可能是为了向方济各的母亲致敬,因为他的母亲似乎是法国人,不过这一点尚未得到证实;第三种假说是方济各是在少年时期有了这个名字的,因为他热爱法语。第三种假说似乎最为合理。方济各在皈信之前曾学习法语,因为法语是诗歌的语言,是表达骑士情感的语言,方济各日后继续用法语来表达他隐秘的情感。塞拉诺的托马斯写道:"当他对圣灵怀着炽热的情感时,他用法语高声说话。"他在树丛中用法语唱歌,他在修缮圣达米亚诺教堂期间还曾用法语请人施舍一些油,他想用讨来的油点亮教堂里的灯。法语让方济各沉浸在迷醉和狂喜之中。1217年他甚至想去法国当传教士,他觉得法国会很容易接受他的传道。而且他仰慕法国对圣体圣事的虔诚,方济各也十分尊崇圣事,因此他甚至想要死在法国。总之,我们应当注意的是:在一个名字有着深刻含义的时代,名字

## 第二章

有强烈的象征意义,接受并且在各处使用这样一个不同寻常的名字表明方济各想在传教过程中进行革新。

不过看到少年方济各·博纳多内的样子,人们不会想到他后来将要做成一番大事。塞拉诺的托马斯批评方济各的父母,指责他们没有为方济各的成长提供良好的条件。在塞拉诺的托马斯的笔下,方济各的少年时期一片黑暗,十分堕落。圣徒传记一般都会这么写。那么年轻的方济各当时都在做些什么呢?他不过是像他所在的阶层的其他人那样消遣娱乐:玩游戏、无所事事地闲着、聊天、唱歌,以及穿衣打扮。他可能想在这些活动中压过同伴的风头,想让人们叫他"阿西西的金色少年",这个称号很夸张。最有趣的一点是方济各是商人的儿子,作为他所属社会阶层的青年人,方济各很自然的反应就是试图过上骑士一般的生活,模仿贵族的行为举止,而不是像市民阶层商人那样生活,他也不想保留这个阶层的优缺点。事实上,他"擅长做生意",却也是一个"败家子"。方济各慷慨大方,正是因为这一点他的举止与贵族相近。尽管塞拉诺的托马斯说方济各"非常富有",但他也承认方济各可以支配的财富其实来自他的父亲,而这笔财富的数量远远不及大部分贵族青年掌握的财富:"方济各没有很多财产,他却慷慨大方。"其次,方济各也向往贵族的文化:他非常喜欢具有骑士风度的典雅诗歌,在方济各的圈子里,他是自编自唱艺人和吟游诗人。最后,方济各也喜欢贵族的生活方式:对他有吸引力的是战争,是使用武器的职业。而且他也不缺使用武器的机会。首先，在阿西西同时上演着两方面的斗争。一方面是教宗的支持者和皇帝的支持者之间的斗争，阿西西地理位置优越，同时还有难以攻破的拉罗卡岩石要塞，教宗的支持者和皇帝的支持者都想拿下这个地方；另一方面是阿西西的贵族和平民之间的斗争，也就是说在旧的封建家族和新型的从事商业的市民阶层之间存在斗争。市民阶层得到了贫苦民众的支持，斗争是为了组建城市自治体，城市自治体的身份可以保证阿西西不受神圣罗马帝国或教宗等外来势力和封建贵族的干涉。平民一方似乎占了上风。1200年，阿西西的平民将神圣罗马帝国的驻军赶出了拉罗卡岩石要塞，同时拒绝把要塞交给教宗的特使。为了确保这两方都无法得到要塞，阿西西人毁掉了要塞，捣毁或烧毁了贵族在城市里的宫殿和在城市周边的城堡，杀死了一部分贵族，把剩下的贵族驱逐出去，最后平民开始自卫，匆忙建起城墙围住城市。方济各·博纳多内很可能参加了这些战斗。人们推测他应该是在修筑城墙的过程中开始学习泥瓦工的手艺的，日后方济各修建、重建教堂和小礼拜堂时正好能用上这门手艺。他最先修复的是圣达米亚诺教堂。

我们可以确定的是其中一场战斗对方济各·博纳多内造成了不好的影响。阿西西的贵族家庭被驱逐，被迫离开阿西西，逃到阿西西的宿敌城市佩鲁贾去，这些贵族家庭中就有圣克莱尔的家族，即奥弗雷杜乔·迪·法瓦罗纳家族。佩鲁贾人想让这些贵族拿回财产，恢复贵族身份，于是向阿西西的平民宣战。方济各参加了这两座城市之间的战争，1202年，方济各在台伯河（le

## 第二章

Tibre）上的圣乔万尼桥战役中被俘，在佩鲁贾的监狱里待了一年多。有一个值得注意的细节："因为他遵循贵族的生活方式，他在监狱里是跟骑士关在一起的。"1203年11月，方济各被释放，他经历了被关押的监狱生活，1204年又生了一场大病，那年有很长一段时间都只能静养，可是他还是没有放弃对军功荣耀的渴望。1205年，他决定跟随一位阿西西的贵族去普利亚作战，这位贵族将要加入教皇的军队，对抗神圣罗马帝国的军队。方济各做了一个梦，这个梦似乎让他觉得自己的选择是正确的。他在梦中看到他的家里堆满了军装和武器。这是贵族做的梦，不是商人做的梦，塞拉诺的托马斯嘲讽道："他以前没在家里见过这样的东西，他家只有待售的布匹。"方济各认为这个梦预示着他将会在普利亚的战斗中获胜。他还不明白这个场景其实是象征性的，意味着他日后要拿起精神的武器，参加灵修的战斗。在去往普利亚的途中，方济各在斯波莱托又做了一个梦，他因此停下了脚步。方济各没有去普利亚，也不会取得军功。他正酝酿着皈信。他将会成为基督教历史上最著名的圣徒之一。不过他把少年时代的兴趣带入了新生活中：他对诗歌的喜爱和对快乐的追求不再是世俗的，而是灵修的；他依然慷慨大方，但他给出的不再是金钱，而是话语、体力、道德力量，他完全地献出自己；他对军功的追求让他能克服追求救赎的路上的种种困难，勇敢地面对兄弟们遇上的挑战，面对罗马教宗、面对苏丹，方济各都勇于克服困难，战胜各种各样的罪恶。

## 皈　信

　　塞拉诺的托马斯在《第一版传记》和《第二版传记》中用不同的笔调描写方济各的皈信，导致两版传记中存在诸多不一致之处。学界试图厘清这些矛盾之处，推测托马斯当时可能手里有一些相互矛盾的材料，他试着把这些材料统一起来，但是效果不太好。也有学者试图从不同的角度理解《第一版传记》和《第二版传记》，认为这两版并不矛盾。《第一版传记》从"心灵的"或者说是心理的角度表现方济各的皈信，而《第二版传记》从"宗教的"或者是神秘主义的角度表现他的皈信。历史学家是不是应该承认方济各皈信是很难分析的呢？对于历史学家来说，最重要的工作应该是梳理出方济各皈信过程中涉及的主题和其中的重要事件，然后分析这些主题和事件的历史意义吧。虽说圣徒传记中的圣徒一般是突然受到了启发感召，突然感觉到自己成熟了，然后就皈信了，但是按照塞拉诺的托马斯的叙述，方济各的皈信过程持续了四五年，经历了一个过程，是分几步完成的。第一步：方济各在生病期间受到了最初的震动。方济各病了几个月，但是我们不知道他具体患的是哪种病，现在我们可以从方济各生病的经历中看出他的身体条件是什么样的，也能了解他主要的性格特点。方济各是一个病人。他临死之前一直饱受两类病痛的折磨：一类是眼疾，另一类是消化系统疾病，他的胃、脾脏和肝脏都不太好。方济各到各处去，一路传道，奔波劳累，他又坚持严格的

## 第二章

修行,这导致他的身体状况每况愈下。不过方济各也没有特意折磨身体。方济各对身体的态度模棱两可,甚至是矛盾的。身体是原罪的来源和容器。因此,从这个角度来看身体是人的敌人:"很多人在犯下罪过或是因罪过受折磨的时候,总是觉得这是敌人的错,或者是旁人的错。但这么想是不对的,因为每个人都能掌控那个敌人,那个敌人就是身体[1],身体是原罪的容器。"[2]可是身体也是上帝的形象的显现,更是基督的形象的显现:"人啊,想想看,你的样子是主赋予你的,因为他按照他真福的儿子的形象创造了、塑造了你的身体,按照他自己的样子创造了你的灵魂。"[3]

因此让身体受苦的目的应该是为了让自己能爱上帝,这就跟让灵魂受苦的目的一样。归根到底,身体和疾病对于实现救赎而言都是不可或缺的,应该把身体当作"兄弟",把疾病当作"姐妹"。但是不应该因为身体和疾病而感到得意,这样子就成了身体和疾病的奴隶了,在这种情况下身体不能辅助人们实现救赎和

---

[1] 达米安·沃勒（Damien Vorreux）把"身体"翻译成了"私心"（égoïsme），我认为这种译法不准确。

[2] "Vi sono molti, i quali, quando fan peccato o ricevono alcun torto, spezzo incolpano il nemico o il prossimo. Ma non è cosi: poichè ognuno ha in suo potere il nemico, cioè il corpo, per mezzo del quale pecca." (Admonitions, 10.)

[3] "Considera, uomo, in quale stato eccellente ti ha messo il Signore, poichè ti ha creato e formato ad imaginem del suo Figliolo diletto secondo il corpo, ed a sua somiglianza secondo lo spirito." (Admonitions, 5.)

爱。"显然，方济各不是很认可医生，他更喜欢真正的医生，也就是基督，不过当埃利兄弟劝他看医生的时候，他心甘情愿地、顺从地接受了教宗的医生的诊治，当时他饱受眼疾折磨，几乎快瞎了。他在跟教宗的医生说话的时候，引用了《便西拉智训》第38章第4节："至高的主创造了人间的医学，而智者不会鄙视医学。"而且方济各接受教宗医生的诊治，在列蒂小住，他曾请求一个兄弟，说："兄弟，我想让你偷偷带一把齐拉特琴过来，为我演奏几首不错的曲子，缓解一下我的身体兄弟受的折磨。"那位兄弟很怕其他人会说三道四，方济各对他说："那好吧，那不提这件事了！应该要懂得放弃，不能让人议论我们。"不过那天夜里来了一位天使，他带着齐拉特琴停在方济各的床头，替那位过于谨慎小心的兄弟为病中的方济各演奏了音乐。

方济各的皈信过程与身体的苦痛紧密相关，身体的苦痛促使方济各开始思考人类将走向何方，他思考内在的人与外在的人之间的关系，这成了方济各一生的核心主题。方济各的皈信过程首先是放弃金钱、放弃物质财富。

塞拉诺的托马斯在描写这个阶段的方济各时，把很多事件的时间顺序都搞混了。

第一件事似乎发生在方济各前往普利亚的战场但又没去参加战斗的那段时间。方济各遇到了一位衣衫褴褛的贫穷骑士，他把自己的外套给了这位骑士。当然，不论这件事是真是假，这个举动的意图在于把方济各变成又一位圣马丁。塞拉诺的托马斯对比

## 第二章

了方济各和圣马丁,强调方济各比圣马丁更慷慨,因为方济各把整件外套都给了出去,而圣马丁只给出了半件衣服。

圣方济各从一开始就喜欢把东西整个地送给他人,他和圣马丁不一样,两人的性格也有明显的不同,这或许是因为两人所处的时代截然不同。在公元4、5世纪之交,西方社会的物质精神需求是分享财富,把旧有的富人的财富再分配给新出现的穷人。而公元12、13世纪之交,货币经济发展壮大,金钱流动的速度在加快,西方社会的物质精神需求是接受或者拒绝占有金钱带来的东西。

方济各首次放弃财产和拒绝财产的行为具有象征意义。方济各回到了阿西西,一起玩的伙伴们举行了一场古老的民俗仪式,推选方济各为少年首领,或者说是少年之王。而这个世俗的首领逐渐远离了他的臣民,方济各开始准备过新生活,去偏僻的山洞里冥想,只带一个朋友同去,方济各向他吐露了不为人知的隐秘想法。方济各告诉这位朋友他正在寻找隐秘的宝藏是什么,他说了他有一位未婚妻,阿西西人都很怀疑方济各是否会跟未婚妻结婚。方济各寻找的宝藏其实是来自神的智慧,而这位未婚妻其实是修道生活。在此我们也能看出日后方济各与"清贫女士"结合的主题的雏形。

方济各正慢慢地走向清贫的状态。塞拉诺的托马斯的叙述存有疑点,他写到方济各去了罗马,跟圣彼得教堂前的一群乞丐待在一起。方济各发现人们给位居教会之首的圣彼得教堂的捐款少得可怜，他很愤慨，于是把自己身上的所有东西都捐给了圣彼得教堂。不过这种号召人们捐款给罗马的思路不太像是方济各的做法，这个段落应该是塞拉诺的托马斯和方济各会内温和的一派捏造出来的，他们在方济各的传记中添加了一些虚构出来的、表现方济各支持罗马的片段。

之后的事情便很快接二连三地发生了。方济各被圣达米亚诺教堂的破败景象所触动，神父很穷，没有资金修缮教堂，只能遗弃这座教堂。方济各从父亲家里拿了一堆布料，载在马上，去福利尼奥把布料都卖掉了，然后把马也卖掉了。他走回阿西西，把卖布、卖马所得的钱都给了穷苦的神父。方济各的父亲发现自己的存货不见了，非常生气，派人去找方济各。当时方济各躲在一座废弃的房屋的地下室里，有一位对他很好的朋友偷偷给他提供生活必需品。然后，方济各决定承担起自己的责任，他离开了藏身之处，出现在同乡面前。由于食物不足，方济各变瘦了，他公开批评懒惰与闲散的生活状态。方济各的变化让阿西西人感到震惊，阿西西人开始嘲笑他，把他当成疯子，把泥巴和石头扔向他：这是被迫害的预兆，也是寻求殉道的预兆，方济各在模仿戴荆棘冠冕的受辱的耶稣。他的父亲闻声而至，抓住了他，用链子锁住他，关在家中的囚室里。几天以后，他的母亲同情他，深受触动，放走了方济各。方济各去寻求主教的庇护，主教答应当方济各的担保见证人和保护人，方济各当着主教的面，当着他那勃

## 第二章

然大怒的父亲的面,在众目睽睽之下做出了一项郑重的举动——这个举动标志着方济各与此前的生活决裂了,他摆脱了过去的生活——他放弃所有财产,然后脱去所有衣物,赤身裸体,表示他放弃了一切。

然而在这段时间,方济各也曾犹豫过。他好几次梦到一个女人,那女人面目丑陋,令人厌恶,驼背很严重。这是对他未来的妻子的讽刺吗?还是预示方济各即将过上悲惨的生活呢?方济各最后远离了这个鬼魂,塞拉诺的托马斯认为这是一个恶魔,而历史学家则认为这可能是圣安东尼对方济各有吸引力,圣安东尼是方济各的另一个榜样。

方济各与尘世生活决裂了,可他还没有开始新的生活。他最开始犹豫不决,有时也走错了方向,这表明他内心并不确定,很难找到正确的节奏,也很难从旧生活过渡到新生活。有一天,方济各在森林中用法语唱献给上帝的赞歌,一群土匪围住了他,问:"你是谁?"方济各回答说:"我是伟大的王的使者。"他们把方济各痛打了一顿,然后把他扔到了满是积雪的壕沟里,说:"乡巴佬,快滚,你竟自以为是上帝的使者。"

因为方济各还面临着一些要克服的困难。过了不久,他又迈出了重要的一步,他在《遗嘱》开篇处提到自己皈信的过程时只提到了这一步。"主赐予我方济各兄弟恩典,让我开始悔过:以前,我还有原罪,一看见麻风病人我就觉得难受;可是主指引我走到麻风病人中间，我怀着慈爱之心对待他们；而当我离开他们时，之前那种难受的感觉消失了，我的灵魂中、我的心里都充满了温柔。于是我等了不长的一段时间，之后我脱离了尘世。"[1]

亲吻麻风病人让方济各的生命中出现了新的主题：克服厌恶感，对受苦的人和身体兄弟怀有慈悲，要为最不幸的、最弱小的人服务。

但是然后呢？方济各在圣达米亚诺教堂向上帝提出了这个问题。之后，有一天上帝答复了方济各。画中的十字架对方济各说话了，这幅画体现的是新出现的对受难基督的信仰，现存于阿西西的圣克莱尔圣殿。然后，上帝对方济各说："方济各，去吧，去修复我的房子，就如同你看见的那样，我的房子破败不堪。"方济各还没有养成从象征意义的角度理解神圣话语的习惯，他只理解了十字架说的话的字面意思。上帝的房子破败不堪，实际上指的是教堂破败不堪，方济各便从圣达米亚诺教堂开始了修缮工程。而这也预示着教会在精神方面的重建，方济各将是参与教会精神重建工作的重要匠人之一。方济各拿起瓦刀，登上脚手架，成了一名砖瓦匠。另一个主题进入了方济各的生命，即体力劳

---

[1] "*Il Signore così donò a me, frate Francesco, la grazia di cominciare a far penitenza : quando ero ancora nei peccati, mi pareva troppo amaro vedere i lebbrosi, e il Signore stesso mi condusse tra loro e con essi usai misericordia: quando me ne allontanai, quello che prima mi pareva amaro, tosto mi si mutò in dolcezza d'animo e di corpo. Indi attesi poco, e usciii dal mondo.*"

## 第二章

动。方济各修好了圣达米亚诺教堂，他又去离城墙很近的圣彼得教堂干活，最后他去修复了已经被树木掩没的波蒂昂卡拉小礼拜堂，那里离圣玛德莱娜麻风病院和圣救主麻风病院很近。

根据圣波那文图拉的说法，波蒂昂卡拉是"尘世中方济各最喜欢的地方"。正是在那里方济各完成了皈信的最后一步。上帝又一次对方济各说话了。这一次上帝是通过神父的声音对他说话的。有一天，这位神父正在简陋的波蒂昂卡拉小礼拜堂的弥撒上读一段福音书的节选，方济各觉得他是第一次听到这段。这段话是《马太福音》的第10章："主说，随走随传，说：'天国近了！'你们白白地得来，也要白白地舍去。腰袋里不要带金银铜钱，行路不要带口袋，不要带两件褂子，也不要带鞋和拐杖，因为工人得到饮食是应当的。你们无论进哪一城，哪一村，要打听那里谁是好人，就住在他家，直住到走的时候。进他家里去，要请他的安。"方济各高呼："哇，这正是我想要的，这正是我所求的，这正是我发自内心想做的事。"方济各心中洋溢着喜悦，他脱下鞋子，扔掉拐杖，只留了一件袍子，他拿一根绳子当腰带，系在袍子上。方济各把这件袍子当成了十字架，这件袍子很粗糙，方济各把自己的肉身连同他的罪恶和原罪一同钉在了这件袍子上。这件袍子又破又丑，没人会打这件袍子的主意。

这件事发生在"方济各皈信过程中的第三年"，是1208年10月12日，或者是1209年2月24日。方济各当时26岁或27岁。方济各皈信以后开始传教。圣方济各诞生了，方济各会也将会诞生。

## 从第一版规章到第二版规章

于是方济各开始讲道,"他的声音热情如火"。他在阿西西讲道,在圣乔治教堂里面或者附近讲道,方济各在孩童时期曾在这里接受宗教教育,去世后一度被埋葬在这里,现在圣乔治教堂的建筑主体已经被包在圣克莱尔圣殿里面了。1209年,方济各有了第一个追随者,此人虔诚而单纯,除此以外我们对方济各的第一个追随者一无所知;第二个追随方济各的是一个富有的人,昆塔瓦莱的贝尔纳,他变卖所有财产,把所得捐给穷人,追随方济各;方济各的第三个追随者也是一个阿西西人,名叫彼得罗·卡塔尼,他曾接受法学教育,此前是律修教士,曾在博洛尼亚学习,他在1220年接替方济各担任修会的总会长;第四位追随者是艾吉德兄弟。

从此以后,方济各开始到各处传道。在这个过程中,时不时地出现一些著名的、重要的事件,这些事件标志着传道活动的各个阶段,而传道之旅的最终目的地是罗马,或者说是意大利之外的地区。方济各和他的同伴们偶尔短暂地避开人群,大部分时间他们都是在路上,他们一路在城市和村庄里传道。方济各主要在意大利活动,从罗马到维罗纳,不过他最主要的活动地区是翁布里亚和马尔凯(Marches)地区。根据《三兄弟传奇》的记载,方济各在去往安科纳的途中完成了第一次传道。后来,安科纳成了方济各会的重要据点,《灵花》一书便是在安科纳写成的。后

# 第二章

来,方济各一行一共有八个人了,方济各决定把他们两两一组派出,就像基督派出使徒一样(《马可福音》第6章第7节;《路加福音》第1章第1节)。方济各的身边也一直有一个兄弟,他命令贝尔纳兄弟和艾吉德兄弟去圣-雅克-德-孔波斯特拉。方济各自己和他的同伴将要前往列蒂山谷,方济各在那儿又有了新的追随者,其中就有跟莱昂兄弟和鲁凡兄弟日后组成"三兄弟"的安格兄弟。于是方济各一行人一共有十二人了,跟使徒的数量一样,他们在1209年年末至1210年年初的那个冬天都回到了波蒂昂卡拉。

这段最开始的日子,既有成功,也有失败。取得的成功让方济各感觉有了动力,方济各觉得自己在做的事情是对的。而遭遇的失败也很明显,令人不安。方济各一行人在马尔凯第一次招募成员的时候,人们以为他们是疯子。贝尔纳和艾吉德去孔波斯特拉的途中经过了佛罗伦萨,他们在佛罗伦萨很不受人待见。塞拉诺的托马斯闭口不谈这些困难,只提几次成功的经历。而三兄弟则是朝相反的方向夸张地描写,他们认为这是一场彻底的失败。而另一件令人担忧的事情则是阿西西主教居伊的态度,居伊主教在方济各皈信的时候曾保护他,但是他后来开始怀疑方济各,甚至是对他抱有敌对的态度。方济各应该是尽了一切可能来劝说主教,他说服了主教,主教承认了他的活动和生活方式是正当的。为了彻底消除这些威胁,方济各决定带着他的十一个兄弟去罗马,请求教宗批准他和兄弟们的做法。

## 方济各与英诺森三世

对于历史学家而言，方济各的这次罗马之行存在一些难以回答的问题。第一个问题是：方济各请求教宗同意的真的是一个"规章"吗，他是要成立一个新的"修会"吗？方济各当时呈给英诺森三世的文本已经散佚，而塞拉诺的托马斯的描述又很模糊："方济各为自己、为现在和以后的兄弟们写了一份简短的生活规范，篇幅不长，又写了一份规章，这份规章的大部分内容是福音书的节选，他只是热切地希望福音书能让人达到完美的状态。"塞拉诺的托马斯的措辞是"生活规范和规章"(*Vitae formam et regulam*)，这是他在1228年写下的，"规章"这个词应该是托马斯加到方济各身上的，而实际上重点其实是"生活规范"，那个文本其实很短，节选了福音书的一些句子，是用来指导兄弟们的生活和传道的。

第二个问题是：英诺森三世的态度如何？方济各和教宗英诺森三世应该是见过三次面，据说方济各费了很大的力气才争取到了教宗的批准。

那么，面对面的这两个人都是什么样的人呢？方济各和英诺森三世都是传教的人，而他们的性格、职位和经历几乎截然相反。英诺森三世深受修道院传统的影响，在灵修方面持消极心态，他曾写过一部名为《厌世》(*Du mépris du monde*)的作品；而方济各截然不同，他爱这个世界上的所有造物，虽然方济各向往天国，但是他对天国的向往是通过爱世上的造物实现的。纵使

# 第二章

英诺森三世不是许多历史学家说的那种"政治家"教宗，他还是坚信教会权力高于世俗权力，而且他认为基督的代理人有两把剑，掌握两种权力。而方济各说："兄弟们要保持警惕，不能表现出对权力和对高位的渴望，尤其是在兄弟们中间，更不能追求权力和高位。主在福音书中曾说道：'有君王为主治理他们，有大臣操权管束他们。'而在兄弟之间不应如此。谁想要比其他人的位置更高，那么谁就要做其他人的仆人和奴隶，谁想成为地位最高的人，那么谁就应当谦卑。"[1]

在方济各看来，敌人不在我们身外，敌人其实是我们的罪恶和原罪，不管怎样我们都不应该论断他人。英诺森三世认为教会受到了各种敌对势力的攻击，他把那些声称自己是基督徒的君主（神圣罗马帝国皇帝、法国国王、英国国王）逐一处以绝罚，把他们驱逐出教会。教会还面临着逐渐发展壮大的异端势力，里昂的穷人日后发展成了瓦勒度派，卑贱者也只有一部分归顺于教会，此外还有清洁派和阿尔比派。为了对付清洁派和阿尔比派，英诺森三世派出了十字军，设立了宗教裁判所。然而，方济各是衣衫褴褛的平信徒，他到豪华、奢侈和傲慢的教廷鼓吹宣传要一

---

1 "Tutti i frati si guardino dal monstrare alcun potere o superiori specialmente tra loro. Infatti, come dice il Signore nel Vangelo: I principi delle nazioni le signoreggiano, e i grandi esercitano il potere sovr'esse; *non sara così tra i frati, ma* chiunque vovra essere maggiore tra essi sia loro ministro e servo, e chi sarà maggiore tra essi sia come minore."

字不差地按照福音书生活，要全面实现福音书，这在教宗看来是否是一种类似异端的想法呢？或者说这已经算得上是异端了？方济各和英诺森三世在第一次见面的时候很可能是针锋相对的。方济各穿着"破破烂烂的袍子，头发蓬乱，眉毛又粗又黑"，英诺森三世以为他是养猪人，或者说他假装以为方济各是养猪人，他说："快别拿你的规章烦我了。你还是去照顾你的猪吧，你想跟它们传什么道就去传什么道。"方济各跑到了猪圈里，粪便把他弄得脏兮兮的，他回到教宗身边，说："主人，现在我已经做了您命令我做的事，那么请您也行行好，同意我请求的东西吧！"根据英国编年史作者马修·帕里斯的说法，教宗"反省了一下，后悔之前没有好好对待方济各，便让他去洗澡，答应他可以向其他人讲道"。

我们大概可以肯定方济各第一次与英诺森三世或与罗马教廷的会面时双方是针锋相对的，方济各打算再见一次英诺森三世。他找到了介绍人、盟友和保护人。方济各的介绍人是阿西西主教居伊，通过他的介绍，来自科隆那家族的枢机主教圣保罗的约翰最终同意为方济各接近教宗铺路。然而，当方济各把他的"规章"呈交给英诺森三世时，英诺森三世为它的严格程度感到震惊。一字不落地按福音书的内容来做，这简直是疯了！不过圣保罗主教找到了一个说服教宗的观点，这个观点既带有宗教性又带有政治性。"如果我们以这种借口拒绝了这个穷人的请求，难道不是证明了福音书是没办法做到的吗？这难道不是亵渎写了福音书的基督吗?"英诺森三世动摇了,但是还没有完全被说服,他只是对方济各说:"我的儿子,去向上帝祈祷吧,让他向我们展现他的意志;当我们了解了上帝的意志以后,我们才能有万全的把握给你一个答复。"

英诺森三世留出的这段时间对方济各和他的盟友们很有利,上帝展现了他的意志。英诺森三世做了一个梦:他看见拉特兰的教堂倾斜得好像就要倒塌了。一个"又矮又丑"的修士用后背支撑起了教堂,教堂因此没有倒塌。英诺森三世梦到的人只可能是方济各。方济各日后会拯救教会。

于是英诺森三世批准了方济各呈交给他的文本。不过英诺森三世非常小心谨慎,他只给了方济各一个口头承诺,而没有给他书面的批准文件。英诺森三世要求兄弟们服从方济各,而且要求方济各服从历任教宗。英诺森三世没有交给他们重要的任务,只是给所有平信徒兄弟行了剃发礼,他可能给方济各授予了执事品(diaconat)。最后,英诺森三世只允许他们传道,即给人们一些道德方面的鼓励和劝告。

方济各想要的不过如此。根据塞拉诺的托马斯的说法,英诺森三世说:"去吧,我的兄弟们,"一边说一边祝福他们,"与主同往吧,让主启示你们,去向所有人传道,让他们悔过。等到了全能的主让你们的人数变多、施予你们更多恩典的时候,带着愉快的心情回来找我吧,我将会给予你们更多的恩惠,我将更加信任你们,托付给你们更为重要的使命。"

即便是通过这段乐观的叙述，我们也可以感觉到，虽说方济各得到了他想要的东西，但他并没有消除教廷怀疑的态度。方济各的同伴们急匆匆地离开罗马，他们在斯波莱托山谷中一个寥无人烟的地方停下了脚步，他们也在思考自己的使命到底是什么：“是要到人群中传道呢，还是要当隐修士呢？”又到了方济各用他热情洋溢的话说服同伴的时候了，要劝他们不要逃避自己的使命。

而方济各本人是否对这次罗马之行感到满意呢，我们可以提出疑问，这次我们不用塞拉诺的托马斯写的东西，而是使用其他的史料。马修·帕里斯同意本笃会修士温都尔的罗杰的说法，他认为方济各是在和兄弟们离开罗马往回走、途经斯波莱托山谷的时候对鸟传道的，这是方济各一生中的著名事件。但是帕里斯没有像后来的方济各官方传记那样把这个事件解释得很悲伤。方济各想到罗马人是如何对待他的、想到他们的罪恶和卑鄙言行，他为此感到心痛，他呼唤天空中的鸟，呼唤那些最具有攻击性、长着危险的喙的鸟，呼唤猛禽和乌鸦，并向它们布道，他把鸟当成可鄙的罗马人。我们知道这段情节的出处。这个情节借用了《启示录》第19章第17—18节中的内容：“我又看见一位天使站在日头中，向天空所飞的鸟大声喊着说：'你们聚集来赴神的大筵席，可以吃君王与将军的肉，将士与马和骑马者的肉，并一切自主的、为奴的，以及大小人民的肉。'"方济各为人温和，这种痛骂的语气不像他的风格。我们可以看出方济各会内极端的一派是如何把这种观点强加到方济各本人身上的,他们想让人以为方济各觉得罗马教廷和教会跟被诅咒的巴比伦差不多。13世纪的图像记录了这段记忆:那些表现方济各向鸟传道的画作或多或少地模仿同时代那些表现《启示录》里叫鸟来吃肉的天使的形象,而乔托改变了这种认识,他对方济各向鸟传道的行为的解释是田园牧歌式的,这种解释方式是从乔托这里开始定型的。总之,在这种刻意的、带有倾向性的解释背后,我们可以感觉到方济各对于罗马和英诺森三世并没有什么美好的回忆。有人因此认为方济各并没有参加1215年的第四次拉特兰公会议,不过也有一些学者认为方济各参加了这次会议,但是他们也没有任何依据。

  方济各和他的同伴们回到了阿西西,他们在溪流拐弯处的平原安顿下来了,那条溪流叫作曲河。他们住进了一个废弃了的小木屋,方济各提醒他的兄弟们说:"住在小木屋里的人比住在宫殿的人更快地进入天国。"他们照顾麻风病人、从事体力劳动、乞讨、传道,尤其是在阿西西传道。过了几个月,他们不得不离开这个小木屋。根据塞拉诺的托马斯的说法,是因为一个农民把驴牵进了这个简陋的小木屋,他还想赶走本来住在小木屋里的人。不过实际上更可能是因为不断有新的兄弟加入,这个小木屋没办法容纳这么多人了。主教和律修教士都袖手旁观,最后是苏巴西奥山(Monte Subasio)的本笃会修道院院长将波蒂昂卡拉小礼拜堂和旁边的一小块土地给了方济各。小团体的人数逐渐增加,大家依然在按与之前相同的方式生活。在1210—1211年间加入的兄弟包括"睡觉时也在祈祷"的鲁凡兄弟;很会模仿被钉在十字架上的基督"的乔尼威兄弟,他还是"上帝的吟游诗人",人们称他是"典型的方济各会成员";还有见多识广、通情达理的马西兄弟;"从来不在一个地方待上超过一个月"的鲁西都兄弟,因为他认为:"我们在尘世间并没有永久的居所";最后一位是纯洁而质朴的莱昂兄弟,他是方济各的忠实信徒,他是听方济各告解的神父,因为他之前是神职人员,方济各称莱昂兄弟是"上帝的小羊兄弟"。

## 圣克莱尔

1210年年底以来,波蒂昂卡拉成了方济各最喜欢待的地方,不过值得注意的是方济各也经常离开波蒂昂卡拉,他去阿西西、翁布里亚、意大利中部和北部以及不信教者生活的地区传道,他还避静隐修,到不同的隐修地去。方济各去过的隐修地有:苏巴西奥山山坡上的卡尔切利、特拉西梅诺湖(Trasimène)中的一个小岛、卡萨莱山、圣赛波尔克罗(Borgo San Sepulcro)附近、列蒂附近的科伦坡泉、奥尔泰(Orte)附近的一个地方、波焦布斯托内、锡耶纳附近的一个小礼拜堂、科尔托纳附近的策勒、纳尔尼附近的圣乌尔巴诺、丘西附近的萨尔泰阿诺,以及韦尔纳。方济各和他的兄弟们并不是总能受到热情的欢迎。昆塔瓦莱的贝尔纳兄弟1211年被博洛尼亚人投以石头,在博洛尼亚的大广场上饱受讽刺嘲笑。不过1212年方济各招收到了非常优秀的女性新成员。她是一个来自阿西西的贵族女孩，听了方济各的讲道以后感到心潮澎湃，在圣枝主日的夜里跟一个朋友一起从家中逃了出来。她躲在波蒂昂卡拉，方济各给她们剃了发，给她们穿上了棕色粗呢袍子，就跟他自己穿的袍子差不多。然后方济各把她们带到了几公里之外的本笃会修女院，这个修女院叫作巴斯蒂亚的圣保罗，位于罗马因苏拉（Insula Romana）的沼泽地中。几天后，她们去了一个更安全的圣安杰洛修道院，这是其他的本笃会修女住的地方，这个修道院在苏巴西奥山上，比卡尔切利海拔更高。之后克莱尔的妹妹阿涅斯也过来了，她来加入克莱尔和帕西菲卡，方济各也给阿涅斯剃了发。过了一段时间，主教吉多把圣达米亚诺教堂给了克莱尔和"贫穷女士们"（Pauvres Dames），人们日后称方济各会的修女为"贫穷女士克拉丽丝"，就像人们日后称方济各会修士为"小兄弟"那样。圣本笃和圣思嘉开创了修士和修女并行的修道传统，方济各和克莱尔终其一生共同致力于发展男性和女性的修道。方济各在给贫穷女士克拉丽丝的信中写道："因为你们选择了根据福音书来生活，你们就成了天父的女儿和侍女，成了圣灵的新娘，我向你们保证我将会一直照顾你们，就如同我照顾我的兄弟们一样。"方济各遵守了他的承诺，贫穷女士克拉丽丝服从他、爱戴他，就如同兄弟们服从他、爱戴他那样。

## 奇迹与漂泊

对于基督教世界而言，1212年是充满了动荡和希望的一年。伊比利亚半岛信仰基督教的国王们纠集武力对抗穆斯林，1212年7月14日战胜了不信教者，在拉斯纳瓦斯·德·托洛萨会战中取得了压倒性的胜利。6—9月期间，一批批的年轻人从法国、德国涌向意大利北部，他们想到圣地去。人们把这些人称作"儿童十字军"，而这个说法是不准确的。他们遇到了很多物质上和精神上的困难，遭到了大部分教会高层人士的反对，最终可悲地溃退了。方济各和他的一个兄弟也像这些十字军一样，登上了开往叙利亚的船。但是船在达尔马提亚角（côte dalmate）遭遇了逆风，后来方济各和他的兄弟费了很大力气从达尔马提亚角回到了安科纳。他们身无分文，偷偷登上了一艘船，后来船员发现了他们并威胁要杀掉他们，而他们最终得以躲过一劫是因为方济各平息了一场风暴，又让本来不够的食物变多了。当时有很长一段时间海上没有风，水手们因为食物匮乏几乎要被饿死了，而方济各变出来的食物救了他们。

但是方济各还没有死心。两年以后，在1214年，方济各再次出发，前往摩洛哥向撒拉逊人（Sarrasins）传教，他觉得如果这次苏丹能听他传教的话，那么之前在拉斯纳瓦斯的失败就可以抵消了。但是他在西班牙生病了，不得不返回意大利。方济各传教事业唯一的胜利就是1219年在埃及，不过那也不是完全的胜利。

然而方济各的追随者一直在增多，他们变得越来越有名。新

# 第二章

加入的成员包括在佛罗伦萨加入的乔万尼·帕朗第和在科尔托纳加入的埃利兄弟,他们两人日后都担任了修会的总会长。人们开始把越来越多的奇迹都归在方济各身上。在阿斯科利,方济各治愈了病人,并且一下子使三十人皈信,其中既有教士也有平信徒;在阿雷佐,方济各握在手中的马缰绳治愈了一位临死的产妇;在皮耶韦城,一个方济各的信徒让病人触碰方济各当腰带用的那根绳子,病人因此被治愈了;在图斯卡尼亚,方济各治好了一个瘸子;在纳尔尼,他治好了一个瘫痪的人;方济各在圣杰米尼、在托迪(Todi)和特尔尼(Terni)之间,以及在卡斯泰洛城为着魔了的人驱魔。在贝瓦尼亚附近,鸟群聆听方济各的讲道;根据《灵花》的记载,方济各在古比奥驯服了狼,让狼成了"狼兄弟"(frère Loup),狼不再作恶了。那些曾经嘲笑方济各的人现在在他来了的时候,不仅对他很好奇,还很尊敬他,对他充满了热情。一旦有人说方济各到了某个城市或某个村庄,大家就都跑去看他,边跑边喊:"圣徒来了!"人们鸣钟,手里拿着树枝,一边唱歌一边走到他面前,人们把面包拿来让方济各给面包祝圣,人们把他的袍子剪成一片一片的。1213年,方济各在节日期间在蒙特菲尔特罗城堡讲道。上帝的吟游诗人(jongleur)的声音跟世俗的行吟诗人(troubadour)的声音融合在了一起。其中一个在场者,丘西卡森蒂诺的奥兰多伯爵十分感动,他把韦尔纳的一座山送给了方济各,让方济各在那里修建一个隐修地,供方济各和他的兄弟们使用。

## 第四次拉特兰公会议

1215年，教会里发生了一件大事：教宗英诺森三世在拉特兰的圣约翰教堂（Saint-Jean-de-Latran）召集了一次公会议，这是在这座教堂中举行的第四次公会议。公会议决定组建一支新的十字军，并且提出了教会改革的基础概念。鉴于这种微弱的改革倾向似乎与方济各所希望的方向一致，而且教宗选择出现在义人额头上的T型十字架（Tau）作为改革的标志，方济各也很喜欢T型十字架（他在写信时会签上这个标记，也在隐修地点的墙上画上了这个标记），于是人们开始建立这个公会议和方济各之间的具体联系。人们声称方济各出席了这次公会议，而且他应该遇到了圣多明我。但没有任何证据能证明这件事。不过英诺森三世、方济各和多明我都秉持同一种精神，他们用不同的方式试图解决同一个问题：在这个变化的世界中为人们开辟通往救赎的新道路。因为客观上这三个人存在共同点，人们得出了这三人实际上碰过面的结论，目的是要掩盖罗马教廷和这两位圣徒的分歧，或者是要掩盖这两位圣徒之间的分歧，至少是要掩盖方济各和多明我的精神后继者与他们两人之间的分歧。而公会议的决定对方济各、多明我和他们的追随者们而言是一种威胁。第十三条教规正式禁止成立新修会，第十条教规规定了他们要在主教周围从事辅助性的活动，"不仅是讲道，还包括倾听告解，宣布宽恕，以及其他与灵魂得救有关的事项"。这种严格服从教阶制度的、起辅助作

# 第二章

用的定位明显与多明我和方济各的意图背道而驰。他们两人用不同的方式试图消除这种威胁。1216年，多明我决定遵从圣奥古斯丁的规章，以律修教士团体的形式改组他的布道者们。多明我以延续已有传统的形式成立了自己的修会，方济各则行事更为谨慎，他不想把同伴们转化成一个真正的修会，而是希望他们保留灵活行动的余地，做事可以更从容，允许平信徒和教士同时存在于团体中，他希望架起一座教会和平信徒之间的桥梁。他大概是觉得他已经有了英诺森三世的口头同意，以为他的兄弟们已经被承认了，不受公会议上的决定的影响。

尽管如此，为了巩固在信徒心中的地位和在等级制度中的位置，方济各在1216年向新上任的教宗洪诺留三世提出请求，希望他能同意在波蒂昂卡拉教堂进行特赦。波蒂昂卡拉的特赦指的是每年在波蒂昂卡拉献堂日，即8月2日这天来到这里的人都能得到特赦，这是一项破格的特权，这样一来，方济各的小礼拜堂就跟罗马、圣地和圣-雅克-德-孔波斯特拉是同一个级别的了。这件事有些可疑，因为没有任何可信的文本能证明1277年之前存在波蒂昂卡拉的特赦，方济各的小礼拜堂很早就吸引了大批朝圣者，特赦的传说应该是由此产生的。

不论如何，方济各的追随者越来越多，活动范围也越来越大，他们需要组织，于是方济各开始把他们组织在一起。我们很难了解方济各最初的追随者定期开会的具体情况，人们把这些会议称为"会议"，这其实有点儿夸张。大概是由于过去兄弟人数不多，方济各请他们每年来两次波蒂昂卡拉，一次是在圣灵降临节，另一次是在米迦勒节。但是当兄弟们的人数增多、活动范围扩大时，方济各只能让他们每年来一次了。1216年，兄弟们大概已经是一年只来一次了。1217年的会议尤其重要：在这次会议上，方济各决定派兄弟们去意大利之外的地区传教。这次会议是后来《灵花》里所写的那场众人坐在席子上的会议吗？记载中存在大量不可信之处，然而《灵花》把这次兄弟们的集会描写成了一场愉快而淳朴的乡村节日，兄弟们为了这次集会用芦苇搭建了小屋。不管怎样，方济各还是决定跟马西兄弟一道前往法国。经过佛罗伦萨时，方济各去拜访了枢机主教乌戈利诺，枢机主教当时正在佛罗伦萨鼓动人们参加十字军。枢机主教是在那时被方济各吸引了呢？还是说他在更早以前就被方济各吸引了呢？我们发现乌戈利诺是从那时起开始非常慷慨地给方济各和他的同伴们提出有效的忠告和谨慎的建议的。枢机主教一开始就劝告方济各不要去法国。这是出于谨慎，害怕追随方济各的热潮蔓延到法国吗？还是说他觉得方济各在没有确保后方稳定的情况下就离开大本营的做法有风险呢？事实上，那些从意大利出发的传教士没有取得任何成果，他们在德国尤其不受欢迎。

然而，方济各在1219年重拾了他的旧计划：到不信教者那里去，让他们改宗，或者自己就在那里殉道。6月24日，方济各在安科纳登船，他目睹了11月5日十字军战士夺下杜姆亚特城的过程，他讨厌十字军战士们贪婪又血腥的行为。方济各与苏丹马利

## 第二章

克·卡米勒见了一面，却没有取得任何成果。方济各又去了巴勒斯坦，他大概在那儿拜访了圣地。他在巴勒斯坦得知五位前往摩洛哥的兄弟已经殉道了。方济各的心绪已经被这个消息搅乱了，又有一位密使来报，让他回意大利，因为在方济各不在意大利的时候，兄弟们陷入了一场严重的危机。1220年夏天，方济各又一次出发了，他在秋天抵达威尼斯。他大概直接去了罗马。总之，他意识到了：如果无法取得教廷的支持，就无法重掌局面，而想要得到教廷的支持，他就要做出让步。1221—1223年间，方济各做出了若干重新组织团体的决定，很难看出哪些决定是出于他的本意，哪些决定是他被迫做出的。

发生了什么呢？一方面，思想极端的一派放任自流，接受了超出正常范围的主张，他们完全变成了流浪者，跟女人待在一起，甚至"跟女人用同一个碗吃饭"，还组建了同时收容男性和女性麻风病人的团体。另一方面，思想松懈的一派则不再进行严格的修行，他们建造了华丽的石头教堂，开始学习，而且重视学习，还请罗马教廷给他们特权。而其中有一件事，方济各在发现以后立刻实行了惩罚措施。方济各在从威尼斯前往罗马的路上经过了博洛尼亚，他发现乔万尼·迪·斯塔奇亚兄弟已经在博洛尼亚建立了一所学习院。方济各赶走了所有人，甚至赶走了病人，他诅咒乔万尼·迪·斯塔奇亚。他采取了一系列措施，这些措施或多或少符合他的意愿。从此以后，所有想要加入团体的人都要经历为期一年的初修期。圣座派出一位代表担任"兄弟会的保护人、管理人和纠正者"。这位代表就是枢机主教乌戈利诺。方济各把团体的行政领导权让给了彼得罗·卡塔尼，而卡塔尼在1221年3月10日去世了，之后埃利兄弟接替了他。最终，方济各依然是兄弟会的精神领袖，他应当把兄弟会转化成一个真正的修会，而且应该给修会撰写一版真正的规章，用以代替1210年的"规范"。

方济各在1221年的"会议"上发布了他的规章。一些兄弟和罗马教廷的代表都对规章存有一定保留意见，于是大家决定把规章呈交给兄弟会的保护人枢机主教。在此期间，为了管理想要加入修会的大量平信徒，"第三会"成立了，第三会的成立很可能是乌戈利诺的建议，这种形式受到了卑贱者刚刚成立的第三会的启发。第三会的成立很可能是为了实现方济各的一个想法，他希望他的兄弟会依然是由纯粹的人组成的小型共同体。根据塞拉诺的托马斯的说法，方济各曾经感叹："现在的小兄弟太多了！啊！好希望小兄弟没那么多的时代赶紧到来啊，那样的话人们就不会到处都能看到小兄弟了，人们会抱怨小兄弟太少了。"根据《灵花》的记载，他曾对坎纳拉那些想放弃一切、追随他的人说："不要这么心急。"不过第三会的组织形式非常符合圣座的意愿，圣座不想让那么多人都加入方济各的团体，而且希望这些人能为圣座所用，想把他们当成兼具平信徒性质和教会性质的民兵部队，服务于教会的精神利益和世俗利益。1221年12月起，教宗洪诺留三世派出大量来自法恩扎的方济各会第三会成员，让他们与神圣罗马帝国皇帝作战。第三会变成了重视教宗利益的政策的工具。方济各会第三会的第一个团体很可能是1221年3月在佛罗伦萨成立，当时方济各和枢机主教乌戈利诺都在佛罗伦萨，这并非偶然，因为佛罗伦萨是一个非常支持教宗的城市。总之，第三会的规章在1221年成型了，规章得到了教宗的批准，其内容生硬枯燥、合乎法律形式，但几乎没有方济各本人的印记。或许也正是在那时，方济各允许一位葡萄牙兄弟在博洛尼亚修道院里授课，这位葡萄牙兄弟就是帕杜瓦的安东尼，然而方济各不久前刚把乔万尼·迪·斯塔奇亚和他的同伴们从这里赶走，只因为他们埋头学习。人们是根据方济各写给安东尼的信提出这个假说的，然而目前我们无法确定这封信是真的。

## 《教宗批准的规章》

然而，教宗和枢机主教乌戈利诺要求圣方济各修改他在1221年提交的规章。于是方济各远离人群，来到列蒂附近的科伦坡泉隐修地。莱昂兄弟和了解基础的法律概念的伯尼佐兄弟在那里陪着他。对埃利兄弟而言，方济各所做的修改可能还不够。方济各把文本交给了埃利兄弟，后者却把文本弄丢了。于是，方济各跟莱昂兄弟一起重新修改。这是一项艰难的工作：方济各感觉灰心丧气，有时甚至很严厉。有些兄弟过来纠缠方济各，想把一些与方济各的意图相反的条款加到文本里，方济各毫不客气地把他们打发走了。最终，新版规章在1223年春天或夏天完成了，它被寄往罗马，之后枢机主教乌戈利诺在罗马继续修改这个文本。1223年11月29日教宗洪诺留三世通过教宗诏书 *Solet annuere* 批准了规章，《教宗批准的规章》由此得名。在1221年规章中出现的大部分引用福音书的片段都被删除了，抒情的片段也被删除了，取而代之的是司法用语。兄弟们可以不服从不称职的上级的条款被删除了。而且所有涉及照顾麻风病人的规定以及所有要求兄弟们严格守贫的规定也都被删除了。规章不再强调体力劳动的必要性，也不再禁止兄弟们拥有书籍。

方济各的心已经死了，他接受了这版面目全非的规章。很多传记认为1223年年底这段时间是方济各一生中"受到了重大的诱惑"的一段时间。这个诱惑就是完全放弃新成立的修会，甚至是完全放弃正统教义。在此之前，方济各一直认为应该坚决服从教会，可是这种服从一下子变得微不足道。圣波那文图拉转述了塞拉诺的托马斯写的一段话，这段话非常有倾向性，在这段引文中方济各说："服从的人应当像一具尸体一般，任由别人安放在任何地方，毫无反抗。如果人们给他穿上紫红色的衣服，他只不过显得更加苍白了；如果人们让他像博学者一般坐在讲台前，他也不会抬起头，他只会任凭头低在胸前。"

之后他屈服了，也平静下来了，主对他说："可怜的弱小的人啊，你为何如此悲伤？你的修会难道不是我的修会吗？我难道不是这个修会级别最高的牧羊人吗？你不要再苦恼了，你应该去考虑你自己的救赎了。"

## 第二章

于是方济各开始认为自己的救赎是与修会无关的，这个修会虽然脱胎于他，但是归根结底却由不得他做主。他逐步安详地走向死亡。

## 走向死亡

塞拉诺的托马斯把《第一版传记》分成了两部分，但是从覆盖时段的长短来看，这两个部分很不成比例。实际上，第二部分只涉及方济各临终前的最后两年：1224—1226年。方济各当时已经远离人群，之后他生了人生中最后一场病，并因此去世。根据传记的记载，"每天都有成群的平信徒跑来，他们满心虔诚，想听方济各说话，想见到他，而方济各拒绝见他们"。因此，塞拉诺的托马斯在写第一部分的结尾的时候使用了温柔甜美的笔调。方济各的爱洋溢着，他爱穷人，他帮穷人把木柴捆和包袱扛在肩上；他也爱动物——甚至爱蛇，他尤其爱绵羊和羔羊，他不让人们卖羊、杀羊，他把自己的外套给人，把羊赎了回来；方济各爱所有生命：虫子、蜜蜂、庄稼、葡萄藤、花朵、森林、石头和四元素。方济各在格雷乔的马槽旁的著名情节表现的就是他对一切生命的热爱。

我们可以发现在方济各临终的这段时间还发生了别的事情，方济各与他人产生了新的联结。在"受到了重大的诱惑"时期之后，方济各经历了一段很长的平和期，在这段平和期里他轮番经历了温情洋溢的时刻和充满痛苦的时刻,最终度过了缓慢冗长的垂危期,将要咽下最后一口气。

第一件事发生在1223年的圣诞节,方济各答应了他认识的一位贵族的邀请,这位贵族名叫乔万尼·维利塔,是格雷乔的领主。方济各要去陡峭山峰上的洞穴和隐修地,在那里庆祝耶稣的诞生。方济各让他的朋友依照伯利恒的马槽的样子做一个马槽,方济各有着充满诗意的想象力,正是因为这种想象力,方济各才有了做马槽的主意。"我想召唤那个出生在伯利恒的孩子,想用我的肉眼去看看他在贫穷的童年时期经历的种种困难,想看看他躺在马槽里的样子,看看他在牛和驴的旁边躺在干草上的样子。"圣诞节那天夜里,附近的男男女女从四面八方赶来,爬到山上。他们拿着那么多的蜡烛和火把,以至于夜空都被点亮了。他们唱起歌,歌声响彻森林,在岩石间回响。弥撒开始了。上帝的圣徒方济各在马槽边,他唱福音书,他用"充满激情、温柔、明朗又响亮的声音"讲道。他宣布了永恒的救赎。有人在现场看到了一个幻象:他忽然看到一个婴儿卧在马槽中,方济各侧过身子靠近,想叫醒他。格雷乔成了新的伯利恒。方济各在格雷乔度过了1223年的冬天和1224年的春天,之后去波蒂昂卡拉参加6月的修会总会议,这是方济各最后一次参加修会总会议,之后他又回到了韦尔纳的隐修地。他只带了几个兄弟在身边,都是他觉得最亲近的兄弟——莱昂、安格和鲁凡这"三兄弟",还有西尔维斯特、伊吕米内、马西,或许还有伯尼佐。方济各带着他们来到远离人

## 第二章

群的地方，他也经常离开兄弟们，独自修行。方济各沉浸在冥想中。有一天，他打开了他一直在读的、带来的唯一一本书，这本书就是福音书，他恰巧看到了基督受难的段落。之后另一天，大概是9月14日，他看到了一生中最后一次幻象：一个长得像六翼天使的男人有六只翅膀，双臂张开，双脚并拢，被钉在十字架上。方济各思考这个幻象的含义，悲喜交加，他的手上、脚上开始出现流血的洞，身体内侧一面结着痂。他完成了模仿基督的过程。他是基督教历史上第一个有圣痕的人，"是属于被钉在十字架上的主人的被钉在十字架上的仆人"。这件事让方济各感到困惑，同时他又觉得圆满了。他尽力隐藏这些伤疤，给手脚都缠上了绷带。根据塞拉诺的托马斯的说法，方济各在世时，只有埃利兄弟看过这些伤疤，只有鲁凡兄弟触碰过这些伤疤。方济各去世时，附近的人都急忙去看他的身体。在13世纪，有越来越多的人声称自己见过方济各的圣痕。

圣痕的出现使方济各坚信了自己的使命，1224年秋天他骑上一头驴，重新开始巡行。但是他的疾病又一次加重了。他几乎瞎了，又饱受头痛的折磨。方济各平时常去圣达米亚诺拜访克莱尔，这回克莱尔把方济各接到身边来，照顾了方济各几个星期。方济各在花园里用柳条搭了一个窝棚，在那里度过了人生最后一段平静的时光。人们乐于相信方济各是在那儿写下《太阳兄弟赞歌》的，这是一首赞美一切生命的赞歌。埃利兄弟终于劝服方济各去看教宗的医生了，那时教廷在列蒂。根据塞拉诺的托马斯的说法，埃利兄弟像母亲一般陪伴着方济各；而根据很多其他历史学家的说法，埃利兄弟像是在监管方济各。在列蒂的那段时间，方济各要么是住在主教宫，要么就像《古老传奇》记载的那样住在"撒拉逊人塔巴尔德"（Tabald le Sarrasin）家里，此人很可能是教宗的穆斯林医生。可是智者的学识也没起到什么作用，方济各的身体每况愈下。锡耶纳的兄弟们叫方济各到他们那儿去，保证说可以照顾他，或许还能治愈他。结果正相反，方济各的病情严重到了要向兄弟们口述遗嘱的程度（塞拉诺的托马斯完全没有提到这件事），埃利兄弟赶来了。方济各好了一些。于是他跟埃利兄弟一起离开了锡耶纳，前往在科尔托纳附近的策勒隐修地。但是他在那里忽然犯病，十分严重，方济各要求他们把自己送到阿西西去，更准确地说，是送到波蒂昂卡拉去。即便埃利兄弟想让方济各死在阿西西，死在方济各精神的诞生地，方济各待在波蒂昂卡拉其实面临着很大的风险。事实上，13世纪初的大众和个人在面对有声望的人的时候，其心态和行为与4世纪末的人无异。4世纪末，图尔人从普瓦提埃人那儿抢走了圣马丁的遗体；10世纪末，加泰罗尼亚人为了拥有圣徒的遗骨，甚至打算杀掉病中的圣罗慕铎。方济各即将死去，而周围的人觊觎的是圣徒的遗体。阿西西人最害怕的就是他们的宿敌佩鲁贾人也想要方济各的遗体。然而，地处平原的波蒂昂卡拉还是被佩鲁贾人控制了。于是人们把垂危的方济各转移到了城墙之内，转移到了主教宫里，佩鲁贾人和自发行动的信徒在那里看守着方济各。方济各在教会

## 第二章

的宫殿里感到非常不自在。最后他坚持要求人们把他送到波蒂昂卡拉去。到了波蒂昂卡拉以后，兄弟们和轮流换班的持有武器的阿西西人保护着方济各。方济各完成了模仿基督的最后步骤，而在此之前他已经有了圣痕，圣痕的出现是在提前宣告方济各得到了认可，他将要模仿基督。10月2日，他用了最后的晚餐。他给面包祝圣，然后掰开面包分给兄弟们。第二天，1226年10月3日，他让人唱《太阳兄弟赞歌》给他听，又让人念《约翰福音》中有关受难的章节，然后让人把他放在地上，放在一件覆盖着灰烬的苦衣上。那时，一位在场的兄弟忽然看到了方济各的灵魂像一颗星星一样径直升上了天空。方济各享年45岁或46岁。

之后一切都发生得很快。人们蜂拥而至，冲向方济各的遗体，想看看他的圣痕，还想触碰圣徒的遗骨。10月4日，举行了简单的葬礼，方济各的遗体在圣达米亚诺停了一段时间，圣克莱尔在圣达米亚诺流着泪亲吻了她那已经在天上的朋友，之后方济各被临时安葬在圣乔治教堂。1228年7月17日，还没到方济各去世两周年，教廷将方济各封为圣徒。一般情况下教廷并不急于封圣，但是这次教廷急于平息围绕方济各的争论，这些争论让人颇感不安。当时在位的教宗是格列高利九世，他在当选教宗之前是枢机主教乌戈利诺，他向他曾经保护过的人致敬，而这种致敬的心情里混杂着尊敬的态度和政治意图。1230年5月25日，方济各被安葬在埃利兄弟修建的大教堂中，这座大教堂带有炫耀财富的意味，是反方济各精神的，葬在此处对方济各而言是一种侮辱。

而对方济各最后的背叛则是1569年起开始修建的天使之后圣殿，从此以后，后特兰托时代的天主教精神和这座圣殿一道把谦卑朴素的、真正的波蒂昂卡拉包在了里面，抹杀了波蒂昂卡拉。

## 作品与使命

方济各并没有写下很多东西。假设我们现在还有那些已经散佚了的最初的规章、书信和诗歌的话，这些宝贵的文本或许也只能凑成一小卷。卦拉基的方济各会修士整理的方济各文集分为三部分：第一部分是《训诫》（*Admonitions*）和两版规章；第二部分是书信；第三部分是祈祷词。卦拉基的神父们以只出版方济各用拉丁文写的作品为由，没有收录方济各的重要代表作，即用意大利文写成的《太阳兄弟赞歌》。因此需要补充完善这个版本，而这项工作现在已经完成了。意大利文版本由维托里奥·法契耐提（Vittorio Facchinetti）和贾科莫·坎贝尔（Giacomo Cambell）整理完成〔第一章:《天使立法》（I. *Legislazione Serafica*）；第二章:《父的指示》（II. *La direttive del Padre*）；第三章:《圣徒通信》（III. *La corrispondenza di un santo*）；第四章:《赞美诗和祈祷词，包括〈太阳兄弟赞歌〉》（IV. *Inni e preghiere, Il cantico di frate Sole compris*）〕，法文版本由亚历山大·马斯隆（Alexandre Masseron）整理完成〔第一章:《立法者》（I. *Le législateur*）；第二章:《使者》（II. *Le messager*）；第三章:《朋友》（III. *L'ami*）；

第四章：《祈祷的圣徒》（IV. *Le saint en prière*）；第五章：《诗人》（V. *Le poète*）］。从此以后，使用法文版本时应当用PP. 提奥菲勒·德邦耐（PP. Théophile Desbonnets）和达米安·沃勒整理的版本[1]。

这些作品的外观各不相同，而它们的使命是一样的：在灵修方面给兄弟们提供教导，并且由此把一种启示传递给全人类。方济各不是一个作家，而是一个传教士，他所写的作品是为了补充那个他早已通过话语和行动表达出来的启示。

1221年的规章没有被批准，而1223年由教宗诏书批准的规章直到今天都对方济各会修士有效，而1221年和1223年两版规章之间存在着差异，我们已经总结了这些差异的核心内容。1223年的规章只有12项枯燥的条款，而1221年的规章有23项条款，1223年的规章删去了1221年的规章中引用福音书的段落和抒发感情的片段。

规章的开头确认了小兄弟们必须发三个愿，即服从、守贫和守贞。第一版规章规定了小兄弟们的目标是"追随我们的主耶稣基督的教导和榜样"，而在第二版规章中目标变得更抽象了，变成了"遵守我们的主耶稣基督神圣的福音书"。修会总会长服从教宗，兄弟们服从总会长。

---

[1] *Saint François d'Assise. Documents, écrits et premières biographies*, Paris, Éditions franciscaines, 1968, 1981[2], 2002. 详见书后附录中的参考书目。

95　　　之后是进入修会需要满足的条件，要经历为期一年的初修期，要放弃个人财产，把财产捐给穷人，还有着装要求：一件带风帽的袍子、一件不带风帽的袍子、一条腰带、一条短衬裤，所有衣物都使用便宜劣等的布料。第二版规章加上了鞋子，有需要时可以穿鞋。

　　神功有所削减。教士要做时辰祈祷和日课经。平信徒在夜祷（matines）时说24遍"圣父"（Pater），晨祷（laudes）时说5遍，第一时辰（prime）、第三时辰（tierce）、第六时辰（sexte）和第九时辰（none）时说7次，晚祷（vêpres）时说12次，睡前祷（complies）说7次，还要为故去者祈祷。第一版规章中规定只有识字者可以拥有祈祷书和诗篇，禁止拥有其他书籍，这个规定在第二版规章中没有了。第一版规章中要求进行两次斋戒，第一次是从诸圣节到圣诞节，第二次是从主显节到复活节。在第二版规章中第二次斋戒被缩短成了四旬斋，从主显节到四旬斋开始的这段时间可以自行决定是否斋戒。此外第二版规章还加入了星期五的斋戒。不过取消了所有饮食禁忌。

　　第二版规章中修道院院长和兄弟们之间的关系更为简明也更为严格了。第一版规章中规定如果院长们要求兄弟们做违反规章或违反良心的事情，兄弟们有义务不服从，"因为当罪行或是原罪出现时，就不是不服从的事了"（*quia illa obedientia non est, in qua delictum vel peccatum committitur*）。这个规定在第二版规章中被删除了。第一版规章中规定所有人都要自称"小兄弟"（*frati minori*），不得称呼任何人为"修道院院长"（*priore*），而这个规定在第二版规章中也被删除了。修道院院长们只可以命令兄弟们去做既不有悖灵魂、又不有违规章的事情，兄弟们则应该完全服从修道院院长。第一版规章中规定不论是修道院院长还是兄弟们，所有人都应该互相给对方洗脚，这个规定也取消了。

绝对禁止收钱的规定保留下来了，不过去掉了第一版规章中的烦琐规定和诅咒，增加了修道院院长和省级修会负责人可以通过"灵修之友"（*amici spirituali*）作为中间人来收钱的规定，收钱是为了照顾病人，并"根据兄弟们所在的地点、气候和是否处在寒冷地区"（*secondo i luoghi, i tempi ed i paesi freddi*）给他们准备衣服。

劳动方面的规定也没有那么严格了。规章不再要求所有人都劳动，而是只允许"主给予了劳动的恩赐"（*cui il Signore ha concesso la grazia del lavoro*）的兄弟们去劳动。乞讨很受推崇：乞讨是"你们所践行的十分高尚的清贫中的最高峰，我亲爱的兄弟们，你们是天国的继承者和王"（*la vetta sublime de quell'altissima povertà, che ha fatto voi, fratelli mici carissimi, eredi e re del regno dei cieli*）。不过第二版规章删除了第一版规章中的背景介绍，第一版规章中解释了乞讨的做法的意义。当时有两重背景：社会背景和传教背景。一方面，乞讨确确实实地让兄弟们置身于穷人中间："他们应该为自己跟那些处在弱势的人在一块儿而感到幸福，无须顾虑，跟穷人、弱势者、病人、麻风病人以及那些沿街乞讨的人在一起。"（*E debbono essere felici quando si trovano tra gente dappoco e tenuta in nessun conto, tra i poveri e i deboli, gli infermi, i lebbrosi e i mendicanti della via.*）非自愿受穷让自愿的清贫有了意义，而在第二版规章中解释清贫的社会背景的部分没有了。之前那些提及基督和使徒的部分也都被删去了，第一版规章在提及耶稣时是这样表述的："他曾经贫穷，是一个朝圣者，他自己、圣母和他的门徒们都靠他人的施舍为生"（*e fu povero e pellegrino e visse di elemosine lui stesso e con lui la beata virgine ed i suoi discepoli*）。在第二版规章中则只是模糊地描写了基督的清贫："主因爱我们在尘世间受穷"（*il Signore per amor nostro si fece egli stesso povero in questo mondo*）。有关旅途中如何践行清贫的规定〔第一版规章中规定"当兄弟们出门旅行时，不得带任何财物，不能带钱袋、褡裢，也不能带金钱和拐杖"（*Quando i frati vanno per il mondo, non portino nulla per il viaggio, nè borsa, nè bisaccia, nè pane, nè denaro, nè bastone*）〕只剩下了不能骑马的规定，生病和十分必要时除外。

  关于选举修会总会长和召开修会总会议的规定变得更具体了。修会总会长由修会省级负责人（ministres provinciaux）和分省负责人选出。修会总会议每三年召开一次，在圣灵降临节召开。反之，一旦修会总会长无法完成使命、无法为兄弟们的共同利益服务，选举总会长的人可以罢免修会总会长。

  第一版规章允许所有兄弟讲道，第二版规章则对讲道做出

## 第二章

了严格的规定。只能在主教同意的教区讲道。要通过考试并且得到修会总会长的许可才可以讲道。只能做简短的布道，只能涉及一些与道德相关的、有教化作用的主题，不得涉及神学、教义和与教会司法有关的主题，"为了于人有益、教化众人，用简短的布道词向人们讲罪恶与美德、惩罚与荣耀"（*per utilità e edificazione del popolo, parlando loro dei vizi e delle virtù, della pena e della gloria, con brevita di sermone*）。

第一版规章中对经常与女人见面和私通的情况有具体而严酷的惩罚；第二版规章中只有一条简短的条款，即除非有特殊的批准，兄弟们不得进入修女院。

第一版规章中关于传教的条款很长，而且强烈推荐兄弟们去跟撒拉逊人和不信教者传教；而第二版规章的相关规定只有短短四行，建议修道院院长要十分谨慎地批准兄弟们去传教。第二版规章的结尾还提到了枢机主教，枢机主教是教宗为方济各会选定的"修会的管理者、保护人和纠错者"（*come governatore, protettore e correttore di questa fraternità*）。不过方济各在最后一行引用了"我主基督耶稣的神圣福音书"（*il santo Vangelo del Signor Nostro Gesù Cristo*）。

除了这两版规章，方济各的作品还有《训诫》、《论独自修行的居所》（*Della religiosa abitazione nell' eremo*）、《遗嘱》和《简短遗嘱》（*Petit Testament*）。

《训诫》中包含28篇简短的灵修作品，内容简单，方济各曾口头教导兄弟们应该如何生活,《训诫》是由这些口头教导总结而成的,这些内容没有被收录到规章里,是一些建议,而不是强制性的规定。这是一部讨论好信徒和坏信徒的短小文集,也被称为"圣方济各的山上宝训"。

还有一篇文章讨论了兄弟们在隐修地的生活,这篇文章是对规章的补充,因为规章几乎没有提到远离人群去隐修的情况。远离人群的修行方式来自隐修士的传统,方济各和大部分兄弟都很赏识这种方式,也亲自践行。这篇文章厘清了隐修期间劳动生活与静思生活的关系。当三位或四位兄弟共同隐修时,应当进行分工,两位"母亲"过马大一般的劳动生活,一个或两个"孩子"过抹大拉的马利亚一般的静思生活。

《遗嘱》是一个非常重要的文本,可能是方济各在1225—1226年的冬天在锡耶纳写成的。方济各希望《遗嘱》是规章的一个补充部分,希望《遗嘱》在修会内具有与规章相同的法律效力,不过教宗格列高利九世迅速发布了诏书 *Quo elongati*,取消了《遗嘱》的法律效力。方济各可能是想把1223年规章删除或弱化的一些规定重新加到规章里。有人认为:方济各应该是猜到了人们不会尊重他的意愿,《遗嘱》中"有一种撕心裂肺的悲伤,有时甚至可以感觉到一丝绝望"。方济各在《遗嘱》中表现出他对教会的尊重,对教士、对神学家的信赖,他指出麻风病人在他皈信过程中起到了决定性作用,他仅用从上帝那里得到的启示来

## 第二章

定义理想，主张必须从事体力劳动，应该"像外人一样，像朝圣者一样"待在朴素清贫的教堂和修道院里，严格禁止兄弟们向罗马教廷申请特权，必须一字不加、一字不减地严格遵守规章和《遗嘱》，也不能给规章和《遗嘱》加注解。

最后一个文本是《简短遗嘱》。1226年4月，方济各祝福了"我所有的兄弟们，现在在修会里的，还有之后要加入的，直到世纪末日"（*tutti i mici frati i quali sono nell'Ordine e che vi entreranno fino alla fine del mondo*），之后他向伯努瓦兄弟口授了《简短遗嘱》。《简短遗嘱》重申三个核心原则：修会内兄弟们之间的爱、对"我们的女士——神贫"（*nostra signora la Santa Povertà*）的尊敬，以及对"神圣的母亲——教会"（*Santa Madre Chiesa*）的服从。

方济各留下了一些信件，即便我们只考虑那些可以肯定是方济各本人所写的信件，我们也可以看出方济各曾给他周围的人、给教会、给全体基督徒写信。在方济各写给朋友们的信中有一封是写给莱昂兄弟的。"我儿，我像母亲一般对你说，我把我们之前在旅途中聊过的内容总结成了一段话、一个忠告，之后你就不需要来询问我的建议了，因为这就是我跟你说的观点：不论你觉得用何种方式更能取悦上帝，追随他的脚步，像他一样清贫，你在行动的时候都要带着上帝的祝福，而且要服从我。不过如果你的灵魂需要我的建议，如果你需要得到安慰，如果你想来问我的意见的话，莱昂，那就来找我吧，来吧。"[1]

还有一份不同寻常的文件也是写给莱昂兄弟的，这份文件是方济各亲手写在一张羊皮纸上的，现存于阿西西的圣方济各修道院。这份文件一面写的是《上帝赞歌》(*Louanges de Dieu*)，另一面写的是《祝福莱昂兄弟》(*Bénédiction de frère Léon*)，上面还带有T型十字架标志。这份文件是方济各1224年9月在韦尔纳写的。另一封写给朋友的信是方济各临终时让人寄出的，寄给他生命中除了圣克莱尔以外唯一的女性——塞泰索利的贾科米娜，她是罗马贵族，方济各称她为"贾科米娜兄弟"，方济各在罗马生病时，她曾给他做了他喜欢吃的杏仁蛋糕。

与修会活动有关的书信中有一封是传教许可，方济各批准比萨的阿涅洛兄弟到英格兰去担任修会省级负责人；还有一封信是写给一个修会省级负责人的，方济各在信中跟他讲了一些与规章有关的问题，修会总会议将要在圣灵降临节召开，在此之前他应该思考一下这些问题。还有一封信是写给修会总会议和所有兄弟的，在信中方济各做了告解，他坦言"或是因为疏忽，或是因为脆弱，或是因为我无知且没文化"(*sia per negligenza,*

---

[1] "*Cosi ti dico, figlio mio come madre, che tutte le parole che dicemmo per via brevemente raccolgo in questa parola e consiglio; e non è necessario che tu venga ulteriormente a me per consiglio, perchè così io ti ammonisco: 'In qualunque modo ti sembra di meglio piacere al Signore e di seguire i suoi passi e la sua povertà, fatelo con la benedizione di Dio e con la mia obbedienza. Ma se ti è necessario per la tua anima o per tua consolazione, e vuoi, o Leone, venire da me, vieni pure.'*"

## 第二章

*sia a cagione della mia infermità, sia perchè sono ignorante e illetterato*)，他犯下了罪。这封信还讨论了关于圣体圣事、弥撒、《圣经》和歌唱的规定，在歌唱时不应该执念"声音是否和上了旋律，而是应该让精神与之相符"（*alla melodia della voce ma alla rispondenza della mente*）。

写给基督徒的信包含一封写给全体教士的信，还有一封写给所有信徒的信。第一封信保存在苏比亚科修道院，方济各与苏比亚科修道院保持着很好的关系，一方面因为他个人很喜欢隐修的方式，另一方面是他很想与真正的本笃会传统建立联结。第一封信号召教士们尊重圣事。第二封信很长，号召人们忏悔。方济各描述了一个不知悔改的临终者的形象，他的父母和朋友懒得哭泣，急着抢夺临终者的财产。这既展现出了方济各的讽刺才能，也展现出了一个日后在中世纪晚期将变得非常重要的主题。

赞美歌和祈祷词也深刻地展现出了方济各的天赋，他在诗歌和抒情方面有着很强的感受力。《主的赞诵》（*Laudes du Seigneur*）、《赞颂美德》（*Salutation des vertus*）、《赞颂真福的圣母》（*Salutation de la Bienheureuse Vierge*）和《主的受难之弥撒》（*Office de la Passion du Seigneur*）展现出了方济各对礼拜仪式的看法，也体现出了他要将自己冥想和静思的成果用语言表现出来的需要，同样展现出了方济各信仰的核心：主是全能的创世主，基督被钉在十字架上，圣母是主的贵妇人（Dame），是"他的宫殿、他的女仆和他的母亲"。众多美德被看作是宗教领域里的神

103 圣贵妇人：神圣的智慧、纯净和神圣的纯真、神圣的守贫、神圣的谦卑、神圣的爱德、神圣的服从。这些都是方济各对13世纪的灵修诗歌的贡献，带有很典型的13世纪诗歌的特点，而这些作品与方济各的抒情诗代表作《太阳兄弟赞歌》相比，便显得相形见绌了。这首诗被认为是意大利文诗歌的开端，是一篇杰作，勒南称之为"福音书出现以来最美的宗教诗歌"。这首诗体现了方济各对所有造物兄弟般的博爱。方济各的爱遍及一切生物，他爱人也爱动物，他还为那些无生命的造物唱起赞歌，为那些无生命的造物赋予了生命和灵魂，直到"我们的死亡姐妹"来临。当方济各感觉死亡临近时，他在波蒂昂卡拉让安格兄弟和莱昂兄弟为他唱了这首《太阳兄弟赞歌》。

## 圣方济各是中世纪的，还是现代的？

方济各传达出的信息的创新之处、他的生活方式和传教方式的创新之处首先让当时的人们感到震惊。我们或许以为塞拉诺的托马斯写得太夸张了，他强调方济各作为一个圣徒的原创性，可他正是方济各的弟子；他强调修会的原创性，可他是这个修会的成员，而且受修会之托来撰写方济各的传记，从某种意义上讲，他是要给圣徒和修会打广告的。但是我们还需要想一想，在塞拉

104 诺的托马斯所处的时代，人们认为传统才是核心价值观，创新则可能会引发争议，塞拉诺的托马斯如此强调方济各和他的行动的

创新性是需要一个很强的理由的:"当时有关福音书的教义很匮乏,不论是在方济各所在的意大利,还是在别处,都是这样的状况,方济各被上帝派来,他就像使徒们一样,他要来向所有人见证真理。他用他的教诲证明了尘世的智慧是疯狂的,他受到了基督的指引,很快就把人们引向了上帝的真正智慧。方济各是我们这个时代新出现的福音传道者,他如同一条来自天堂的河流,把福音书的活水引向了整个人间。他用他的行为作为示范告诉人们什么是上帝之子走的路,告诉人们真理的教义。在他身上,通过他,这个世界经历了一次未曾预料的复兴和一场神圣的革新(*sancta novitas*),古老宗教的种子很快发芽,为这个因成规和传统而垂垂老去的世界带来了新的生机。一种新的精神注入了选民们的心中,他们广行救赎的涂油礼,方济各是基督的仆人和圣徒,他就像一颗星星一样用一种新的仪式和一些新的征兆照亮了他们。古老的奇迹因他而更新,在尘世的沙漠中,他遵循古老的传统,却又创立了一个新的修会,一棵多产的葡萄藤已经被种下了。"(《第一版传记》,89)

19世纪末和20世纪的历史学家的论调是一致的,都赞美方济各的现代性,认为他是文艺复兴和现代世界的开创者。法国历史学家埃米尔·戈巴赫(Émile Gebhart)在《追求神性的意大利》(*L'Italie mystique*,巴黎,1906年)一书中把方济各和腓特烈二世联系在一起,认为他们是中世纪最早出现的两位具有现代精神的人物,他们在各自的领域内将意大利和基督教世界从厌世情绪、从恶魔的烦扰中、从敌基督的重压中解放出来了。方济各是*解放者*："方济各会宗教的特殊之处在于强调精神自由、爱、怜悯、愉悦、从容、亲切，这些特点在很长一段时间里将构成意大利基督教的特色，不同于拜占庭人的法利赛信仰，不同于西班牙人的狂热主义，也不同于德国、法国经院哲学的教条主义。这些在意大利以外的地方让意识变得晦暗压抑的东西都没有影响过意大利人，精妙的形而上学、精细的神学、决疑论引发的不安、过度的纪律和悔过、顾及过多的虔诚，这些都没有对意大利人产生影响。"

人们认为方济各对艺术领域产生了影响，方济各的感受力和虔诚对艺术领域起到了决定性的影响，将西方艺术引向了现代主义的新道路。方济各引发的震动可能是文艺复兴的源头。这个观点是德国历史学家亨利·托德（Henry Thode）在1885年提出的，他写了一本划时代的书，即《阿西西的方济各与意大利文艺复兴艺术的开端》（*Franz von Assisi und die Anfänge der Kunst der Renaissance in Italien*），他正是在这本书中提出这个观点的。方济各可能让基督教信仰变得更富有戏剧的特点，在赞歌和圣史剧发展的过程中起到了决定性的作用。方济各对带有说教性的逸闻趣事即劝谕的喜好可能得到了推广，因此绘画作品开始表现逸闻趣事和日常生活。他或许发现了大自然感性的一面，将人物肖像和风景画引入绘画。艺术中的现实主义和叙事可能来自方济各。

## 第二章

然而，仔细思考一下就会发现这些被人们归到方济各身上的、认为是方济各开创了的流派其实在方济各之前就是存在的。而当我们去看具体的主题的时候，就会发现在12、13世纪之交，人们在绘画作品中表现十字架时，基督的形象从荣耀过渡到了痛苦，庄严的圣母形象也有所退却，逐渐变成了母性的圣母，表现圣徒的绘画也避免那些刻板形象和带有象征性的标志，转而关注传记中的真事和圣徒真实的相貌。现藏于锡耶纳国立美术馆的、原属于贝拉登加修道院的祭坛装饰画（Paliotto de Berardenga）是1215年完成的作品，这幅作品在六个小画面中表现了与加冕的基督和十字架的故事有关的逸闻趣事。此外，方济各让与他同时代的人见识到了一种新型的圣徒，塞拉诺的托马斯从《第一版传记》开始就已经注意到了方济各身上的新特质，这让历史学家感到吃惊。塞拉诺的托马斯不仅描写方济各的内心世界，也描写方济各的外在形象，他以写实的风格详细、具体地描写了方济各的外貌。方济各的外貌与传统审美里那种身材高大、一头金发的圣徒完全相反，这种经典的审美源于北欧的骑士。根据托马斯的描写，方济各"中等个头，也可以说是矮，他的头不大不小，头很圆，长脸，额头扁平而狭窄，眼睛不大不小，眼珠是黑色的，眼神朴实天真，头发颜色很深，眉毛很直，鼻子小且直，耳朵立着，耳朵很小，鬓角很平整，牙齿十分整齐、规则、洁白，嘴唇很薄，胡子是黑色的，毛发不均匀，脖子细瘦，肩膀水平，胳膊很短,手很小,手指细长,指甲长,腿很瘦,皮肤细腻,瘦骨嶙峋"……唯一一幅与方济各同时代的画像是苏比亚科的那幅,这幅画更多地根据传统的经典审美来表现方济各的内心世界[1]。而之后格雷乔的那幅画上的方济各肤色很黑,个子很矮,他必须说话才能吸引人们的注意,他把自己比作"瘦小的黑母鸡"。在《灵花》中也可以发现方济各其貌不扬,他在与马西兄弟一起乞讨时失败了:"因为方济各样貌太难看,身材矮小,不认识他的人会觉得他是一个卑贱的、个子不高的穷人,他只要到了几口别人吃剩的干面包;而马西兄弟身材高大、仪表堂堂,人们总是给他很多大的、好的面包块,还给他整个儿的面包。"而这种以写实手法描写圣徒的方式已经出现了,半个世纪以前成书的《圣贝尔纳传》(*Vie de saint Bernard*)虽然没有着重描写圣贝尔纳的外貌,可作者在描写圣贝尔纳的外貌时也并没有客气美言。

关于其余的部分,方济各非常符合哥特式审美的主要特点,重视写实、光线和细节。但是这种审美并不是方济各创造出来的,他只是用他的名声、他本人以及日后他的修会的影响力助长了这种审美,加强了这种审美。在《太阳兄弟赞歌》中尽管存在对太阳的象征的影射,即认为太阳是上帝的形象,但其实方济各首先是从事物可以被感受到的一面、从事物在物质层面的美来看

---

1 除非金发和蓝眼睛是19世纪那次不忠于原作的修复添加的。

事物的，方济各看到了星星、风、云、天空、火、花和草，他也爱它们。方济各对事物的爱传递给了艺术家，艺术家从此想要如实地表现事物，不歪曲事物的形象，也不用异化的象征符号来使事物变得沉重。方济各也是这样对待动物的，动物从象征变成了实体。

因此，如果说方济各是现代的，那是因为他所处的时代是现代的。这并非否定方济各的原创性和重要性，而是要承认方济各"不是沙漠中长出的神奇树"，这是路易吉·萨尔瓦托雷利（Luigi Salvatorelli）说的，他总结得很好，方济各是一个环境、一个时代的产物，那时正是"意大利城市自治体运动的盛期"。

在这个背景下，三个现象决定了方济各的方向：阶级斗争、平信徒地位提高，以及货币经济的发展。

方济各很早就懂得了社会斗争与政治斗争是多么粗暴、多么频繁，在皈信之前他应该也亲身参加过这些斗争。教宗支持者与皇帝支持者之间的斗争、城市之间的斗争和家族之间的斗争扩大、激化了社会群体之间的对立。方济各是商人之子，他处在平民大众阶层与贵族阶层之间，按出身算的话，方济各属于平民，在财富、文化、生活方式方面他又与贵族类似，方济各对阶层之间的区分尤为敏感。他总是想以谦卑之心面对地位比他高的人，也用同样的态度面对与他平级的人和地位比他低的人。正如一位农夫给方济各的警告中所说的那样，方济各骑着驴穿过了一位农夫的田野，这位农夫劝告方济各不要辜负那么多人对他的信任，而且要表现得像人们说的那么好。方济各从驴上下来，亲吻了农夫的双脚，并且感谢农夫给他的忠告。

与之相反的是方济各猜中了走在他身旁的莱昂纳尔兄弟的心思："他的父母和我的父母并不是以平等的身份相处的。而现在他骑着驴，我却得走路，还要牵着他的驴。"方济各很快从驴上下来了，对他说："我的兄弟，我骑着驴，而你却在走路，这不得体，因为之前在尘世中你曾比我更为尊贵、更有权势。"因此，方济各想要超越社会区分，在修会内树立平等的榜样，在与人交往的过程中降低身份，降到最低的阶层，也就是穷人、病人、乞丐的阶层。方济各也试图在世俗社会内部重建和平，想平息争端。佩鲁贾人一直想要攻击他们的邻邦，方济各预言他们将会因内部斗争走向分裂，上帝的审判将用流血的方式强制他们重归至善，也就是和谐融洽、团结。此外，方济各曾于1222年8月15日在博洛尼亚讲道，在场的斯帕拉托的托马索写道："方济各说的话丝毫没有讲道者的腔调和姿态，更像是对话，他只想消除仇恨、重建和平。方济各的服装十分寒酸，身体瘦弱，脸也长得不漂亮，但是他的话语照样能让世代以来从未停止互相厮杀的博洛尼亚贵族们和解。"方济各每进入一间房子，他进门时说的第一句话就是："愿此屋有和平。"而且在他写给所有信徒的信中，他开头便祝福所有信徒得到"真正的和平"。

可是如何才能重建这种和平呢？首先应当把平信徒和教会的生活联系在一起，而不是把平信徒置于教士的统治之下，也不能

## 第二章

用绝罚或禁令来吓唬平信徒，英诺森三世在1204年就对阿西西人施以绝罚和禁令，而滥用绝罚和禁令导致处罚变得无效了。方济各其实并不想把兄弟们组织成一个修会，虽然日后人们会强制方济各把兄弟们组成一个修会；方济各更想把兄弟们组织成一个兄弟会，一个既有教士又有平信徒的兄弟会。因此他之后欣然同意建立第三会。贵族们塑造出了一种文化，即骑士文化，商人们开始掌控城市，地位低的人用劳动和反抗来表现他们在社会中的作用，方济各既面向这些人，也面向教士。在1221年规章的末尾，方济各既提及了这些人的名字，又提及了教士，"号召所有儿童与幼儿、穷人与富人、国王与君侯、工匠与农民、农奴与地主，所有处女、守贞女和已婚妇女、平信徒、男人与女人，所有小孩、青少年、青年人与老人、健康者与病人，所有低微之人与显贵之人，所有民族、家族、部落和说着不同语言的人，以及所有国家和在世界各地的所有人……"

因此，应该向所有人讲道，给所有人讲福音书。但是福音书中最重要的是什么呢？我们忘记了、背离了福音书中的哪些内容？福音书中最重要的，也是被我们忘记了的其实是舍弃和清贫。农业的发展导致出现了剩余的农产品，人们贩卖剩余农产品，大大小小的商业蓬勃发展，因此人们越来越想要钱，金钱代替了自给自足、以物易物的简单交易，金钱带来的腐化现象也开始出现。基督在《马太福音》中告诉人们何为救赎，这正是方济各在波蒂昂卡拉听到的那一段。"你若愿意做完全人，可去变卖你所有的，分给穷人，就必有财宝在天上，你还要来跟从我。"在此基础上还有另一种舍弃："凡为我的名撇下父亲、母亲、弟兄、姐妹、妻子、儿女、房屋田地的，必要得着百倍，并且享有永生。"在放弃钱财之后是放弃家庭，这不是用福音书的文本和方济各与他的家人之间的冲突就能解释得了的，方济各的选择也符合他所处的时代的社会背景和大众心态。13世纪初，传统的家庭结构瓦解了，在贵族世系或口头约定形成的农业共同体（communauté taisible）（通过默认的共识形成）那种大家庭和尚未形成的只包括直系祖先与后代的小家庭之间，存在着一种家庭关系的空白。

而面对时代的召唤，方济各做出的回答有何现代之处呢？

方济各在皈信之前已经习得了骑士的文化和审美，他把这种骑士风格的文化和审美带入了他的新宗教理想中：方济各眼中的清贫是清贫女士，他眼中的神圣美德也是提倡骑士风度的典雅文化中的女主角，方济各作为一个圣徒是上帝的骑士，同时还是行吟诗人和吟游诗人。在波蒂昂卡拉的修会总会议脱胎于亚瑟王的圆桌会议。所以说方济各的现代之处就是在于他把骑士的理想引入了基督教吗？就如同最初的基督徒把古典时期的运动理想引入了基督教那样？古典时期的运动理想引入基督教以后，人们把圣徒形容为上帝的运动员。还是说像圣贝尔纳把骑士阶层发展初期的军事理想引入基督教那样？军事理想被引入基督教以后出现了"基督的部队"（*Milice du Christ*）这样的说法。

# 第二章

方济各在宗教方面提出的思路看起来也是很传统的。隐修的倾向至少可以追溯到4世纪基督教初创时期，从那时以后隐修的传统一直没有间断过。方济各和他的兄弟们经常去隐修地，不仔细看的话会觉得他们与同时代的其他隐修士没什么区别，当时从卡拉布里亚到亚平宁半岛的北部，整个意大利的山洞、森林和高地都有隐修士。强调体力劳动的主张也跟本笃会最初的做法有关，而且与11—12世纪普雷蒙特雷修会和熙笃会主张的修道院改革有关。清贫的主张从11世纪末起就是"基督的穷人们"（*Pauperes Christi*）的关键词，整个基督教世界都出现了追求清贫的团体。

方济各的特别之处难道只在于他没有被判为异端吗？当时大部分追求清贫的群体都落入了被判为异端的境地。不过这些被判为异端的群体有一部分在13世纪初得到了教会的认可：1201年，一个认同正统教义的卑贱者团体得到了教会的认可；1208年，瓦勒度派中的"正统穷人派"（*Poveri Cattolici*）在韦斯卡的杜兰多的劝说下回归正统；1210年，以贝尔纳多·普里莫为首的另一个瓦勒度派的团体也被认可。而阿尔比派又是何种情况呢？在方济各生活的时代，意大利的清洁派又是何种情况呢？意大利的清洁派在佛罗伦萨有一个主教，在波吉邦西设立了一所学校。而当时巴塔里亚派、阿诺迪斯特派以及瓦勒度派又是何种情形呢？1218年，伦巴第穷人团体在贝加莫召开了一次会议；1215年，米兰被称为"异端的巢穴"（*fossa di eretici*）；1227年，人们依然认为佛

113

罗伦萨饱受异端的侵扰。不过我们应该先思考一下这个问题：方济各真的是差点儿变成了异端吗？我们应该区分一下趋势和形势。当时确实有这样或那样的因素可能将方济各引向异端。方济各不顾福音书出现以后教会对福音书的理解，而是坚定地要一字不差地完整地按福音书来生活；他不信任罗马教廷；他想在兄弟们之间推行一种几乎绝对的平等，规定小兄弟们有不服从的义务；方济各主张舍弃，甚至到了在外表也要体现这种舍弃的态度的程度，他主张像亚当派那样践行裸体主义；方济各认为平信徒也有其地位。这一切在罗马教廷看来都很危险，甚至很可疑。方济各坚持自己的想法，不妥协。罗马教廷付出了巨大的努力，方济各会的省级负责人和分省负责人也付出了巨大的努力，罗马教廷最终让方济各迫于压力屈服了，也可以说是通过操纵迫使方济各在1223年放弃了一些主张，而方济各1223年的一些主张被认为处于滑向异端的边缘。方济各很抗拒。为什么呢？首先，很可能是因为日后方济各属灵派所主张的那些异端思想不是方济各本人提出的。方济各既不相信千禧年思想，也不相信启示录思想。他从来都不认为在他生活的尘世和基督教的彼世之间存在一个永恒的福音书、一个神秘的黄金时代。有些属灵派的人觉得方济各类似于《启示录》中第六封印的天使，而方济各本人并不是《启示录》中第六封印的天使。属灵派的末世论主张是异端思想，而他们胡说八道的那些内容来自菲奥雷的约阿希姆，并不是来自方济各。

## 第二章

不过方济各没有落入异端、一直被教会承认的原因其实是：尽管有很多压力，方济各还是一直不惜一切代价地让他和他的兄弟们留在教会之内（事实上，他后来付出了高昂的代价）。为什么呢？可能是因为方济各不想切断这种他很珍视的联结，也不想脱离这个共同体。这更是因为方济各对圣事有自己的理解，而且他发自内心地觉得需要圣事。中世纪的异端群体几乎都反对圣事。然而，在内心深处，方济各觉得自己需要圣事，尤其需要在诸圣事中排在第一位的圣餐礼。行圣事需要教士、需要教会。方济各选择了宽恕教士，因为教士能主持圣事，这一点可能让人感到震惊。因为当时很多坚持正统的天主教徒都质疑不称职的教士主持的圣事是否有效，方济各却承认圣事，毫不犹豫地肯定圣事是有效的。这是因为方济各谨慎地区分教士和平信徒，他需要教士，也需要留在教会之内。

我们也可以这样评价方济各，教会当时正受到异端和内部堕落的威胁，摇摇欲坠，方济各与圣多明我一起用不同的方式拯救了教会。他让英诺森三世做的那个梦变成了现实。此外，有些人为此感到愤慨，为方济各感到遗憾，马基雅维利写道："这些新出现的修会是如此强大，多亏了他们。教会内居高位的教士和领导们的罪恶没有把他们毁掉，因为这些新修会的生活方式是清贫的，因告解和讲道享有声望。他们在讲道的时候揭露教会人士的原罪，告诉教士要服从他们，告诉教士好的生活方式是什么样子的，让上帝惩罚他们犯下的错；这些恶人尽情作恶，因为他们不怕遭受惩罚,他们觉得自己是免受惩罚的。"[1]

确实,深陷尘世的教会每隔一段时间就会发现方济各是它的犯罪不在场证明之一。

方济各就像人们以为的那么符合正统,而且比人们以为的更为传统,难道他实际上不是一个革新者吗?不,他是革新者,方济各在几个核心问题上尤其具有革新精神。

方济各把基督本身作为榜样,而不再以使徒为榜样,他告诉基督教世界要模仿作为人的上帝(Dieu-Homme),作为人的上帝使得至高的追求和无穷边界有了人文主义的色彩。

方济各还摆脱了独自修行的诱惑,他到充满活力的社会中间去,到城市里去,而不是去沙漠、森林或乡下,他非常坚决地与远离人群的修道制度划清界限。

方济各提出了一种积极的理想,这种理想包含着对一切造物的爱和对世界的爱,这种理想的基调是快乐,而不是无动于衷(accedia)的悲伤和郁闷,不像传统中理想的修士那样整日哭泣。方济各颠覆了中世纪与基督教的感受方式,回归原初的狂喜,不过这种狂喜很快就被主张受虐的基督教思想取代了。

---

[1] "*Furono sì potenti gli Ordini loro nuovi che ci sono cagione che la disonestà dei prelati e dei capi della religione non la rovini vivendo ancora poveramente ed avendo tanto credito nelle confessioni con i popoli, e nelle predicazioni ch'ei danno loro a intendere come gli è male a dir male e che sia bene vivere sotto l'obbedienza loro e se fanno errori lasciarli castigare da Dio; e così quelli fanno il peggio che possono perchè non temono quella punizione che non veggono e non credono.*" (Discorsi, III, 1.)

# 第二章

方济各将以行吟诗人为代表的世俗骑士文化和农村民间传统中的大众世俗文化引入了基督教灵修思想，还把他对动物、对大自然的感情引入了基督教灵修思想。此前，教士阶层的文化一直对由来已久的传统文化有着深刻的影响，方济各则以一己之力扫清了教士阶层文化带来的压抑气息。

而且回到源头恰恰是革新与进步的迹象和保证。

方济各主张回到源头，因此我们不能忘记方济各的思想其实是逆时代潮流而动的，是*反动*的。面对具有现代性的13世纪，方济各的思想是反动的，却不像菲奥雷的约阿希姆或是但丁那样不合时宜，方济各是想在面对变化时捍卫核心价值观。对于方济各本人来说，这些反动的倾向是徒劳的，甚至是危险的。在大学蓬勃发展的时代，方济各拒绝知识和书籍；在人们开始铸造杜卡托、弗罗林和金埃居这些最初的货币的时代，方济各鄙视金钱，认为金钱从经济的角度来说没有意义，他在1221年规章中写道："我们不应该觉得金钱和货币比石头更有用。"[1] 这不是危险的蠢话吗？如果方济各想让所有人都践行这个规章，那么这就是危险的蠢话。可是方济各当初没有想让兄弟们组成一个*修会*，他只是想组织一个小团体，聚起一批精英，在这个讲求舒适安逸的社会里，这些人将是一种抗衡的力量、一种令人不安的存在、一种催

---

[1] "...non debemus maiorem utilitatem habere et reputare in pecunia et denariis quam in lapidibus."

化剂。不论是对于信教的人而言，还是对不信教的人而言，现代社会依然需要方济各式的抗衡力量。方济各用言语和行动把他的主张告诉人们，他的话语和行动中带着无与伦比的热情、纯洁和诗性。方济各的思想至今依然是一种"神圣的革新"，"神圣的革新"这个词是塞拉诺的托马斯形容方济各的时候用的。方济各不仅是一个重要的历史人物，他还是引领人类文明的一位向导。

### 太阳兄弟赞歌或万物赞歌

至高、全能、至善的主
一切赞颂、光辉、荣耀、祝福，都归于你，
哦，至高的主啊，只有你才配得上，
没有人有资格称呼你的名字。
主，同你的一切造物一起被赞颂，
特别是太阳兄弟阁下，
你通过他给予我们白昼、光亮
他很美，散发出强烈的光辉
他向我们彰显他是你、至高的主的象征。
我主，愿你因月亮姐妹和星星姐妹被赞颂，
在天空中你把她们造得如此明亮、珍贵而美丽。
我主，愿你因风兄弟被赞颂，
因空气和云朵，

## 第二章

因平静的天空和各种天气,

多亏了他们,你让一切生物生机勃勃。

我主,愿你因水姐妹被赞颂

她如此有用、如此智慧,

珍贵而贞洁。

我主,愿你因火兄弟被赞颂

你用火点亮了夜晚,

火美丽而欢快,

难以征服又十分强大。

我主,愿你因我们的大地母亲被赞颂

她承托我们、滋养我们,

产出各种各样的果子,

还有绚丽多彩的花和草。

我主,愿你因那些人被赞颂,

他们因为对你的爱而宽恕他人,

他们忍受考验和疾病,

如果他们能保持平和便是幸福的,

因为通过你,我主,他们将戴上冠冕。

我主,愿你因我们的身体死亡姐妹被赞颂,

没有任何活人可以逃脱她,

那些因致命的原罪而死的人是不幸的,

那些她遵从你的意愿抓走的人是幸福的,

因为第二次死亡不会损害他们。

赞美我主、祝福我主吧,

荣耀他,服侍他,

满怀谦卑。[1]

---

1　由方济各会修士达米安·沃勒翻译,详见:Théophile Desbonnets et Damien Vorreux, *Saint François d'Assise. Documents, écrits et premières biographies*, Paris, Éditions franciscaines, 1968, pp. 196-197。(部分由雅克·勒高夫审阅)

# 第三章

## 阿西西的圣方济各与13世纪圣方济各传记作者笔下表示社会阶层的词汇*

有关方济各的历史书写主要存在两个问题，第一个问题是方济各的某些作品是否是他本人所作，第二个问题是成书较早的方济各传中记载的事情是否客观，在此我们假设大家都大概了解这些问题[1]。我们将使用传统的史料批判的方法，在下文简单地讨论

---

\* 本章曾发表于此处：*Ordres et classes. Colloque d'histoire sociale, Saint-Cloud, 24-25 mai 1967*, Paris et La Haye, Mouton, 1973, pp. 93-103。

1 本章只是讨论了本章标题所包含主题的粗线条研究，这章除了要讨论这个主题之外，还想让大家看到当今的历史学研究和历史学研究者这份职业是多么悲惨。一切研究都需要考虑到研究对象所处历史时段的整体特点，不论研究的主题多么细小，要对过去有全局的把握，如果做不到的话，研究就做不好。还需要考虑到历史学研究者现在能使用的一整套工具的情况。以词汇为对象的研究最能展现出这必须做到的两件事到底是怎么回事。每一个词都承载着它曾属于的那一整个世界，为了研究这个词，让它变成科学研究的对象，历史学研究者则需要用自己的语言描述那个属于过去的词，对照两者，而研究者所使用的词汇反映了他/她现在所处的整个世界。当阿西西的方济各说起"穷人"的时候，如果我们不了解他所处时代的社会的方方面面的话，我们就不明白他说的是什么意思。而我们其实是通过我们自己的文化才了解了方济各所说的穷人的，我们自己的文化是另一种参照系，我们通过我们文化中对"穷人"的认识去理解方济各所说的穷人。

（转下页注）

一下这个问题。因为我们还需要在两个层面上进行研究：第一个层面是我们所用文本中的词汇与我们从其他地方了解到的这套词汇所指的现实之间的关系，第二个层面是这套词汇与词汇使用者的内心世界之间的关系。

我们使用的文本都取自《圣方济各全集》，这是一本薄薄的册子[1]。我们选用两版规章、《遗嘱》、书信、祈祷词和礼拜仪式用的文本，还有卦拉基的神父整理的若干传记[2]。在这些文本中，

---

（接上页注）

现如今，我们掌握了历史上不同的思想模式，而这也让我们看到，在理解过去的过程中"现在"起的作用是双重的、是矛盾的：因为现在既揭示了过去，让我们了解过去，又掩盖了过去。我们举一个最明白易懂的例子：第二次梵蒂冈会议把基督教历史中"清贫"的概念说清楚了，但同时也歪曲了这一概念。承认事物具有交错复杂的特点并不等于认为"所有事物都在整体中，反之亦然"，如果这样做的话，就相当于否定了一切科学的意义。事物是复杂的，正因如此我们需要做多层次的分析，要采取不断在过去的结构与现代的结构之间往返穿梭的方法，而且每一次都要考虑到"客观的"事实与"心态的"事实这两方面。这就意味着要处理全部的数据，只有使用结构主义的方法和借助电子设备才能做到。不过目前看来做这种研究的切实可行性依然比较有限。历史学研究者的工作还是得靠自己来做，指望不上电脑，工作方式与手工匠人类似，这也正是历史学研究者感觉难过的原因。比如这项研究就证明了这一点（参见1968年第2期《年鉴杂志》上的问卷大纲，*Annales. E.S.C.*, 1968, n°2, pp. 335-348）。

1　版本为 Heinrich Böhmer, Tübingen et Leipzig, 1904, 3ᵉ éd., 1961。
2　参见《方济各会史料汇编》（*Analecta franciscana*）篇幅庞大的第十卷（*Legendae S. Francisci Assisiensis Saec. XIII et XIV conscriptae. I. Saec. XIII*）。还有两本书列出了两个很不错的关于圣方济各的关键词的列表，并且附有出处，这两本书分别是：Kajetan (Caietanus) Esser et Lothar Hardick, *Die Schriften des Heiligen Franziskus von Assisi*, Werl i. Westf., Coelde, 1951和P. Willibrord-Christian Van Dijk, *Le Message spirituel*

（转下页注）

## 第三章

我主要使用如下作者的文本：

① 塞拉诺的托马斯，意大利方济各会修士，出生于阿布鲁佐（Abruzzes），曾在德国生活过，但主要还是在意大利生活，1215年左右与"大量受过教育的贵族"（cum pluribus aliis viris litteratis et nobilibus）一起加入修会：

——写于1228年的《第一版传记》，应教宗格列高利九世的要求而作（后文引用时简写为 I Cel.）。

——《唱诗班用传记》（1230年）。

——《第二版传记》（1246—1247年，后文引用时简写为 II Cel.）。

——《奇迹集》（1250—1252年）。

② 斯派尔的朱利安，德国方济各会修士，曾经在巴黎生活过很长时间，他在巴黎学习了自由七艺，专攻音乐〔"在加入修会之前，他曾是法国国王宫廷中的音乐教师，知识渊博，信仰虔诚"（ante Ordinis ingressum fuit magister cantus in aula regis Francorum, scientia et sanctitate conspicuus）〕，他在1227年以前加入修会，曾在巴黎的圣雅克修道院讲授音乐：

---

（接上页注）
de saint François d'Assise dans ses écrits, Blois, Éditions Notre-Dame-de-la-Trinité, 1960。但是这两份列表只列出了纯宗教领域的概念。《方济各会史料汇编》第十卷里有一个做得很好的索引，这个索引对我们的研究很有帮助，但是这个索引也有不足之处：引用词语的出处没有列全，还有一些词没有收录。有些没有被收录的词对我们的研究是有用的，抛开这一点不谈，下面这些词也应该被补充进这个已经很翔实的列表中，即 dives、fidelis、gastaldi、magister、magnates、negociator 和 rex。

——一本《传记》(Vita,约1232—1235年),与塞拉诺的托马斯的《第一版传记》十分接近。

——《韵文日课》(Officium rythmicum,约1231—1232年)。

③ 阿夫朗什的亨利,堂区教士,"完成国王的使命的漂泊教士"(clericus vagus et pro regibus legationibus fungens)(他去过英国宫廷、德国的腓特烈二世的宫廷以及教廷),他被称为"大诗人亨利"(magister Henricus versificator),其作品《韵文传记》(Legenda versificata)是应格列高利九世于约1232—1234年提出的要求,在塞拉诺的托马斯的《第一版传记》的基础上写的。

④ 圣波那文图拉,意大利的方济各会修士,出生于一个"小资产阶级"家庭(其父是小城市的医生),他曾在巴黎学习。方济各会在巴黎大学有两个神学讲席,其中之一就是圣波那文图拉的。他在1257年成为修会总会长,1260年修会总会议在纳博讷召开,决定让圣波那文图拉写《大圣徒传》和《小圣徒传》,这两部作品要作为"官方的传记"代替以往的传记(已经下令毁掉以往的传记)。圣波那文图拉写的这两部传记于1263年在比萨召开的修会总会议上被呈给众人。

⑤ 沃拉津的雅克,意大利的多明我会修士,伦巴第的修道院院长,之后担任热那亚主教,写了《圣方济各传》(Vita S. Francisci),被收入《金色传奇》(Légende dorée,成书于1265—1280年间),使用了塞拉诺的托马斯的《第二版传记》和《奇迹集》,以及圣波那文图拉的《大圣徒传》。

第三章

⑥ 一位佚名的德国本笃会修士，来自巴伐利亚的上阿尔特艾希修道院，其作品《传记》(*Vie*) 又名《慕尼黑传奇》(*Légende de Munich, Legenda monacensis*，1275年左右成书)，使用了塞拉诺的托马斯和圣波那文图拉的两版《传记》。

## 研究的定义与范围

**研究的意义**

方济各会思想是一股影响很大的宗教潮流，方济各会是在13世纪成立的，比其他托钵修会对13世纪的基督教社会产生了更大的冲击，影响更深远，渗透更强烈。方济各会使用新的传教方法。以往的修道院是远离人群的，方济各会没有采取这种方式，而是让成员们踏上路途，主要去那些蓬勃发展的城市[1]，他们身处社会的中心。方济各会在各地都取得了很大的成功。修会创始人阿西西的圣方济各是在历史上和圣徒传记中都被记载的人物，正是因为有了他，修会取得了成功。他的作品和最初的传记构成了方济各会修士们汲取营养的宝库，他们通过话语和行动来影响他们所处时代的社会。那么这套宝库提供了哪些有关这个社会的信息呢？

---

[1] 此外，我们试图找出"托钵修会的传教情况与法国中世纪城市状况"之间的关系，这项研究的问卷大纲参见：*Annales. E.S.C.*, 1968, n° 2, pp. 335-348。

这一系列文本有三个优点，因此这一系列的文本非常有价值。

这一系列文本是有效的，因为它们对作为一个整体的社会做出了一定的分析。当然，方济各会使用这套词汇作为工具，其目的是改变社会，而不是描述社会。不过，理论上所有的词汇、所有的话语都是分析和理解的工具，也是行动的工具。但是在中世纪早期，社会大众在文化方面处于被动地位（主要体现为大众在社会和政治上居于从属地位，唯一的反抗形式就是异端），这导致教会可以影响社会，教会使用一种"恐怖的"神圣的话语（使用拉丁语、理想化的符号体系、罗曼艺术的非现实性等等）。越来越多的平信徒阶层（骑士、城市阶层、所受约束有所减轻并且得到了异端组织支持的农村人口）获得了自由，这导致教会使用的话语越来越无效了。方济各会希望与这个新社会进行有效的沟通，因此他们选择了一套与现实有某种关系的话语和词汇，而他们最先要面对的现实就是社会现实，就是社会中的各种群体的结构。同时，方济各和他的弟子们想号召社会里的所有人〔"所有人、所有造物"（*omnes homines, omnes creaturae*）〕，于是他们选择了使用一套能覆盖所有社会阶层的命名系统。

这套话语体现出了足够的同质性，是因为：

——这些文本都围绕同一个人，围绕他的经历、他的教诲，即圣方济各。

——这些文本的作者中占主导地位的是一个受过同样的训

## 第三章

练、接受同样的理想的群体,这个群体就是方济各会的修士;这些作者仿佛构成了一个家族,他们都受到了同一位传记作者的影响,这位作者就是塞拉诺的托马斯。

——大部分具体的经历都发生在同一个地理范围内,总之,其中最重要的那些经历都发生在意大利中部和北部。

——这些作者是同一代人,至少是同一个时期的人,即1220—1280年左右,主要集中在1220—1263年(如果我们把目光移开并远离意大利的话,这个时期也被人们称为"圣路易的13世纪")。

不过这套文本也呈现出了足够的多样性,其中出现了一些不同的说法。

**从年代的角度来看。** 在这个"美好的13世纪"出现了新的结构,建立起了新的平衡,同时这也是一个"历史加速"的时代——在言语的结构和心态的结构方面,人们可以选择抵抗,也可以选择接受。从更确切的角度来说,方济各会在这个时期经历了一场变化,我们应该通过方济各会使用的词汇来分析这场变化对修会造成的影响。

**从作者的角度来看。** 尽管这些作者都是方济各会修士,他们都被修会塑造,具有一致性,不过他们来自不同的社会阶层,来自不同的地方,受到的训练也不一样(是否上过大学这一点非常重要),他们的经历和性格也不一样。此外,这一系列文本的作

125

者中还有一位多明我会修士、一位本笃会修士和一位堂区教士。从作者这方面来看，也是具有多样性的。

**从文体的角度来看**。尽管圣徒传记的程式占据了主导地位（不过圣徒传记的程式也在变化，方济各正是这种变化的见证者，他同时也是这场变化的推动者之一[1]），这些文本的文体还是呈现出了多样性，从文体的多样性可以看出这些文本对同一个潮流所做抵抗的强烈程度。方济各本人写的东西有的较为官方，有的不那么官方，从规章到方济各的书信其文体的"官方色彩"程度不同。方济各传记的诸位作者也风格各异，有的接纳新风格（以散文的形式写成的传记，采取人物传记或圣徒传记的风格），有的遵循传统，采用正式的文体（诗体、礼拜仪式类型）。我们可以思考一下这个问题：阿夫朗什的亨利使用的词语、选择的主题看起来是更为"传统的"，甚至是反动的，这是因为他受到了13世纪上半叶的学者诗歌"系统"的影响呢，还是因为他以堂区教士

---

1 安德烈·孚歇（André Vauchez）曾写过一篇高等专门学位论文（D. E. S.），研究13—14世纪神圣的概念以及圣方济各和托钵修会的灵修在神圣概念的发展变化中产生了影响的关键性时刻，他是在巴黎人文与社会科学学院写的这篇论文（1962年，由米歇尔·莫拉指导）。安德烈·孚歇之后又在高等实践学院第六部写了一篇硕士论文（1964年，由雅克·勒高夫指导）。这两篇论文都没有出版，他之后在高等实践学院第六部开始写国家博士论文。请参考：André Vauchez, *La Sainteté en Occident aux derniers siècles du Moyen Âge d'après les procès de canonisation et les documents hagiographiques (1198-1431)*, Rome, École française de Rome, "Bibliothèque des Écoles françaises d'Athènes et de Rome", 1981。

# 第三章

的身份活跃在各个宫廷，受到了宫廷的影响呢[1]。

然而，这套文本表面看起来似乎对研究有利，似乎可以用来研究文本中出现的与社会有关的词汇与用当今学术用语定义的当时的社会现实之间的关系，但它还是在言语和社会结构之间形成了一道屏障，这也正是历史学者在研究过程中遇到的难点，历史学者需要考虑如何科学地使用曾经的词汇，这尤其是研究中世纪的历史学者需要思考的问题。

## 研究的难点

### 中世纪文本固有的难点

**语言**。我们使用的所有文本都是用拉丁文写成的。这看似让问题变得简单了，然而这种表面上的一致无法掩盖那些尤其危险的问题，主要有两方面问题：拉丁语在中世纪既是死语言又是

---

[1] 关于中世纪的文学"类型"的重要性与严谨特质，请比对：Ernst Robert Curtius, *La Littérature européenne et le Moyen Âge latin*, trad. fr. par Jean Bréjoux, Paris, Presses universitaires de France, 1956; Edmond Faral, *Les Arts poétiques du XII[e] et du XIII[e] siècle. Recherches et documents sur la technique littéraire du Moyen Âge*, Paris, E. Champion, 1924; Le P. Th.-M. Charland, *Artes praedicandi. Contribution à l'histoire de la rhétorique au Moyen Âge*, Paris, J. Vrin; Ottawa, Institut d'études médiévales, 1936。大部分研究圣徒传记的优秀作品研究的主要是中世纪早期，包括H. 德勒哈耶神父（P. H. Delehaye）的多本经典著作和弗兰蒂谢克·格劳斯（František Graus）的杰出著作，即：František Graus, *Volk, Herrscher und Heiliger im Reich der Merowinger. Studien zur Hagiographie des frühen Mittelalters*, Prague, Nakladatelství Československé akademie věd, 1965。

活语言，这些词当时对应的是什么现实呢——这些词之间存在着何种词义趋同的情况呢？这些词发生了变形吗？这些词被曲解了吗？有使用这些词的文字游戏吗？这些词在古典拉丁语和中世纪拉丁语之间的意思是否不同（比如 *dux*、*miles* 等词）？自13世纪起，通俗语言（langue vulgaire）对文化的影响越来越大，拉丁语文学中的词汇与通俗语言中的词汇之间的关系是怎样的？如果要采取新型的传教方式（方济各正是采取了新型的传教方式），拉丁语和通俗语言之间的关系会不会对传教有影响，是否存在一些特殊的问题[1]？

---

1 一旦涉及托钵修会，中世纪传教语言的问题依然很明显，这个问题在涉及方济各会时尤为明显。至于方济各本人使用何种语言，通过阅读有关方济各的传记的片段，我们得知方济各在表达有关信仰的情感时使用法语（方济各皈信之前非常喜欢的骑士典雅风的歌曲和诗歌很可能是用法语写成的）。方济各的传记作者很少提到通俗意大利语（*lingua romana*），唯一一次提到通俗意大利语是提到"*guardiani*"这个词，*guardiani* 在通行用法中指的是"守护者"（custodes）（请比对：*Analecta franciscana*, X, Index, s.v.）。但是，方济各写下了那首著名的《太阳兄弟赞歌》（请比对：Giacomo Sabatelli, "Studi recenti sul Cantico di Frate Sole", *Archivum franciscanum historicum*, 51, 1958）。可是，令人震惊的是：卦拉基的神父们在编订方济各作品集（*Opuscula S. Patris Francisci Assisiensis*, Ad Claras Aquas prope Florentiam, Ex typographia Collegii S. Bonaventurae, 1904; 1949³; 1978; Bibliotheca franciscana ascetica Medii Aevi nº 12, 1998）时竟没有收录这首《太阳兄弟赞歌》，因为它是用通俗语言写成的。恩斯特·罗伯特·库尔提斯（Ernst Robert Curtius）在上文已经提到的著作中注意到了这首赞歌，阿西西的方济各脱离了中世纪教士文学的拉丁语文本传统，库尔提斯注意到了这种明显的割裂，他对此做出了仔细的分析，不过这些分析都局限于文化的表层（第39页："意大利文学在1220年左右才出现，开创之作是阿西西的圣方济各的《太阳兄弟赞歌》"）。关于传教的研究非常丰富，我参考的是：Rosa Maria Dessi et Michel Lauwers (éd.), *La Parole du prédicateur (Ve-XVe siècle)*, Nice, Z'éditions, 1997。

# 第三章

宗教的"世界观"（*Weltanschauung*）。各种宗教为了打压阶级斗争往往试图否认阶级斗争的存在，这种情况在强调普世性的宗教上尤为明显，基督教就是一个例子。宗教通过让上层建筑"去社会化"的方式否认阶级斗争的存在，这种"去社会化"的做法尤其针对艺术和文学领域，"社会的现实"只能偷偷地潜入艺术和文学。宗教认识社会的结构与实际的社会结构不同。有时是丢尼修的模式（*modèle dionysien*）[1]，认为人类的等级制度模仿了上天的等级制度，而上天的等级制度往往也不过是不自觉地、或多或少地借用了某个历史时期中的社会结构[2]。有时又认为不平等是建立在纯宗教标准的基础上的〔以对原罪的看法为例，中世纪神学家根据这种思路将原罪的仆人（*servus peccati*）和现实生活中真正的仆人（*servus*）进行类比，认为两者是相似的，这种思路很奇怪〕，根据礼拜仪式的标准或者是信仰的标准来区分不同的群体，根据性别（男人、女人）、家庭情况（守贞、丧偶、已婚）建立起一套等级制度。而最重要的区分是教士和平信徒之间的区分。

尽管方济各试图在传教的过程中贴近实际的社会情况，他有

---

[1] 请比对：René Roques, *L'Univers dionysien. Structure hiérarchique du monde selon le Pseudo-Denys*, Paris, Aubier, 1954。

[2] 举个例子，关于圣安塞尔姆（saint Anselme），可以参考对照理查德·威廉·索恩的精彩著述：Richard William Southern, *Saint Anselm and his Biographer, a study of monastic life and thought, 1059- c. 1130*, Cambridge, University Press, 1963; "The Feudal Imagery", pp. 107-114。

时甚至想把地上的社会改造成救赎的社会（这种倾向在"约阿希姆派"的方济各会修士身上更为明显，实际上所有方济各会修士都有这种倾向），可是方济各会的思想在讨论社会阶层时使用的概念和词汇是含混不清的[1]。

借用《圣经》中的句子。每一种话语都有一部分来自历史的遗存。而在中世纪这种遗存是不可避免的：《圣经》包含了一切知识，《圣经》包含了话语，而且首先体现在话语上。《圣经》是词汇和心态模式的宝库。不论是词语还是其他东西，所有新事物都让人觉得可疑。《圣经》本身为人们提供了进行各种各样的解释的可能性，《圣经》的内容足够丰富，不论人们想找什么内容，几乎都能在《圣经》里发现表达类似思想的句子。里尔的阿兰同意这种观点：引用《圣经》就像捏一只蜡做成的鼻子，想捏成什么样就能捏成什么样[2]。而且13世纪初，字面意义上的权威，即引用，不再是论证和推理的全部，教士已经掌握了辩证法和经院哲学的思路，他们可以用自己的翅膀飞翔了。

从语言方面来看，阿西西的方济各和方济各会的思想体现了向通俗语言口语发展的过程；从思想方面来看，方济各会想用具

---

[1] 目前"方济各会政策"想要达成的目标是含混不清的——此外，这些目标非常可敬——这似乎与方济各会在讨论社会阶层时使用的概念和词汇的含混不清有关。目前"方济各会政策"的主要代表人物当推乔治奥·拉皮拉（Giorgio La Pira）。

[2] 里尔的阿兰在12世纪末曾说过："权威有一只蜡做的鼻子，想捏成什么样就能捏成什么样。"（*Auctoritas cereum nasum habet, id est in diversum potest flecti sensum.*）（*De fide catholica*, I, 30; *P. L.*, 210, 333.）

## 第三章

体的词汇,同时也想在人间建立一个宗教的社会,他们试图折中这两种倾向;在使用《圣经》这方面来看,方济各会无疑是"反动"的。

对于方济各会而言,福音书是一切的基础。塞拉诺的托马斯把圣方济各定义为一位新人(Homo novus),把方济各会思想定义成神圣的革新,而这种"革新"也可以被定义为:福音书,只有福音书,全是福音书。

对于方济各会而言,福音书的地位比《圣经》更为重要。因为对圣方济各而言,主要的思想源泉不是《旧约》,而是《新约》。在圣方济各的作品中共有196处引用了《圣经》,其中只有32处来自《旧约》(其中9处来自《诗篇》),而164处都来自《新约》(其中115处引用了4部福音书)。方济各引用过的其他权威包括圣杰罗姆(1处)和圣奥古斯丁(1处)[1]。

这场发生在词汇领域内的"福音书转向"是非常重要的。中世纪早期作者所使用的政治和社会词汇主要是从《旧约》中借用的,有学者以阿尔昆为例对中世纪早期学者使用词汇的情况进行了研究[2]。尽管《旧约》中使用的词汇更加具有神圣性,可它们也更为写实。《新约》中的词汇则带有更强的灵修色彩,不那么写

---

[1] 根据上文已经引用的海因里希·伯默尔(Heinrich Böhmer)的书,第142—144页。

[2] 请比对:Mme Jean Chelini, Le Vocabulaire politique et social dans la correspondance d'Alcuin, Publications des Annales de la faculté des lettres d'Aix-en-Provence, série Travaux et Mémoires, n° XII, 1959; Walter Ullmann, "The Bible and Principles of Medieval Government", Settimane di Studio di Spoleto, X, 1963。

实,即使是《新约》中叙述性的段落也是这样,这正是因为《新约》想要改变甚至想要去除旧法的制度和精神。恩泽触及词汇,抹去了社会阶层,让社会阶层的存在升华了。然而,方济各本人从内心深处想要与这一切都保持距离,他的传记作者们也看到了他的这种想法,方济各是一个新的使徒、一位新福音书作者,甚至是一个新的耶稣。而且,在我们研究的文本中,方济各提及的人更多是福音书里的人,而不是与他同时代的人。

然而我们应该承认:这套借鉴了福音书的词汇背后是当时的现实情况。方济各会使用这套词汇效果很不错,这说明这套词汇不仅有神奇的作用,而且精准地符合方济各指涉的那个社会的客观结构。

不过方济各的传记作者们没有方济各这么依赖来自福音书的词汇。比如,方济各的传记作者们最常用的两个与社会有关的词汇,"贵族"(nobilis)和"骑士/战士"(miles)——在福音书中几乎没有出现;而方济各会修士使用miles这个词的时候,他们表示的意思基本都是当时的词义,即骑士,而在福音书中这个词只有战士的意思。而且我们还需要注意的是:中世纪的教士可能也经历了语义变化对心态的影响,一个词的旧词义可能让位于新词义。在福音书中"战士"(milites)这个词几乎只在耶稣受难的章节里出现。他们首先是基督的刽子手。而中世纪大部分教士对骑士的敌意就是从这里产生的,即便教士可能出身军事贵族阶层,意识到了骑士阶层是教会和世俗权力这两大统治阶级之间的受惠群体,他们还是对骑士充满敌意。方济各所处时代的文学普遍涉

## 第三章

及教士与骑士之间的争论。

有时方济各会使用的来自福音书文本的词汇有助于他们表现社会的对立，在当时的社会中社会对立有特殊的含义。比如，我们可以思考一下，对"平民"（populus）和"人群"（turba）这两个词的区分（如：《马太福音》第4章第23—25节）是否有助于方济各传记的作者们更好地理解和描述两个不同的群体呢？一个群体是那些在城市里跑着赶去看方济各的无差别的人群；另一个群体是最新形成的"平民"，方济各看到了这个群体的存在，发现了平民在阶级斗争中的互动，而他想要平息阶级斗争[1]。

《圣经》中的词汇和13世纪初人们使用的词汇存在一定的差距，而这套词汇与当时的社会现实之间也存在差距，这种差距导致语言表达是不准确的。方济各需要让自己的语言符合他所处时代的现实，于是从福音书中借用了他需要的词，因此上述词汇之间存在的差距被方济各的做法抵消了。有学者对使用来自《圣经》的词汇的情况进行了仔细的研究，研究表明了那个时代的需

---

[1] "耶稣走遍加利利，在各会堂里教导人，传天国的福音，医治百姓各式各样的虚弱和病症……大群加利利的人跟随他。"（Et circuibat Jesus totam Galilaeam, docens in synagogis eorum et praedicans evangelium regni, et sanans omnem languorem et omnem infirmitatem in populo... Et secutae sunt eum turbae multae de Galilea.）（Matth. IV, 23-25）"很多人，贵族和不是贵族的人，教士与平信徒，开始接近圣方济各。"（Coeperunt multi de populo, nobiles et ignobiles, clerici et laici, ad sanctum Franciscum accedere.）（I Cel., 37, p. 30.）"方济各神父已经离开了世俗的人群，那些人群每天都怀着虔诚之心跑来，想听方济各说话，想看到他。"（Pater Franciscus, relictis saecularibus turbis, quae ad audiendum et videndum eum quotidie devotissime concurrebant.）（I Cel., 91, p. 69.）

求和现实。这个词失宠了，那个词大获成功，有的词的意思被理解错了，有的词的意思被曲解了，人们感觉需要使用新的词，有的词经历了语义滑动和语义扭曲，这些现象都是重要的迹象。

## 所选文本固有的难点

**圣方济各所写的文本**。圣方济各的某些文本的真实性值得怀疑，尤其是某些书信[1]。比如，《写给所有统治者的信》从文本的内容来看还是很可疑的，这对于我们的研究而言是一件遗憾的事。如果把所有被归为方济各本人所写的文本放在一起，系统地研究一下这套文本内部的词汇的话，应该可以更好地处理与文本真实性有关的问题。

圣方济各的文本中最重要的两个，其撰写过程受到了外界影响。《教宗批准的规章》是一个妥协的产物，方济各本来写了一个文本，方济各周围的一些兄弟要求他进行一些修改，罗马教廷也要求他进行修改。从词汇的角度，对比教宗批准的版本和方济各自己写的那版规章，仍能给我们带来启发。

相反的是，《遗嘱》是方济各口授的文本，有一部分人觉得从中能看出方济各当时受到了极端的一派的影响[2]。将《遗嘱》和

---

[1] 最严谨的研究是雅克·坎贝尔神父（P. Jacques Cambell）的文章，即：P. Jacques Cambell, "Les écrits de saint François d'Assise devant la critique", *Franziskanische Studien*, 36, 1954, pp. 82-109 et 205-264。

[2] 这是卡耶坦·埃塞尔（Kajetan Esser）提出的观点，即：Kajetan Esser, *Das Testament des Heiligen Franziskus von Assisi. Eine Untersuchung über seine Echtheit und Bedeutung*, Münster/Westf., Aschendorff, 1949。

# 第三章

其他文本进行对比，尤其是跟规章进行对比，虽说对比的方式可能不是很有说服力，进行对比还是能给我们带来启发的。

**传记作者的文本。**所有方济各传记都在不同程度上遵从塞拉诺的托马斯写的方济各传中的处理方式，塞拉诺的托马斯写的方济各传是所有传记中最早的也是最重要的一部。后来有的传记甚至整句一字不差地重复塞拉诺的托马斯写过的内容。不过围绕一个模式、一份史料，还是有一些不同的解释的，因此可以做一些细致的对比分析。而正是因为存在这些不同之处，对它们进行分析也不过是在细节的层面上对比，这种追求细枝末节的努力往往是危险的。

如果把方济各会中的一支排除在外的话，这些传记文本具有亲缘性，而这被排除的一支正是日后成为属灵派的那一支。属灵派对方济各这个人，对他的意图的性质，对他的灵修思想，对他的行动和他成就的事业的解释与"正统"思路不同。虽说属灵派作品的成书年代、真实性都不确定，这些作品是否真的是属灵派写的也不能确定，其中存在不少问题，不过我们还是应该把我们这套文本跟属灵派的作品进行对比，有些作品被保存下来了，也得以出版[1]，看起来是出自属灵派的，这些作品与"三兄弟"也有联系，三位兄弟中最重要的人物就是莱昂兄弟。不过只要稍稍

---

1 该书列出了一个保存下来并且已被出版的属灵派的作品的列表，并附有简短的介绍，详见：Omer Englebert, *Vie de saint François d'Assise*, Paris, Albin Michel, 1947, 1956², pp. 400-404。

看一下属灵派的作品,我们就能验证我们事前就可能做出的假设:属灵派的心态、作品、使用的概念工具和语言工具是最"反社会的",是最不写实的,对现世的态度是最有敌意的。属灵派像清洁派似的急匆匆地要净化这个世界,虽然说属灵派跟清洁派其实没有直接的联系。属灵派不顾社会结构,在属灵派看来,社会结构的存在是这个恶的世界中不纯洁的一面的体现。

## 社会阶层词汇的要素

**圣方济各的情况(根据他本人的作品、根据他的传记)**

圣方济各的社会观念里可能包含三个社会:天上的社会、全体基督徒组成的地上的社会、由他本人和他的兄弟们组成的特殊的社会。他希望他和兄弟们组成的社会可以在天上的社会和地上的社会之间起到沟通调停的作用。

**天上的社会**

圣方济各在指称上帝的时候使用"主"(*Dominus*)、"国王"(*Rex*)这些通行的称呼,但他在使用这两个词的时候指的并不是这两个词在封建等级制度、君主制等级制度中的意思。方济各在第一版规章中列举天上的社会时[1],他称上帝是"天上的和地

---

1　I *Regula*, XXII.

第三章

上的王"（Rex coeli et terrae），称基督为"我们的主"（Dominus noster），他列举天上的等级——从圣母、天使长、天使一直到圣徒——他不用封建制度或君主制度的词汇，只使用纯宗教的、合乎礼拜仪式的称呼。当时有一种模式，叫丢尼修的模式，参考封建制度的形式，认为天上的社会和地上的社会之间存在一种对称关系，而方济各似乎不了解这个模式。在第一版规章中，方济各列举了天上和地上这两个社会中的种种人，但是完全没有把这两个社会对应起来。方济各在列举天上的社会时或许是按照等级秩序列举的，顺序是从上帝到圣徒，可他在列举地上的社会的各类人的时候是没有高低之分的[1]。

方济各很少用"国王"（Rex）一词指上帝，他的作品中从

---

[1] "……下列所有类别的人：司祭、助祭、副助祭、襄礼员、驱魔员、诵经员、司门员，所有教士、所有修士、所有修女，所有孩子、男孩和女孩，穷人和受苦的人，国王和君主，劳动者和农民，农奴和领主，所有处女、发愿守贞的女性和已婚女性，平信徒、男性和女性，所有幼儿、少年、年轻人和老人，健康的人和病人，所有低微者和有权者，所有民族、人群、部落、以语言作为标准划分出的群组、国家，以及这世上的所有人，现在在这世上的人和即将来到这世上的人……"（...*omnes sequentes ordines: sacerdotes, diaconos, subdiaconos, acolythos, exorcistas, lectores, ostiarios et omnes clericos, universos religiosos et religiosas, omnes pueros et parvulos et parvulas, pauperes et egenos, reges et principes, laboratores et agricolas, servos et dominos, omnes virgines et continentes et maritatas, laicos, masculos et feminas, omnes infantes, adolescentes, iuvenes et senes, sanos et infirmos, omnes pusillos et magnos et omnes populos, gentes, tribus et linguas, omnes nationes et omnes homines ubicumque terrarum, qui sunt et erunt...*）（I *Regula*, XXIII.）

来没有出现过"皇帝"（*Imperator*）一词，而在方济各的传记作者的笔下，方济各也仅有一次称上帝为"伟大的皇帝"（*Magnus Imperator*: II Cel., 106, p. 193）。方济各在谈论地上的社会时也从来没有提到皇帝，他不愿意给地上的社会安排一个首领（方济各有"主张平等"的倾向，也可能是因为方济各是教宗的支持者？）。在方济各一生的诸多事件中，唯一出现的一位皇帝是奥托四世。1209年，奥托四世经过阿西西附近，当时方济各和他最初的兄弟们就在阿西西。但是方济各不愿意跟那些在马路上看热闹的人凑到一块儿，那些人都去看皇帝到来的盛况。方济各禁止兄弟们去看热闹，可是周围的喧哗声一直不断，方济各破例派了一个兄弟过去，让他告诉皇帝说：他的荣耀不会持久的[1]。至于方济各本人，他觉得唯一一件应该去跟皇帝说的事情就是让皇帝下一道诏书，让每一个有小麦和谷物的人都把小麦、谷物撒在路上，让小鸟也来参加这场庆祝，"尤其是云雀姐妹"[2]。在当时在位的诸多国王和王后里，方济各的传记作者只提到了法国的国王和女王，即卡斯蒂利亚的布朗什和她的儿子圣路易。方济各对法国有着非同寻常的喜爱，而布朗什和圣路易正是法国的君主。方济各特别喜欢法国，是因为他发现布朗什和圣路易都格外虔诚，而且非常热衷圣餐礼。布朗什和圣路易从方济各会刚创立没多久就支

---

[1] II Cel., 106, p. 193.

[2] *Ibid.*, 200, p. 244.

持修会的活动,积极参与修会的灵修活动和礼拜仪式。

而方济各最乐意使用的对上帝的称呼是"父亲"("圣父"),他理想的社会模式是家庭式的[1]。而且,他有一次曾称圣母玛利亚为"夫人"(Domina)和"王后"(Regina)[2],他认为圣母玛利亚居于所有造物之首,圣母玛利亚与三位一体的联系是通过家庭关系形成的,她是圣父的"女儿"和"侍女"[3],是圣灵的"配偶"[4],除此之外,她还是圣子基督的"母亲"。而她也是造物的榜样,是"神圣的"[5]、"贫穷的"[6]、"温柔又美丽的"[7]。

尽管撒旦是"坏儿子们的父亲"[8],方济各从来没有把撒旦叫作黑暗的王子或是恶灵的王子,因为方济各很谨慎,极力避免使用让人觉得像善恶二元论(manichéisme)的说法。方济各只是把撒旦叫作恶魔(diabolus)或撒旦(Satanas),然而他的传记作者们有时会使用传统的迂回说法,把撒旦称之为"古老的敌人"或"古老的蛇"。

---

1 "全能的、至高的、如此神圣的、至上的神圣而又公正的父亲,主,天上的王也是地上的王"(Omnipotens, altissime, sanctissime et summe Deus, Pater sancte et iuste, Domine Rex coeli et terrae)(I Regula, XXIII)。

2 *Salutatio Virginis Marie*, I.

3 *Officium Passionis*, I, C, 12.

4 *Ibid.*

5 *Ibid.*

6 I *Regula*, IX, 6 ; *Regula Clarissarum*, II, 1 ; I *Epistola*, 5.

7 祈祷词,*Sancta Dei Genitrix Dulcis et Decora*(作品来源可疑)。

8 I *Regula*, XXI, 8-9.

对比不同的方济各传记中提到的"恶魔"给我们带来了一些启发。对于方济各而言，恶魔是主的代理人（gastaldi），负责执行主的惩罚。方济各还在此狡黠地补充了一点，联想到了有权有势的豪族的宫廷，认为恶魔也是豪族（magnati）[1]。方济各对权力和施行镇压持悲观态度，他的悲观态度不仅是出于人的原罪，也与堕落天使的反叛有关。让·德·默恩对政治的态度是悲观的，方济各的悲观态度没有让·德·默恩那么重，方济各是以神学家的身份对广义的权力和现实中存在的各种权力进行批判，我们在下文还会讨论这一点。

方济各会的社会

方济各分别从三个角度思考他自己和他的兄弟们：

——从实际的角度来看，这个角度是中立的，兄弟们在进入兄弟会时的情况反映出了地上的社会的情况，如果我们按照当时教会对社会进行划分的标准来看，兄弟们属于社会中的两三个阶层。实际上，加入方济各会的人：① 既有"教士"又有"平

---

[1] "我们的主的执行者是恶魔，主规定恶魔去惩罚暴行……或许正因如此他允许他的执行者们猛袭我，因为我的房屋没有给那些来自君主官廷中的其他人留下好的印象。"（Daemones sunt gastaldi Domini nostri, quos destinat ipse ad puniendos excessus...sed potest esse quod ideo gastaldos suos in me permisit irrumpere, quia non bonam speciem aliis praefert mansio mea in curia magnatorum.）（II Cel., 120, p. 201）圣波那文图拉重新使用了这一段（Legenda maior, VI, 10, p. 586），没有谈及"代理人"。

信徒"[1]；② 既有"有文化的人"（懂拉丁文的人），又有"没文化的人"（不懂拉丁文的人）[2]；③ 兄弟们来自三等级社会（société tripartie）中的各个等级，或者说主要来自三等级社会中的两个等级："祈祷者"和"劳动者"，这种划分的标准对应的是教士和平信徒[3]。然而在最后一种情况中，方济各会的社会已经脱离了既存的现实社会，进入了一个理想的社会。方济各把战斗者排除在兄弟会之外，他这样做可能不是出于二元论和辩证法的考虑，想让总体中只有两部分（两个对立部分比三个部分更适合组成一个整体），而是因为方济各不觉得自己的修会里应该包括战士，这

---

1 比如："我们的兄弟……既有教士也有平信徒"（*omnes fratres meos... tam clericos quam laicos*）（I Regula, XVII）；"很早就有大量善良的、合适的人，教士和平信徒，因至高的主的恩典和意愿逃离尘世与恶魔，在他们的一生中、在他们的意志中虔诚地、勇敢地追随主。"（*Statim namque quamplures boni et idonei viri, clerici et laici, fugientes mundum et diabolum viriliter elidentes gratia et voluntate Altissimi, vita et proposito eum devote secuti sunt.*）（I Cel., 56, p. 43.）

2 比如："他希望强大者与弱小者通过兄弟之情联结在一起，智者与愚者也联结在一起，离得远的人与离得远的人通过爱的纽带联结在一起。他说，这样的话，所有在教会中的修士形成唯一一个修会总会议！因为受过教育的人与毫无学识的人是在一起的。"（*Uniri volebat maiores minoribus, germano affectu coniungi sapientes simplicibus, longinquos longinquis amoris glutino copulari... Ecce, ait, fiat omnium religiosorum qui in Ecclesia sunt unum capitulum generale Quoniam igitur adsunt litterati et qui sine litteris sunt.*）（Act., 4, 13）（II Cel., 191, p. 240）。

3 "*Omnes fratres meos predicatores, oratores, laboratores*"（I Regula, XVII）.我觉得我们无法从这句话里看出原创的三等级模式，在这句话中，传教者（*predicatores*）取代了战斗者，传教是一种用话语进行战斗的方式。祈祷者一般来自上层，而这些词代表了一种双重关系，一旦提到祈祷者和劳动者，人们马上就会想到"教士和平信徒"（*tam clericos quam laicos*）。

意味着方济各是远离修道精神的传统理念的，修道主义主张信徒是基督的战士（*milites Christi*）（圣贝尔纳的观点）；而且方济各也不接受当时教会提出的模式，教会提出的主张在当时看来是更现代的，主张教会有三张脸，分别是战斗（*militans*）、劳动（*laborans*）和胜利（*triomphans*）[1]。

——从规范的角度来看，方济各的修会（或者兄弟会）汇集了社会精英和灵修方面的精英："所有低位者"中的精英（兄弟们是小兄弟）。这个视角对我们而言尤为重要，因为方济各列出了被贬低的社会群体的目录。首先，方济各说自己是农奴（*servus*）[2]、仆人（*minister*）[3]、不识字的农夫（*rusticus*）[4]、不从事生产且在经济方面具有依附性的人（*mercenarius*）[5]、不识字的山里人（*alpigena*）[6]、商人（*mercator*）。然后，方济各又详细列出了

---

[1] 请比对：Christine Thouzellier, "Ecclesia militans", in *Études d'histoire du droit canonique dédiées à Gabriel Le Bras*, Paris, Sirey, 1965, tome II, pp. 1407-1423。

[2] I Cel., 53, p. 4. "Frère François leur serviteur et sujet" (*Frater Franciscus eorum servus et subditus*) (*Epistola omnibus fidelibus*).

[3] *Ibid.*

[4] *Ibid. et ap.* Julien de Spire, 33, p. 351; Bonaventure, *Legenda maior*, VI, 1, p. 582.

[5] 同上，塞拉诺的托马斯补充 "*mercenarium* et inutilis" 可能是反击在法学家和城市管理者中间流行的讲求用途（*utilitas*）的学说。方济各不是当时唯一一个反对这种流行的"实用主义"的人。

[6] "*Alpigena et mercator*" (Henri d'Avranches, *Legenda versificata*, VII, 116, p. 452). "他宁可称自己是山里人、是给钱才干活的人/自嘲没有武器，而且是个粗人。" (*Sed magis alpigenam mercenariumque vocavit / Improperando sibi quod iners et rusticus esset.*) (*Ibid.*, XII, 8-9, p. 515.)

# 第三章

小兄弟们应当模仿的社会群体："卑贱的和被鄙视的人、穷人和弱者、病人、麻风病人、乞丐和流浪者"（*viles et despectas personas, pauperes et debiles, infirmos, leprosos, juxta viam mendicantes*）[1]。这样看来，有三个群体尤其受方济各"推崇"："不识字者"（"*idiotae*"是比"*illiterati*"更重的词）、"从属者"（*subditi*），以及所有"穷人"（*pauperes*）[2]。在此有两点需要注意。首先，方济各感觉他需要说明一下他所理解的穷人是什么样的，他怕兄弟们像很多教士那样把穷人理解成一种内容空洞的概念，还怕兄弟们机械地重复：从社会的角度来看，判断一个人是否真的贫穷的试金石是乞讨。方济各警告他的兄弟们不要占有被诅咒的物品，即"金钱"（*pecunia*），方济各还补充道，在必要的情况下，兄弟们应该讨钱，像其他的穷人那样（*sicut alii pauperes*）——大可以把此处的穷人理解成真正的穷人[3]。然后，方济各偏好的三个社会群体的反面就是他最讨厌的三种东西，他认为这三种东西是社会中最令人厌恶的三极，即知识、权力和财富。

——最后，方济各引领兄弟们实现另一种精英的模式：家

---

1　I *Regula*, IX.

2　"曾经，我们都不识字，从属于所有人。"（*Et eramus idiote et subditi omnibus.*）（*Testamentum*, 4.）有关方济各作品中的穷困现象和穷人，请比对：P. Willibrord-Christian Van Dijk, *Le Message spirituel, op. cit.*, s.v. "Pauvreté", pp. 284-288; Sophronius Clasen, "Die Armut als Beruf: Franziskus von Assisi", in *Miscellanea Mediaevalia*, III, Berlin, 1964, pp. 73-85。

3　I *Regula*, II.

庭。严格来讲，方济各会首先更像在俗的兄弟会、团体，而不像宗教性的、从属于教会的修会，不过最终方济各还是顺从了教会。根据《圣经》的模式，方济各是兄弟们的*父亲*，正如我们在上文已经提到的，方济各把上帝视为圣父[1]。但方济各构想的家庭结构有些奇怪。兄弟们之间的*兄弟之爱*实际上是带有*母性*的[2]：兄弟们在隐修地隐修的时候应当两两一组，一组是母亲，一组是儿子，各自分工，这种分工方式也符合马大和马利亚的分工，也符合劳动生活和静思生活之间的区分[3]。方济各对莱昂兄弟说话的样子就像一位母亲在跟她的儿子说话[4]。最后，方济各在写给信徒的信中沉浸在自己的梦想里，他希望平信徒的社会能变成一个完全重视灵修的社会。他先提出了奴役与从属（*servi et subditi*）的模式，又构想出了一种基于家庭的理想模式，在这个模式里所有的

---

1 塞拉诺的托马斯记载了方济各的死，他写道："很多兄弟聚集在他身边，他是他们的父亲和首领。"（*Convenientibus itaque multis fratribus, quorum ipse pater et dux erat.*）(I Cel., 110, p. 86.)

2 "每一个人都应该爱自己的兄弟、给自己的兄弟食物，就像一位母亲爱自己的儿子、给儿子食物那样。"（*Et quilibet diligat et nutriat fratrem suum, sicut mater diligit et nutrit filium suum.*）(I *Regula*, IX.)

3 "那些想要去隐修的兄弟们应当三人一组，最多四人。他们之中当有两人是母亲，还要有两个儿子，至少要有一个儿子。一些人像马大一样行事，另一些人像抹大拉的马利亚一样行事。"（*Illi qui volunt religiose stare in heremis, sint tres fratres aut quatuor ad plus. Duo ex ipsis sint matres et habeant duos filios vel unum ad minus. Illi autem tenant vitam Marthe at alii duo vitam Marie Magdalene.*）(*De religiosa habitatione in eremo*)

4 "我儿，我这样对你说，就像身为一位母亲一样。"（*Ita diuco tibi, fili mi, et sicut mater.*）(*Epistola ad fratrem Leonem*)

# 第三章

信徒都变成了**基督的配偶、兄弟和母亲**,方济各还仔细解释了进行严格修行的具体方式[1]。

以家庭为蓝本的思路令人震惊,这是因为在方济各皈信以前的生活里似乎找不到与家庭有关的经历。我们确实应该相信传记作者写的内容,传记作者强调方济各在皈信时与父亲的冲突,并且在谈及方济各父母对方济各的教育时毫不客气,传记作者采取这种处理方式只不过是为了迎合圣徒传记的共同点。圣徒传记往往强调圣徒在皈信之前和皈信之后生活的差异,强调圣徒斩断了与尘世的联系,而这种联系就体现在家庭上。所有方济各传记都采取了基督模式,这种模式加强了圣徒传记都有的特点。方济各就像基督那样,一字不差地践行了福音书中的这句话:"因为我来是叫人与父亲生疏,女儿与母亲生疏……"(*Veni enim separare hominem adversus patrem suum, et filiam adversus matrem suam...*)

---

[1] "他们将成为天上圣父的儿子……他们是天上的父的造物,他们是我们的主耶稣基督的配偶、兄弟和母亲。当我们信仰耶稣基督的灵魂与圣灵相结合时,我们是他的配偶。当我们遵循天上圣父的意志时,我们是他的兄弟。……当我们在我们的心中、身体中用爱、用纯洁由衷的信仰支撑耶稣基督的时候,当我们通过一种神圣的举动孕育了他的时候,我们是耶稣基督的母亲,这种神圣的举动将会在旁人的眼中发光发亮,如同一个榜样。"〔*Et erunt filii Patris celestis* (Matth. V, 35) *cuius opera faciunt, et sunt sponsi, fratres et matres Domini nostri Iesu Christi. Sponsi sumus, quando Spiritu Sancto coniungitur fidelis anima Iesu Christo. Fratres eius sumus, quando facimus voluntatem Patris eius, qui est in celo* (Matth. XII, 50). *Matres eius sumus, quando portamus eum in corde et corpore nostro per amorem et puram et sinceram conscientiam parturimus eum per sanctam operationem que lucere debet aliis in exemplum.*〕(*Epistola ad fideles*, 9.)

这句话来自著名的《马太福音》的第10章。1208年年末或1209年年初，一位神父在波蒂昂卡拉念了这段话，这件事对方济各的皈信起到了决定性的影响。关于方济各与家庭的关系，有很多地方说不清楚，而且存在一些明显的矛盾，我们能否通过方济各个人的心理来解释清楚呢？或者是通过对早期方济各会群体的集体心理进行分析，甚至是精神分析来解释清楚呢？这种做法可能会起到一些作用，但是我觉得我无法进行这样的研究，因为这样的研究太容易出错了。我们在此得出的结论是：方济各在13世纪初提出了一种关系紧密的家庭模式，这种模式反映了方济各心中理想社会的模式。

## 地上的基督教社会

我们在上文已经提到了方济各的传道活动，下文还将会继续讨论。方济各的传道是面向所有人的。方济各渴望传教，这种迫切的心情体现为方济各觉得自己十分需要拥抱整个社会，拥抱这个社会的方方面面，把组成社会的群体列举出来。

方济各曾两次列举组成整个社会的各个部分。在《写给所有信徒的信》中，方济各只做了简单的列举，他根据宗教身份（état religieux），依据普通的分类方式，列举了修士、教士和平信徒（*religios*、*clerici*、*laici*），还根据性别列举了（"男性与女性"——*masculi* 和 *feminae*），然后他用"居住在这个世界上的所有人"（*omnes qui habitant in universo mundo*）这样一个模糊的

## 第三章

表达把其他人也都包括进来。

方济各在第一版规章的第23章里的列举更加具体。他先列举了教会人士，他根据"教阶"（*ecclesiastici ordines*）对教会人士进行了划分（即：*sacerdotes*、*diaconi*、*subdiaconi*、*acolythi*、*exorcistae*、*lectores*、*ostiarii*），还对这种划分进行补充，提到了所有"教士"和所有"修士"。之后，方济各还对"修士"进行再划分，区分出了"修士"和"修女"。然后，方济各开始列举平信徒社会中的群体，他先提到了孩子、男孩和女孩，之后是"穷人"和"受苦的人"、"国王"和"君主"、"劳动者"和"农民"、"农奴"和"领主"、"处女、发愿守贞的女性"或"已婚女性"、"平信徒、男性和女性"、"幼儿、少年、年轻人和老人"、"健康的人"和"病人"、"低微者和有权者"，最后是所有"民族、人群、部落、以语言作为标准划分出的群组、国家，以及这世上的所有人，现在在这世上的人和即将来到这世上的人"[1]。

我们从中可以看出方济各主要关心的几个方面：方济各想把所有人都囊括在内，从他使用的词（*omnes*、*universus*、*ubicumque*）可以看出来；而且他列举的群体相互重叠，涉及的社会范围、地理范围和时间跨度都很大，这也反映出方济各想把所有人都纳入列举的意图；方济各尊重教士和教会；他关怀儿童，这种关怀受到了福音书和基督的做法的影响，同时也与他所

---

1 参见本书第129页注1。

处时代的感受方式的变化有关。方济各给弱者以厚待，在方济各心中弱者的地位高于强者〔他在列举时把穷人排在国王前面，在列举与工作有关的人的时候，他把"劳动者"（laboratores）排在了领主前面，此处的"劳动者"指的是农村的精英"劳动者"（agricolae）呢？还是城市里的劳动者（servi）呢？〕；方济各还有传教士一般的关怀，想拥抱世界上的所有民族。

在此我们需要注意到两点。首先，方济各把好几种描述社会的分类法混合在一起，采取多种分类标准：宗教身份、年龄、性别、财产、权力、职业和国籍。方济各没有使用基督教一贯使用的分类法，基督教想要解构按照社会职业的标准进行划分的分类模式，否认阶级的存在，否认阶级斗争，希望能更彻底地在社会中贯彻基督教的思想统治，基督教思想按照符合基督教利益的方式对社会进行了划分[1]。方济各从灵修生活的角度出发，想把社会看成是一个由无等级差别的群体构成的整体，他尊敬教会人士，并且认为所有群体都能平等地得到救赎。如果非要区分一下到底哪个群体更容易获得救赎，方济各认为是那些处境悲惨的人。

其次，圣方济各使用多元分类法，也使用二元分类法，但

---

[1] 关于这种话语中的去社会化现象，请比对：Jacques Le Goff, "Les paysans et le monde rural dans la littérature du haut Moyen Âge", dans *L'agricoltura e il mondo rurale nell'alto medioevo. Settimane di Studio del Centro italiano di studi sull'alto medioevo* (Spolète), XIII, 1966, pp. 723-741。这篇文章之后又被收入：*Pour un autre Moyen Âge*, Paris, Gallimard, 1977, pp. 131-144；后来还被收入：*Un autre Moyen Âge*, Paris, Gallimard, "Quarto", 1999, pp.127-139。

是不用当时很流行的三元分类法。这或许是因为多元分类法更具体，同时也更加符合社会的现实，方济各想要拯救这个社会，那么就需要知道与这个社会打交道的方式；这或许也是因为多元分类法跟方济各想要忽视的那种三元分类法保持了距离。而二元分类法代表了尘世间的对立，方济各想通过兄弟之情的联结消除对立，我们可以看到他的兄弟会既接收教士，也接收平信徒，既接收有文化的人，也接收没文化的人，等等。相反，三元分类法在方济各看来是学者使用的分类法，是那些因为掌握了知识而自我膨胀的教士和那些让他感到害怕的文化人的工具。三元分类法与等级制度概念有关，是围绕"等级"（ordo/ordre）这个词形成的。将社会分为三个等级的分类法是11世纪出现的，是一种经典的分类法，第三等级即劳动者服从于两个地位更高的等级，即祈祷者和战斗者，就好比在《创世记》中，上帝让含服从闪和雅弗[1]。

此外，圣方济各使用"ordre"这个词的时候只是指教会内的等级，完全是把这个词当作一个术语来使用的。后来人们强迫方济各放弃他主张的兄弟会的概念，发生了激烈的冲突，那之后他也开始用这个词来形容他的小兄弟们组成的修会。

---

[1] 我们已经在一篇"笔记"中研究了这种分类法的形成和意义，在以"9—11世纪欧洲国家的形成"为主题的研讨会上做了关于这篇"笔记"的报告（华沙，1965年）。研讨会报告已经结集出版，具体信息为：*L'Europe aux IX$^e$-XI$^e$ siècle. Aux origines des États nationaux*, Institut d'histoire de l'Académie polonaise des sciences, Varsovie, 1968. 此文后来被收入：*Pour un autre Moyen Âge, op. cit.*, pp. 80-90；还被收入：*Un autre Moyen Âge, op. cit.*, pp.79-88。

相反，方济各传记的作者在使用"ordre"这个词的时候，他们想表达的意思与三元分类法有关。不过，其中一种情况是形容方济各成立的三个修会：小兄弟会、克拉丽丝贫穷修女会和第三会[1]。另一种情况是人们认为方济各会的宗旨是实现所有等级、所有性别、所有年龄的人的救赎[2]。这样看来，在第一种情况下，使用这个词与思想方面的考虑无关；在第二种情况下，尽管方济各本人并不这样用这个词，这个词指的是所有社会阶层，这种用法是符合方济各的想法的，而且这个词是跟年龄和性别一块儿出现的，这也削弱了它在思想方面的含义。

于是，一边是唯一的天国，那里等级分明；另一边是地上的世界，它不规则，其社会具有多样性。方济各希望能在这两边之间建立起方济各会的社会，希望方济各会在这两边之间起到调停的中介作用，方济各会社会的结构应该是否认尘世的无序的，并且要改变这种无序。

## 在传记作者笔下

在方济各的传记中出现的人物有一部分能构成一个群体，或者说这些人属于某些阶层，我们可以把这些人归到一个清单里，

---

1 "这位圣徒……开启了三个享有盛誉的修会。"(Iste sanctus...qui tres celebres ordines...inchoans.)(Julien de Spire, 15, p. 342.)
2 "因此所有等级、所有性别、所有年龄的人的身上都有救赎教义的证据。"(Omnis proinde ordo, omnis sexus, omnis aetas habet in ipso doctrinae salutaris evidentia documenta.)(I Cel., 94, p. 68.)

# 第三章

有时这些人就是以清单的形式出现的；在方济各的传记里还有一部分是个人，虽然提到的时候也会提及他们所属的社会阶层，这些人是一些孤立的人，还有一些是异常的人。

清　单

在方济各的传记作者笔下，以群体的现实出现的社会群体、社会阶层分为三类：圣徒的听众、请方济各住在自己家里的接待者、方济各的奇迹的受益者或见证人。

——听众。传记作者们在写到听众的时候很自然地想强调所有人都是方济各的听众，他们想要表现出方济各的讲道是面向所有人的，想表现方济各取得的成功是全面的。传记作者只有在描述方济各在意大利传教的经历时才写得很详细，而方济各大部分时间都是在意大利传教的，传记作者还是想强调方济各传教的地理范围很广。而即便说这一点是符合事实的，传记作者还是以福音书和基督为模板来描写方济各，他们写道：方济各奔走于城市和乡镇（*civitates et castella*），这正是福音书中描写基督传教时使用的词语[1]。在这种情况下，我们是否可以根据词汇进行阐释，认为方济各既在农村传教又在城市传教呢[2]？总之，福音书中的

---

1　Matth. IX, 35; I Cel., 62, p. 47.
2　在受内战所苦的阿雷佐，传记作者们记录下来（只提了一次）圣方济各在"城市外的乡镇中"（*in burgo extra civitatem*）（II. Cel., 108）、"在郊区"（*in suburbio*）（Bonaventure, *Legenda maior*, VI, 9）受人接待。

词语十分符合意大利中部和北部的城市和半城市性质的农村乡镇聚居点的情况，说到底，方济各主要展开传教活动的社会地理环境的模型当属阿西西。这类小城市靠近重要的大道，跟农村也有广泛的联系，代表了中世纪西方大部分城市的情况[1]。

然而我们需要注意的是：传记作者列举不同社会群体的目的是强调社会的分歧和冲突在方济各的魅力面前都消解了，这反倒突出了社会中确实存在着分歧和冲突，传记作者写下的记录比方济各本人的话语更清楚地表现出了这一点。

传记作者写下了方济各到达一个聚居点以后的情况。人们喊着"圣徒来了，看圣徒来了"，都聚了过来。人们通常是聚在一个大广场上，大家想看到他、触碰他、听他说话。有时，传记作者只说"所有人"、"大家"都在那儿——*universus populus*[2]。大多数时候传记作者还是会列出人群的具体组成情况的。方济各主要面对的是平信徒[3]，不过教士和平信徒都被方济各吸引了，教士里有律修教士，也有堂区教士，传记作者写得这么具体是为了说明教士们对方济各心怀景仰之情，更是为了强调教士们尊敬方济各享有的盛誉。在此情景下，中世纪社会中最显著的壁垒之

---

1 关于相邻居住模式，请比对：Georges Duby, "Recherches récentes sur la vie rurale en Provence au XIV[e] siècle", *Provence historique*, 1965, Fascicule 60-61, tome XV, 1965, pp. 97-111。

2 I Cel., 62, p. 47.

3 *Ibid.*, 31, p. 25.

# 第三章

——即教士和平信徒之间的壁垒——消除了[1]。而且不同年龄、不同性别的人都跑来——这种提法看似平淡无奇，然而它却揭示出妇女和老人在中世纪都是被贬低的社会群体[2]。如果我们用更接近现代对社会结构的理解的视角来看历史上曾经存在过的社会的话，方济各其实把两组互相对立的群体聚到了一起，他把穷人和富人（*divites-pauperes*）聚到了一起，而且还把贵族（*nobiles-ignobiles*）和非贵族聚到了一起（这是在传记作者笔下最明显的社会分隔）[3]。阿夫朗什的亨利曾写过一篇诗歌体的文章，这篇文章非常有意思，在文中他认为与穷人（*pauper*）相对的不是富人

---

1 请参考乔治·休斯顿·威廉姆斯（George Huntston Williams）的研究，详见：George Huntston Williams, *The Layman in Christian History*, Stephen Charles Neill et Hans-Ruedi Weber, Londres, SCM Press, 1963; "I laici nella società religiosa dei secoli XI-XII" (Colloque du Passo della Mendola, 1965); Arsenio Frugoni, "Considerazioni sull' 'ordo laicorum' nella reforma gregoriana" (XI$^e$ Congrès international des sciences historiques, Göteborg, Stockholm, Uppsala, Almqvist et Wiksell, 1960, *Résumés des communications*, pp. 119-120, Actes du Congrès, p. 136); André Vauchez, *Les Laïcs au Moyen Âge. Pratiques et expériences religieuses*, Paris, Éditions du Cerf, 1987。

2 "当他进入一座城市时，教士们非常高兴，钟声响起，人们兴高采烈，女人们很愉快，儿童也鼓掌。"（*Ingrediente ipso aliquam civitatem, laetabatur clerus, pulsabantur campanae, exsultabant viri, congaudebant feminae, applaudebant pueri.*）(I Cel., 62, p. 47; cf. Julien de Spire, 46, p. 357, et *Legenda Monacencis*, 42, p. 706)"男人们跑着，女人们也跑着，教士着急要去，修士们也抓紧前往……各种年龄段和不同性别的人们都着急要去。"（*Currebant viri, currebant et feminae, festinabant clerici, accelerabant religiosi...omnis aetas omnisque sexus properabat.*）

3 "很多人，贵族和非贵族、教士和平信徒，都到圣方济各那儿去。"（*Coeperunt multi de populo, nobiles et ignobiles, clerici et laici, ad sanctum Franciscum accedere.*）(*ibid.*)

(*dives*),而是有权者(*potens*);此外他还引入了文化方面的分隔,与头脑简单的人(*simplex*)相对的不是有文化的人(即懂拉丁文的人),而是有一技之长的人(*peritus*)。这表明如果想要迈入更高的社会阶层要靠权力,而不是靠财富,要靠技术知识(法律专家和机械技术专家?),而不是教士拥有的知识文化[1]。

在另一个文本中,塞拉诺的托马斯列出了包含所有信徒的详细清单,包含各种各样的信徒,这些人构成了方济各的听众的典型:"富人"和"穷人"、"贵族"和"非贵族"、"普通人"和"高贵者"、"有知者"和"头脑简单的人",以及"教士"和"不识字者"[2],这份清单如实地概括了社会中存在的分隔。

---

[1] "他不认为一千个有权者胜过单单一个穷人。也不认为一千个有知者胜过单单一个头脑简单的人。"(*Verum non uno plus paupere mille potentes. / Extimet, aut uno plus simplice mille peritos.*)(*Legenda versificata*, IX, 176-177, p. 468)

[2] "不论是哪个信徒,信仰基督教的人里面的富人、穷人、贵族、非贵族、普通人、高贵者、有知者、头脑简单的人、教士、无知者和平信徒。"(*Aliquis, quicumque ac qualiscumque fidelis, dives, pauper, nobilis, ignobilis, vilis, carus, prudens, simplex, clericus, idiota, laicus in populo christiano.*)( I Cel., 31, p. 25.)我们可以将这个清单与阿夫朗什的亨利列出的清单进行对比,阿夫朗什的亨利的清单中列出了进入方济各会的所有成员所属的社会群体:

> 任何一种情况,财产或是年龄,
> 都不会被拒绝:来的人都会被接收
> 不经挑拣,好人与坏人,地位高的人与地位低的人,
> 农民与骑士,非贵族与贵族,
> 教士与平信徒,粗人与雅士,穷人
> 与富人,农奴与自由人,健康者与患病者。
> 方济各怀着虔诚的友爱之心接收所有人。

(转下页注)

## 第三章

——*接待者*。方济各的传记作者用一个表示社会身份的词形容接待方济各的人,除了个别情况("圣达米亚诺的贫穷神父"、古比奥的修士们),接待方济各的人都属于社会上层,但是我们不应该因此就得出狭隘的结论,不能认为接待方济各的人全是社会上层的人。传记作者的记忆里保存着关于方济各的回忆,他们提到了社会上层的人,这表明方济各会想要强调方济各给社会精英留下的印象。这些社会精英分别是领主[1]、有权有势的大人物(*magnae personae*)[2]。塞拉诺的托马斯描写方济各受邀去有权有势的君主(*magni principes*)家吃饭的经历,他说方济各只是用嘴唇边儿尝尝食物[3]。在阿夫朗什的亨利对方济各被大人物(*magnates*)接待的情景的描写中,方济各毫不客气地把这些人比作代理人和恶魔,我们应该注意到:说到底这是传记作者中

148

---

(接上页注)

...*non conditio, fortuna vel aetas*
*Ulla recusatur : veniens admittitur omnis*
*Et sine delectu, bonus et malus, altus et imus,*
*Rusticus et miles, ignobilis et generosus,*
*Clericus et laicus, rudis et discretus, egenus*
*Et dives, servus et liber, sanus et aeger ;*
*Affectuque pio Franciscus suscipit omnes.*
(*Legenda versificata*, VI, 34-40, pp. 443-444.)

1 "如果被领主邀请"(*Si quando invitatus a dominis*)(II Cel., 72, p. 174)。
2 "如果被大人物邀请"(*Si quando invitatus a magnis personis*)(Bonaventure, *Legenda maior*, VII, 7, p. 589)。
3 I Cel., 51, p. 40.

与方济各会的关系最弱的一位[1]。最后，在图斯卡尼拉时，一位骑士接待了方济各，传记作者在提到这位骑士的时候用的词是"战士"（miles），这可能还是在呼应福音书中的片段，因为在福音书中一个百人队长（centurion）曾接待过耶稣[2]。

——奇迹的受益者和见证人。我们不考虑那些没有具体"社会"身份的人〔男人、女人、小男孩、小女孩、盲人、病人（homo, mulier, puer, puella, caecus, insanus）等〕，也不算动物，塞拉诺的托马斯在他的《奇迹集》中记载了197次奇迹，托马斯在记载其中的62次奇迹（略逊于三分之一）时提到了涉及的人的社会身份。传记作者在提及接待方济各的人时记载了很多社会上层的人，而托马斯在记载奇迹的时候提到了更多的社会上层的人，因为记载奇迹的传统就倾向于记载社会上层的人。其中近一半的奇迹都与贵族阶层或骑士阶层有关，总计28次：其中11次提到了贵族或贵族们（nobilis 或 nobile），此外还提到了贵族妇女（nobiles mulieres 一次）和一位地位极高的贵族女性（nobilissima）；还有领主们（dominus 一次，domina 两次）、一位有权有势的君主（magnus princeps）、一位宫廷中的伯爵（comes sacri palatii）、一位伯爵夫人（comitissa）、两位最高行政官

---

[1] "不论何时被大人物招待"（Inter magnates ut quandocumque receptus）（Legenda versificata, VII, 113, p. 452）。

[2] "来自同一个城市的骑士接待了方济各，把方济各当成了自己的客人。"（Miles quidam eiusdem civitatis eum suscepit hospitio.）（I Cel., 65, p. 49.）

(*potestas*)、七位骑士〔五次提及士兵（*miles*），一次提及骑士（*eques*），一次提及两个穿铠甲的男人（*duo viri loricati*）〕。

神职人员和自由职业人员只出现了六次〔教士（*canonicus*）一次，多明我会修士（*frater praedicator*）一次，学生（*scolaris*）一次，公证人（*notarius*）一次，司法官员（*officialis*）一次，法官（*iudex*）一次〕。市民阶层出现了五次〔提及市民（*civis*）四次，平民（*popularis homo*）一次〕。医疗界人士出现过六次〔医生（*medicus*）四次，外科医生（*chirurgicus*）一次，还出现了一次 *mulieres edoctae*，这可能指的是接生婆〕。农村人出现过六次：农夫（*rusticus*）一次、耕作者（*arator*）一次、放牛人（*vir cum bobus*）一次，此外葡萄农（*vinitores*）出现两次、渔人（*piscator*）出现一次。水手（*nautae*）出现两次。仆人出现两次〔男仆（*serviens*）一次，女仆（*famula*）一次〕。手工业者只出现了一次，提及的是铸造钟的工匠（*fusores campanarum*）。最后，穷人只被提及了六次〔穷人（*pauper*）两次，乞丐（*mendicus*）两次，贫困者（*pauperculus*）一次，极其贫困的老妇人（*vetula extrema paupertate*）一次〕。

孤立的人与异常人

我们在此不再讨论上文已经提到的群体或整体，而是要讨论方济各的传记中出现的群体以外的社会类型，还要讨论那些存在问题的词汇，这些词有的揭示出了与方济各本人的社会情况以及和方济各的思想有关的、有争议的问题,还有一些为我们提供了一些意想不到的研究路径。

——孤立的人:**农夫**、**手工业者**、**盗贼**(*rusticus, artifex, latrones*)。农民几乎没有出现在列出城市群体成员的清单中,提到农民的情况不足以表现出农民在人口中的比例,农民经常在荒僻的小路上遇见方济各:淳朴而调皮的**农夫**劝说方济各要努力保持盛名[1];信赖他人的**农夫**跟随方济各,方济各当时正冒着酷暑攀山前往隐修地,方济各帮助了农夫,让石头缝里涌出了凉爽的水[2];粗鲁的**农夫**跟方济各作对,他把驴赶进了方济各和他最初的追随者在曲河容身的小木屋,想把他们赶走[3]。

手工业者在传记中少得惊人,只出现过一次[4],而且手工业者的唯一一次出现可能是因为塞拉诺的托马斯提到了《圣经》(《出埃及记》第38章第23节)中的"巧匠"(*egregius artifex*)一词。

此外,盗贼也只出现过一次,盗贼把方济各扔在雪地中,这在方济各的一生中是一个非常著名的事件[5]。这些不法之徒在中世纪社会十分常见,而传记作者写到他们的目的是为了引出方济各

---

1 "你要努力变得很好,让所有人都称赞你,因为很多人都信任你。"(*Stude, ait rusticus, adeo bonus esse, ut ab omnibus diceris, quia multi confidunt de te.*)(II Cel., 142, p. 212.)

2 *Ibid.*, 46, p. 159.

3 I Cel., 44, p. 35.

4 *Ibid.*, 37, p. 30.

5 *Ibid.*, 16, p. 15.

回答他们的那句话:"我是王的使者。——那么去吧,你这个农民,你居然把自己当作上帝的使者。"[1] 方济各是上帝的使者,还是如同人们后来所说的那样是上帝的吟游诗人(*joculator*)呢?在这场奇遇中,方济各的形象是骑士还是商人呢? 方济各长久以来就醉心于骑士精神,他是以来自尘世的骑士的形象出现的吗?商人是卑贱的职业之一,是被人鄙视的,可方济各却愿意把自己归到商人这一类里,他是以商人的形象出现的吗?

——圣方济各出身的社会阶层引人怀疑:是骑士还是商人?方济各是布匹商之子,毫无疑问,他的父亲像13世纪初的同行们一样四处行商。方济各在青年时代过着骑士般的生活,而根据马克·布洛赫的研究,过骑士般的生活有时可以让人滑入骑士阶层,而佩鲁贾人在囚禁方济各的时候把他关在了骑士的监狱中,这件事也证明了上述观点[2]。塞拉诺的托马斯在传记的最初章节中强调这种矛盾现象,他将方济各塑造成一个小心谨慎的商人,与他所处阶层的其他人一样,可是他像贵族似的慷慨挥霍[3],他强调方济各有追求骑士梦想的虚荣心:可是当方济各在梦中见到装满了武器的房子时,托马斯认为方济各更适合梦到装满了成堆布匹

---

[1] "*Praeco sum magni Regis... — Iace, rustice praeco Dei.*"
[2] II Cel., 4, p. 132.
[3] "因为他曾经十分富有,不贪婪,却很慷慨,他不聚揽钱财,而是挥霍资产,他是小心谨慎的商人,却又爱慕虚荣、爱花钱。"(*Quia praedives erat, non avarus sed prodigus, non accumulator pecuniae sed substantiae dissipator, cautus negotiator sed vanissimus dispensator.*)( I Cel., 2, p. 7. )

的房间[1]。

正如人们所见，方济各皈信后谴责战士的虚荣心和暴力行径，批判商人的爱财之心，他避免称自己和其他人为战士或商人。方济各有时甚至强调自己卑微的出身：莱昂纳尔兄弟陪伴方济各骑行的那次，方济各强调了这一点[2]。方济各骑上了仅有的一头驴，而莱昂纳尔兄弟在一旁步行。莱昂纳尔心有不满，心想："他的父母和我的父母并不是以平等的身份相处的。而现在他骑着驴，我却得走路，还要牵着他的驴。"方济各猜到了他的心思，下来走路，对莱昂纳尔说："我的兄弟，我骑着驴，而你却在走路，这不得体，因为之前在尘世中你曾比我更为尊贵、更有权势。"**更为尊贵和更有权势**（*nobilior et potentior*）：方济各不自觉地使用了比较级的说法，这暴露出他承认人世间存在等级关系，不过也透露出他认为阶级不应该是封闭的。

大部分传记作者依然用骑士和商人（*mercator*或者*negotiator*）形容方济各，他们用这些词在灵修方面的含义形容皈信后的方济各。因为这些词属于圣徒传记常用的词，植根于圣徒传记的传统，传记作者因此继续使用"*negotiator*"这个词，这个词是中世纪早期常用的词，他们往往用"*negotiator*"来代

---

[1] "他不常在家里见到这样的物件，在家里见到的不过是待售的成堆布匹。"（*Non enim consueverat talia in domo sua videre sed potius pannorum cumulos ad vendendum.*）（I Cel., 5, pp. 8-9.）

[2] II Cel., 31; Bonaventure, *Legenda maior*, XI, 8, p. 608.

## 第三章

替"mercator","mercator"也是商人的意思,但是当时这个词还没有取得人们的认可,还不被认为是高级的词。于是,方济各一方面成了传福音的商人(*negotiator evangelicus*)[1],另一方面成了基督的战士(*miles Christi*)[2]、尘世阵营中最有力的战士(*miles fortissimus in castris hujus saeculi*)[3]、上帝的阵营中最娴熟的战士(*doctissimus miles in castris Dei*)[4]。那些追求诗意风格的作者最喜欢用这套军事的、带有骑士色彩的词汇来形容方济各,这些作者都不是方济各会成员,而这套词汇并不适合方济各本身的情况。阿夫朗什的亨利用"将领"(*dux*)一词形容方济各[5],斯派尔的朱利安[6]和圣波那文图拉[7]也用这个词形容方济各。而

---

[1] "他成了传福音的商人。"(*Evangelicus negociator efficitur.*)(Julien de Spire, I, 3, p. 337.)

[2] I Cel., 8, p. II. 这是圣保罗的说法:II Tim., I, 3. 塞拉诺的托马斯使用这个传统的形象强调方济各的原创性:"基督的新战士"(*novus* Christi miles)。请比对:Hilarin Felder, *Der Christusritter aus Assisi*, Zürich et Altstetten, B. Götschmann, 1941。

[3] I Cel., 93, p. 71.

[4] *Ibid.*, 103, p. 80.

[5] "他既是大人物的明镜,又是小兄弟们的将领,/因为尘世间的小的在天堂中会变成大的。"(*Sic igitur speculum maiorum, duxque Minorum, / Quo minor in terris est maior in ethere.*)(*Legenda versificata*, XIV, 82-83, p. 488.)而这句话的来源可能是塞拉诺的托马斯在叙述方济各的死亡时引用的句子:"*ipse pater et dux erat*"(I, 110, p. 86.),这句话借用了《新约》:"*ipse dux erat*"(Act., XIV, 11)。

[6] "兄弟们在一个如此伟大的将领的带领下各自战斗。"(*Fratres, sub tanto duce personaliter militantes.*)(23, p. 346.)

[7] "而他自己仿佛基督的军队的优秀将领。"(*Et ipse tanquam bonus dux exercitus Christi.*)(*Legenda maior*, V, 10, p. 577, et XIII, 10, p. 620.)

他们之所以用这个词与教宗格列高利九世有关，在为纪念"贫穷的人"（Poverello）方济各而作的续唱作品《龙头》（Séquence Caput draconis）中，方济各被形容为"杰出的君主"（princeps inclytus），从此以后方济各的形象发生了变化，而这种变化与教宗格列高利九世有关[1]。

——老师（magistri）和博学者（doctores）的情况模棱两可：圣方济各与大学成员。倘若研究圣方济各对知识和学者的态度，尤其是小兄弟们与大学之间的关系，我们可能会离题太远。此外，应该重新释读文本，这个过程并不容易，尤其要谨慎地判断方济各写给帕杜瓦的圣安东尼的信是否是真的。

从表面上看，方济各对学者抱有怀疑的态度，因为他认为知识是一种占有、所有的形式，而博学者是有权者中尤为可怕的一种；但是他总体上是尊重教士的，因此他也尊重那些有知识的教士成员。而且，在方济各眼中神学是关于《圣经》的学问，不过他还是认为学者不是在《圣经》（尤其是福音书，福音书更好读）和信徒之间必不可少的中间人，有他和兄弟们这样的讲道的人就足够了。在方济各的遗嘱中，他对此进行了具体的说明："我们

---

[1] 受到《诗篇》第73章第12节"你曾砸碎龙头"（Tu confregisti capita draconis）的启发（译者按：见中文版《圣经》和合本《诗篇》第74章第14节，译为"你曾砸碎鳄鱼的头"），赞歌所使用的词汇及其思想都十分军事化、带有骑士色彩（第401页）。关于 dux 的主题，圣萨班（Sainte-Sabine）主教卡普阿的托马斯（Thomas de Capoue）曾为了纪念方济各谱写了一首晚祷用的《赞歌》，斯派尔的朱利安将其编入自己的作品《韵文日课》中（第386页）。

## 第三章

应该赞美和尊敬所有神学家以及那些为最神圣的话语服务的人。"[1] 塞拉诺的托马斯认为方济各尊重教士大概是有道理的,然而他却夸大了方济各对了解神的规矩的博学者(*divinae legis doctores*)的尊重[2]。方济各对于兄弟们去大学学习,乃至在大学掌持教职的态度是有所保留的。不论日后托马斯·阿奎那和波那文图拉做出何种解释,去大学学习或教书与追求清贫的生活状态是不兼容的,因为去大学学习或教书意味着要拥有昂贵的书籍,那时人们还不认为书籍是一种职业工具[3],而且去大学学习或教书意味着很难通过体力劳动赚取生活所需的费用,也很难通过乞讨得到足够的生活资料。塞拉诺的托马斯也明确地同意上述第二个理由[4]。

---

1 "*Omnes theologos et qui ministrant sanctissima verba divina debemus honorare et venerari.*"(*Testamentum*, 3.)这句话是塞拉诺的托马斯引用的(II, 163, p. 224),他拿这句话跟写给帕比杜瓦的圣安东尼的信进行比较。

2 "对方济各而言,尊重博学者的主要原因是他们以基督助手的身份与基督一同完成了他们的祭礼。"(*Et haec penes eum causa potissima venerandi doctores, quod Christi adiutores unum cum Christo exsequerentur officium.*)(II, 172, p. 230.)"他尤为赞美神父,而且他深情地崇敬神学家。"(*Honorabat praecipue sacerdotes et divinae legis doctores miro venerabatur affectu.*)(*Legenda chori*, 6, p. 121.)

3 日后,在1241—1242年间,方济各会的四位教师在评论规章时,十分明智地提出了书籍具有职业工具性质的观点(*Expositio Quatuor Magistrorum super Regulam Fratrum Minorum*, dir. P. Livarius Oliger, Rome, 1950)。

4 "他看到很多人急着去当老师,追求老师那种可以指挥他人的权力,他很讨厌老师鲁莽行事的作风,而且劝说人们以他为榜样,远离这些有害的人。"(*Videbat enim multos ad magisterii regimina convolare, quorum temeritatem detestans, ab huiusmodi peste sui exemplo revocare studebat eos.*)(I Cel., 104, p. 80.)对于圣方济各接纳

(转下页注)

托钵修会传教的总体条件产生了变化，尤其是方济各会的小兄弟们的总体条件发生了变化，这导致修会成员很快开始经常出入大学，开始尊敬老师和博学者。而且，从塞拉诺的托马斯一直到后来的圣波那文图拉，传记作者们肯定也在很大程度上扭曲了方济各对从事与知识有关的工作的人的看法，圣波那文图拉这样做有个人的原因，也有整体的考虑。在圣波那文图拉所写的传记

---

（接上页注）

有文化的人（懂拉丁文的人）进入修会的情况，传记作者们以迎合的姿态做了长篇大论，不过同时强调方济各期待他们有如下这种精神状态："他说，当一个伟大的教士进入修会时，他甚至应该放弃知识，以便能够摆脱这份占有，赤裸地将自己投入主的怀抱中。"（ *Dixit aliquando magnum clericum etiam scientiae quodammodo resignare debere, cum veniret ad Ordinem, sub tali expropriatus possessione, nudum se offeret brachiis Crucifixi.* ）( II Cel., 194, p. 241. )"想要达到顶端的人不仅应该放弃尘世的智慧，还应该放弃识字的知识，以便能摆脱这份占有，他便进入主的能力中，赤裸地将自己投入主的怀抱中。"（ *Ad huius, inquit culmen qui cupit attingere, non solum mundanae prudentiae, verum etiam litterarum peritiae renuntiare quodammodo debet, ut, tali expropriatus possessione, introeat in potentiam Domini et nudum se offerat brachiis Crucifixi.* ）( Bonaventure, *Legenda maior*, VII, 2, p. 587. ) 请比对：整章 "*De sancta simplicitate*", *in* II Cel., 189-195, pp. 238-242。塞拉诺的托马斯谈及方济各在法国尤其受到尊敬，方济各受到了路易九世、卡斯蒂利亚的布朗什和一些大人物的尊敬，托马斯补充道："即便尘世间的智者和受过非常好的教育的人物都谦卑地、十分虔诚地尊敬方济各，巴黎比其他地方造就了更多的受教育者，而方济各是一个没文化的人，他的身上体现着真正的单纯和完全的直率。"（ *Etiam sapientes orbis et litteratissimi viri, quorum copiam super omnem terram Parisius maximam ex more producit, Franciscum virum idiotam et verae simplicitatis totiusque sinceritatis amicum, humiliter et devotissime venerantur, admirantur et colunt.* ）( I, 120, p. 95. )

# 第三章

中，圣方济各眼中的基督的形象变了，基督的形象首先是一位教师（Magister）[1]。

——清贫与地位高的社会阶层之间异乎寻常的联合。把圣方济各所说的一些话放在他所处的时代的社会背景和心态背景中来看，可能让人感到震惊。根据他的说法，一方面，清贫成了一位高贵的贵妇人；另一方面，一些穷人居然来自地位高的社会阶层。

一方面，方济各赋予守贫至高的精神价值，清贫是一位夫人，一位贵妇人：她是清贫女士（Domina Paupertas）[2]，是至高的清贫（Paupertas Altissima）[3]。方济各这样形容清贫，背后一定有着复杂的心理机制，需要谨慎地分析。首先，皈信后的方济各依然热爱他年轻时喜爱的宫廷诗歌；他是上帝的吟游诗人，尤其是清贫女士的爱人，根据圣波那文图拉的说法，清贫女士对方济各

---

[1] "他说，上帝之子从其父的高处降下，到我们这可鄙之处来，是为了让作为老师的主能够用言、用行来教导我们。正因如此他作为基督的学生如此努力地让自己变小，在他自己眼中、在他人眼中都变小，回想起至高的老师曾说过：对人而言很高的东西在上帝看来是可憎的。"（Dicebat, propter hoc Filium Dei de altitudine sinus paterni ad nostra despicabilia descendisse, ut tam exemplo quam verbo Dominus et Magister humilitatem doceret. Propter quod studebat tanquam Christi discipulus in oculis suis et aliorum vilescere a summo dictum esse Magistro commenorans : Quod altum est apud homines, abominatio est apud Deum.）（Luc, XVI, 15.）（Bonaventure, Legenda maior, VI, 1, 582.）这种把不同的主题联结在一起的做法很能体现圣波那文图拉的巧妙，他调停了修会内的不同倾向。

[2] II Cel., 82-84, pp. 180-181.

[3] II Regula, VI. 这也是借自圣保罗的说法（II Cor., VIII, 2）。

而言既如同母亲,又如同妻子,既如同贵妇人,又如同情人[1]。此外,他认为自己如此像他的贵妇人,以至于他变成了她。有一天,方济各被三个贫穷的女人(民间传说对此有所记载)当成了一位妇人,这三个女人向他打招呼的时候叫他"清贫女士"。然而,他想要让人们相信清贫的神秘力量,他给清贫冠以他所处时代的社会模式与文化模式中的至高形象:贵妇人——就连圣母马利亚也是以贵妇人的形象出现的。方济各颠覆了社会的意识形态,进行了一场社会精神改革,他发动的运动依然带有福音书的色彩,他将贫穷的人的地位提升到了最高的位置,而社会是将穷人置于末位的。

最后,我们要讨论一下塞拉诺的托马斯和圣波那文图拉两人带着讨好的语气讲述的一个事件[2]。圣方济各曾遇到一位贫穷的骑士(*miles pauper*),他把自己的衣服送给了骑士。在圣徒传记的谱系中,这件事的意义很明确。但是塞拉诺的托马斯并没有因此就不提这件事的意义,讲这个情节是为了对比圣方济各和圣马丁,并且认为圣方济各更胜一筹,因为圣马丁只把衣服的一半给了别人,而圣方济各给出了一整件衣服。不过,如果只从方济各会的角度来看,这是为了强调方济各会作为一个具体的社会类型

---

[1] "他真心地爱着清贫,她如同一位母亲,如同一位妻子,又如同一位情人。"(*Verus paupertatis amator, quam modo matrem, modo sponsam, modo dominam.*)(*Legenda maior*, VI, 2, p. 586.)

[2] II Cel., 5, p. 133; Bonaventure, *Legenda maior*, I, 3, p. 561; *Legenda minor*, I, 3, p. 656.

# 第三章

超越了世俗的分层,是为了强调方济各会作为一个社会群体把贫穷和高贵联结在了一起,这种联结是通过一个引人议论的事件完成的,而这个过程是荣耀的,这个过程体现了方济各会的思想。我们从中可以看出,方济各会是一个社会意义上的乌托邦。

## 尝试进行解释

我们在上文其实已经提到了一些解释和诠释的模式,因为很难只列出简单的清单或者只进行单纯的描述。从现在开始,我们要对上文已经介绍过的语义学材料进行更系统的分析。

### 这套词汇的情况:与中世纪的思想模式相比

我们已经在《秩序与阶级》(*Ordres et classes*)中列出了一份问卷,名为"关于中世纪社会阶层与各自的词汇的问卷",如果我们用这套问卷的思路来看方济各本人和他的早期传记作者所使用的词汇,我们可以发现:

**封闭的定性模式**实际上并没有出现:三元模式中本来有祈祷者、战斗者和劳动者,但是方济各只使用了祈祷者和劳动者这两个概念,没有使用过战斗者的概念。在塞拉诺的托马斯的笔下曾出现过一次"所有等级、所有年代、所有性别"的说法,这种三分法不常见,也不能由此归纳出一种具体的思想。

"亚里士多德型"的定量模式表现得更明显,但并不严谨,要么是被拆解成了好几种组合，要么是脱离了惯常的模式。比如，有文化的人－没文化的人（懂拉丁文的人－不懂拉丁文的人）（*litterati-illiterati*）这组对应关系就被拆分成了若干组对应关系，对应关系的一边是有知者、有智慧者、有一技之长的人和教士（*prudens*、*sapiens*、*peritus*、*clericus*），另一边则是头脑简单的人、无知者、农夫和无用之人（*simplex*、*idiota*、*rusticus*、*inutilis*）。与穷人（*pauper*）相对的是有权者（*potens*）和富人（*dives*）。不言自明，与地位低者（*minores*）相对的是地位高者（*maiores*），但实际上又没有提到这些地位高者。方济各和他的传记作者强调的并非对立的、互补的组合关系，而是提出了一些由对等的存在构成的对应关系，这揭示出了一些令人感觉意想不到的社会联系。组成对应关系的双方未必是相斥的，也就是说未必总是由两个对立的存在组成的相对关系。这样看来，与穷人和没文化的人（*pauperes et illiterati*）相对的是富人和有智慧的人（*divites et sapientes*, II Cel., 193, p. 241），除了这组对应关系，还有如下的说法：无知者与从属者（*idiotae et subditi*, *Testamentum*, 4）、更有智慧者与更有权者（*sapientiores et potentiores*, *Epistola ad populorum rectores*）、仆人与从属者（*servi et subditi*, *Epistola ad fideles*, 9），以及更高贵者和更有权者（*nobilior et potentior*, François ap. Bonaventure, *Leg. maior*, XI, 8, p. 608）。这些词不需要与之对应的另一方，它们本身就很说明问题。

**开放的定性列表**体现得最明显，经过修正以后，开放的定性列表有了覆盖社会全体的倾向。不过,定量的方法主观性强,更神秘,数学性较差,因为至少有一处(I Regula, XXIII)出现了把一些人重复算了好几遍的情况,由于划分标准不同,划分出了不同的组,导致一些人同时出现在不同的组里。

事实上,方济各的模式呈现出的社会类型是一个碎片化的社会,若干种不同的结构都在这个社会中留下了一部分残余。在讨论的过程中,我试图让实际的组合元素从不同的结构中显现出来,试图让惯常的组合从言语中显现出来。通过列出开放的定性列表,我预计这个社会可能呈现出更为碎片化的样貌。不过人们倾向于把这些碎片汇集到一起。

我们首先要给方济各的词汇定位,分析方济各会的词汇与中世纪其他词汇的关系,然后再提出问题:"我们可能做出何种重构呢?"

## 这套词汇的情况:与中世纪的几套重要的描述社会实际情况的词汇相比

### 与"封建"词汇相比

我们确实能看到诸如领主/主人(*dominus*)、农奴/仆人(*servus*)和骑士/战士(*miles*)之类的词,不过从者(*homo*)、家臣(*vassallus*)、陪臣(*vavassor*)和自由人(*liber*)之类的词却从来没有出现过。而领主、农奴和骑士之类的词之所以出现,是因为这些词很久以前就出现了,从语义学的角度来看这些词有着很长的历史,这些词在《圣经》中出现,日后的用法得以确立。而"封建"词汇不是很明显,很大程度上在于意大利的封建制度较为松散,这是肯定的。这导致"封建"词汇对方济各会使用的词汇的影响很弱。

与"政治"词汇相比

我们可以发现方济各很少使用带有君主制色彩的词,比如皇帝(*imperator*)、王(*rex*)、女王(*regina*)、君主(*principes*)和豪族(*magnati*)等。"与城市自治体有关"的词汇〔如:司法行政长官(*potestas*)、市民(*civis*)和平民(*homo popularis*)等〕也很少出现。圣方济各对政治的态度是悲观的,这种态度已经显露出来了,因此他远离了政治类型的语言框架。

与"宗教"词汇相比

不论是从定性的角度来看,还是从定量的角度来看,这套词汇中占比最多的应属宗教词汇。从最基本的对"教士-平信徒"的区分、礼拜仪式的术语到对性别和年龄的考虑,这些都参考、借用了教会的话语。方济各是一场宗教运动、一场天主教运动的发起者,那么他参考、借用教会的话语也不足为奇。然而方济各依然不信任那些有文化的人,这导致他与学者的思想模式保持着距离。他想把他的修会和信徒们从教会手中解放出来,而且还要把他们从教士至上的做法中解放出来。方济各使用宗教词汇,但

第三章

是这套词汇明显是不够用的,他还一直使用非宗教的词汇,这表明方济各思想的社会词汇脱离了宗教的模型,至少是脱离了教会的模型。

其他影响

在尝试得出结论之前,我们还应该注意到方济各思想的社会词汇中有一些关键词借用了两类词汇,或者说跟这两类词汇一样,其中一类是通行的法律术语,另一类是与正在形成的职业相关的术语。

方济各借用的法律术语主要是《圣经》中的,12—13世纪的法学家在写作中使用这些词,同时这些词也是通行的词汇。而"从属者"(*subditi*)这个词很可能是中世纪的政治方面、法律方面的思想和词汇从圣保罗那里借用的〔见《圣经·提多书》第3章第1句:"你要提醒众人,叫他们顺服做官的、掌权的。"(*Admone illos principibus et potestatibus* subditos *esse.*)〕[1],这个词与服从的道德观念和思想有关,经历了漫长而持久的中世纪传统,这个词在圣方济各笔下重放光彩[2]。

---

[1] 请比对:Walter Ullmann, *The Individual and Society in the Middle Ages*, Baltimore, Johns Hopkins Press, 1966, p. 10 *sq*.; Colin Morris, *The Discovery of the Individual (1050-1200)*, Cambridge (Mass.), Medieval academy of America, "Medieval academy reprints for teaching nº 19", 1987。

[2] *Ibid.*, pp. 12-13.

阿西西的圣方济各

有一篇文本能让我们更好地理解方济各的词汇中的一组重要的对应关系，即"从属者"(*subditi*)和"小兄弟"(*minores*)之间的关系。1230年左右，吉多·法巴在一部法令汇编集中写道："大人物，不论是教士还是平信徒，不论是教会的高级神职人员还是世俗领主，他们用书面形式向从属者或是地位低者发布通知。"(*Si majores, clerici vel laici, prelati ecclesiastici vel domini saeculares, subditis vel minoribus scripserint*) 他把这一章命名为"有关从属者和地位低者的诸原则"(*Principia de subditis et minoribus*)[1]。

几乎在同一时期还有两部法令汇编集也给地位低者下了定义，其中一部是鲁道夫的《文体全集》(*Summa dictaminum*)，另一部是鲍姆加滕贝格的《书式集》(*Formulaire*)："商人、普通市民、从事（体力劳动的）机械手艺的人和所有没有头衔的人。"(*mercatores, cives simplices, et artis mechanicae professores et omnes consimiles carentes dignitatibus*)[2] 这正是方济各使用的词汇、方济各的氛围和方济各所处的社会环境。

另一方面，在方济各写"致人民的统治者"(*ad populorum rectores*)这封信时，他用"*custos*"一词形容方济各会的修道院院长，而当时正在逐步成型的行会正是用"*rectores*"或"*custodes*"这样的词来形容他们的领袖的，比如1227年图卢兹的

---

[1] 详见：Ludwig Rockinger, *Briefsteller und Formelbücher des 11. bis 14. Jahrhunderts*, Munich, 1863, p. 186。转引自：Walter Ullmann, *op. cit.*。

[2] Ludwig Rockinger, *op. cit.*, pp. 361 *sq.* et 727. 转引自：Walter Ullmann, *op. cit.*。

行会就用了这个词[1]。方济各非常喜欢用"*minister*"一词形容自己和他的兄弟们,而这个词在行业中指的则是学徒,行业中的学徒也被称为"*discipuli*"或者"*laboratores*"(或"*laborantes*")。当时人们更多是用"*ministeria*"这个词指代有组织的职业,而不是用"*artes*"这个词。再之后在意大利人们开始广泛使用"*artes*"这个词,*artes*与*ministeria*的语义学来源是不同的[2]。

把身为方济各会成员的作者放在一边,看看其他作者的用词便可以发现身为方济各会成员的作者所使用的词汇没有明显地体现出来的联系,即这套词汇与当时广泛使用的法律-宗教词汇之间有联系,与职业界所使用的与职业和行会有关的词汇也有联系。

现在我们可以试着通过方济各会的社会词汇来了解方济各会思想的目的是什么,因为这套词汇描述了这个社会的情况,而方济各会的思想正是要影响这个社会,表达一套思想所使用的词汇是改变社会的工具。

---

[1] 关于1193年在佛罗伦萨被提及的"七个行业的统治者"(*septem rectores super capitibus artium*),请比对:Alfredo Doren, *Le arti fiorentine*, trad. ital. de G. B. Klein, Florence, Le Monnier, 1940, I, p. 6。关于图卢兹的"*custodes*"(守护者),请比对:Mary Ambrose Mulholland, *Early Gild Records of Toulouse*, New York, Columbia University Press, 1941; *id.*, "Statutes on Clothmaking. Toulouse, 1227", in *Essays in Medieval Life and Thought presented in Honor of Austin Patterson Evans*, publié par John H. Mundy, Richard W. Emery et Benjamin N. Nelson, Biblo and Tannen, New York, 1955, pp. 167 sq.; André Gouron, *La Réglementation des métiers en Languedoc au Moyen Âge*, Genève, E. Droz et Paris, Minard, 1958, pp. 204-205。

[2] 关于*minister* = apprenti,请比对:Christiane Klapisch-Zuber, *Les Maîtres du marbre, Carrare, 1300-1600*, Paris, S.E.V.P.E.N., 1969。

## 这套词汇的情况：与方济各会的视野和目标相比[1]
### 从对抗出发

方济各尽力不提那些已经固定下来的对立关系，不过我们可以清楚地看出方济各对社会的看法的出发点是建立在不平等基础上的二元对立。与穷人（*pauper*）、贫乏者（*egenus*）和无知者（*idiota*）相对应的是富人（*dives*）、有权者（*potens*）和有智慧的人（*sapiens*），然而这种对立的关系并不重要，最重要的是：这两组人之间存在一条鸿沟，在每一个组里这些人的标签是可以互换的，因为这些词说的其实是同一拨人。贫穷、匮乏和无知是出现在同一拨人身上的，而在鸿沟的另一边，人们同时拥有财富、权力和知识。

方济各的社会词汇只是展现出了这两部分人之间的对立，方济各年轻时在阿西西经历过这样的对立，他在日后四处行走的过程中也目睹了这样的对立，这些经历是他理解社会活动和社会结

---

[1] 我们不太可能在此列出有关方济各会思想与他所处时代的社会之间关系的所有著作。路易吉·萨尔瓦托雷利很好地提出了问题：Luigi Salvatorelli, "Movimento francescano e gioachimismo. La storiografia francescana contemporanea", *X Congresso internazionale di scienze storiche, Relazioni, III (Storia del Medioevo)*, Florence, G. C. Sansoni, 1955, pp. 403-448。威利博德-克里斯蒂安·范迪克神父对此做出了很好的概述：P. Willibrord-Christian Van Dijk, "Signification sociale du franciscanisme naissant", *Études franciscaines*, tome XV, nº 35, Paris, 1965, pp. 1-12。尽管该书没有从社会学的角度做出具体的分析，还是请参考：Kajetan Esser, *Anfänge und ursprüngliche Zielsetzungen des Ordens der Minderbrüder*, Leyde, Brill, 1966。

## 第三章

构的重要支撑。

方济各对骑士文化的喜爱是否也影响了他对对立的理解呢？方济各在描述社会的时候将其分为两部分，这两个阵营之间要进行阶级斗争，而他要让这个社会中的人皈信，要改变这个社会。根据塞拉诺的托马斯的记载（II Cel., 37, p. 153），方济各在佩鲁贾目睹了这般场景：民众向骑士发怒，贵族将剑指向平民（*saeviunt in milites populares, et verso gladio nobiles in plebeios*）。在这句话里我们可以看到一对政治和社会领域内的基础二元对立关系，即骑士与民众（*milites-populares*）、贵族与平民（*nobiles-plebei*）的对立。这种对立的关系是对称的，我们没有必要去找谁是施加攻击的人，谁又是被攻击的一方，不过我们应该注意到武力引入了一种对上层阶级有利的不平等和不平衡，而武力在这里的具体体现就是剑。

### 为平均而战

方济各的目标是用一个建立在家庭关系基础上的社会来取代对立，在这个社会里唯一的不平等在于年龄和性别。年龄和性别上的不同是自然的，因而是神圣的。因此，方济各对那些在社会上玩弄手段进而凌驾于他人之上的人持怀疑和反感的态度。方济各的敌人是那些名称里的前缀有高人一等的意思的人，如：大的〔*magis-*，比如有权者（*magnus*）、大师（*magister*）和豪族（*magnatus*）〕；

优先的〔prae-，比如高级神职人员（praelatus）、修道院院长（prior）〕；高的（super-），高位者（superior）[1]。他认为应该赞颂那些在社会中被贬低的人，这是一种对他们的补偿，比如地位低者（minores）和从属者（subditi）。

方济各认为社会中的恶尤其在于权力。对滥用无度者的最佳定义即是权力（potens）。这种权力建立在不同的基础之上，应该破坏这些基础，至少要让这些基础失去作用。

这些基础中的第一项便是出身。这似乎是方济各憎恶程度最低的一项，或许因为出身是先天的，带有一定的自然性质，从某种程度来讲，出身是由上帝决定的。

其余的两种基础是最令人憎恨的，因为这两种基础是后天获得的，需要付出努力才能得到，需要有一颗想得到的心才能得到，这两种基础就是财富和知识。向上的社会流动是最严重的社会之恶，而实现向上的社会流动的两块跳板就是金钱和文化。应该远离金钱和文化，有够生活用的钱就够了，有够得到救赎的文化水平就够了，能够得到救赎的文化水平主要指的是能理解《圣经》。

方济各所向往的社会理想是平均化的状态，在最低微的程度上实现尽量广泛的平等，方济各意识到了不可能在全社会范围内实现平等，但是他想在自己的"兄弟会"里实现平等。方济各在

---

[1] 想要理解方济各会思想所处的更广阔的框架，请看：Rudolf Eberstadt, *Magisterium et Fraternitas*, Leipzig, Duncker und Humblot, 1897。

# 第三章

这方面的想法与传统的修道制度一脉相承，传统的修道制度总是通过不同的模式，把一个修道院或是一个修会的修道团体理解成一个社会的模型[1]。为了真正实现自己的目标，方济各希望他提出的模式可以超越教、俗二元对立的划分。方济各同时接收教士和平信徒加入修会，他希望能借此创造一种原创的社会、原创的典范，这种典范既不是完全世俗的，更不是完全带有教会性质的。但当时人们不允许方济各这样做。

圣方济各一直强调这种均一性（*uniformitas*），当教会要求他必须成立修会的时候，他更是强调均一性，他想用均一性来抵消这种压力。方济各的传记作者如实记载了他的想法。

塞拉诺的托马斯强调这种"爱的联结"（*societas caritatis*），方济各想要借助均一性在兄弟们之间创建"爱的联结"，而这种均一性能够消除地位高者与地位低者之间的差异以及有文化的人（懂拉丁文的人）与没文化的人（不懂拉丁文的人）之间的差异[2]。《慕尼黑传奇》的作者叙述了方济各想要通过词汇抹去、减轻修会内的职责和地位的不平等，方济各不用"修道院总院长"

---

1 请比对：Lewis Mumford, *La Cité à travers l'histoire*, Paris, Le Seuil, 1964, p. 312 *sq.*。
2 "为了让兄弟们之间爱的联结可以更强大，方济各希望整个修会通过均一性团结起来，通过同样的行为和同样的生活方式将地位高者与地位低者、有文化者与没文化者联系在一起，大家就像生活在一个家庭的房子里一样。"（*Ut maior esset inter fratres caritatis societas, voluit totum Ordinem suum esse uniformitate concordem ubi maiores minoribus, litterati illiteratis simili habitu et vitae observantia unirentur ut quasi unius domu familia.*）（II Cel., 191, p. 240.）

（abbé）、"修道院总长"（prévot）和"修道院院长"（prieur）这些词，而是用"仆人"（ministre）和"守护者"（custode）这两个词。[1]

最后，圣波那文图拉强调方济各曾向格列高利九世表明态度，不同意提拔兄弟们担任教会的高级职位（dignitates praelationes），因为他们应该一直保持一种能履行自己的使命（vocatio，这个词表现出了词汇与理想所追求的一致性）的状态（status，这个词是否具有社会术语的价值呢？方济各不经常用这个词）[2]。

如何在修会内和修会外实现这种均一性呢？如何让这种"没有阶级的社会"变成现实呢？

即便说方济各想要让他的兄弟们投身政治斗争，他也只是希

---

[1] "方济各具有谦卑的品质，因此他不愿意在修会规章中用表示高位的词来形容修会的领导者，比如'修道院长院长'、'修道院总长'或'修道院院长'这样的词，而是用'仆人'和'守护者'这两个词，想让人们明白修会的领导者与其说是兄弟们的主人，不如说他们是兄弟们的仆人。"（*Propter humilitatis quoque virtutem noluit rectores Ordinis nominibus dignitatum in Regula appellare abbates, praepositos vel priores, sed ministros et custodes, ut per hoc intelligant, se fratrum suorum potius servitores esse quam dominos.*）（*Legenda Monacencis*, p. 709.）

[2] "当奥斯提亚的主教问方济各……他是否希望他的兄弟们被提拔至教会内的高级职位，他回答说：'主教，我希望我的兄弟们被称作小兄弟，是希望他们不要想着变成大人物。如果您想让他们在教会内发挥更大的作用，让他们继续保持履行自己使命的地位吧，不要允许他们担任教会的高级神职。'"（*Cum autem requiret ab eo dominus Ostiensis... utrum sibi placeret quod fratres sui promoverentur ad ecclesiasticas dignitates, respondit: "Domine, Minores ideo vocati sunt fratres mei ut maiores fieri non presumant. Si vultis ut fructum faciant in Ecclesia Dei tenete illos et conservate in statu vocationis eorum, et ad praelationes ecclesiasticas nullatenus ascendere permittatis."*）（*Legenda maior*, VI, 5, p. 584.）请比对：II Cel., 148, p. 216。

第三章

望兄弟们发挥平息争端的作用[1]。尽管方济各有时提出一些颠覆性的口号，而且口号还依据《圣经》的权威（比如"我不想当小偷"[2]，那句著名的"拥有财产即是盗窃"即受此句启发），事实上，他从未想过要动用武力或政治权力，我们可以看到，对方济各而言这是一种极其可疑的权力形式。

因为方济各蔑视不平等和等级秩序，他首先在自己的修会中宣扬服从的态度。服从为顺从奠定了基础，服从是自愿处于从属状态（*subditus*）的证明，服从也是自愿处于从属状态的理想。

这种服从，从它对方济各所处的社会的影响来看，我们现在可能会称之为非暴力吧。这种自愿的服从具有颠覆性、争议性和革命性，方济各和他的兄弟们正是希望通过自愿的服从这些特质来改变社会。但服从不应该是盲目服从，因为有的服从是不好

---

[1] 在圣方济各的思想和他的传教过程中，和平的概念都非常重要。"当他们进入一座房屋时，他们首先说：'愿此屋有和平。'"（*In quacumque domum intraverint, primum dicant: Pax huic domui.*）(II *Regula*, III）。"主向我昭示了这种救赎，是希望我们会说：'愿主给予你和平。'"（*Salutationem mihi Dominus revelavit, ut dice-remus: Dominus det tibi pacem*）（*Testamentum*, 6.）我们还应该想到主张和平的圣路易，他深受方济各会思想的影响。关于最初的方济各会修士及其政策，请比对：André Vauchez, "Une campagne de pacification en Lombardie autour de 1233. L'action politique des ordres mendiants d'après la réforme des statuts communaux et les accords de paix", *Mélanges d'archéologie et d'histoire*, tome 73, n° 2, 1966, pp. 503-549。

[2] "圣路易对他说：'我不想当小偷，如果我们不把多余的财富给穷人，人们就会称我们是小偷。'"（*Cui sanctus: Ego fur esse nolo ; pro furto nobis imputaretur, si non daremus magis egenti.*）请比对 II *Regula*, IX："施济是我们欠穷人的遗产和正义。"（*Elemosina est hereditas et institia, que debetur pauperibus.*）

的，如果不思考自己接受的内容的价值观就自动开始服从，这就是不好的服从。方济各在自己的修会内部，或者说尤其是在自己的修会内部都会提醒兄弟们要避免这种错误的服从，这种错误的服从可能滋生罪行和原罪[1]。方济各赞扬"真正的、神圣的服从"（vera et sancta obedientia）。不过人们要求方济各修改规章，在修改过的规章中这项建议被大大弱化了。然而，方济各只是将决疑论应用到了修会的纪律上。决疑论在方济各所生活的时代逐渐完善，发展出了一些概念和做法，到那时为止这些概念和做法其本身或是受到批评，或是受到表扬。人们试图在这些概念和做法内部定义出一个合法的领域和一个非法的领域，定义出一个公正的部分和一个不公正的部分，比如说人们就曾经用这样的方法分析战争、利益、游戏、闲暇、劳动等等。

新社会秩序的基础

这种倡导均一的理想，不论人们想要实现它需要付出多少努力，不论它有多少能消除不公正的积极意义，这个理想整体上还是消极的。而且方济各倾向于只在兄弟们之间实现这种理想，那

---

[1] "如果一位院长要求一位兄弟去做违反我们的生活方式或违背我们灵魂的事，这位兄弟不需要服从他，因为当出现罪行或原罪时，没有不服从这一说。"（Si quis autem ministrorum alicui fratrum aliquid contra vitam nostram vel contra animam suam preciperet, frater non teneatur ei obedire, quia illa obedientia non est, in qua delictum vel peccatum committitur.）( I Regula, V. )

# 第三章

么他认为社会应该遵守何种新的秩序呢？

很难从方济各的思想中把这种新秩序的内容梳理出来，方济各很可能就像很多改革者和革命者一样，他更清楚应该消除何种恶，却不那么清楚该建立何种善。塞拉诺的托马斯记载了方济各的一番话（II Cel., 146, p. 214），我们可以认为这是方济各的心里话："方济各说：'我们是被派来帮助教士的，要让他们的灵魂获得救赎，是为了弥补他们的不足。每个人所获得的薪水数额不应当依据其权威大小，而应当依据其劳动多少。'"（*Dicebat autem: In adjutorium clericorum missi sumus ad salutem animarum promovendam, ut quod minus invenitur in illis, suppleatur in nobis. Recipiet unusquisque mercedem non secundum auctoritatem, sed secundum laborem.*）方济各在此重提圣保罗的观点。不过他扭曲了或者说是补充了《哥林多前书》第3章第8节的文本，他用建立在劳动和**功劳**的基础上的秩序取代了建立在阶位高低的基础上的秩序。那么到底应该如何翻译"*labor*"这个词呢？

如果我们要讨论方济各和与他同时代的人对劳动的理解的话，我们可能会偏离主题。在这里，我们只能得出如下结论，即当时发生了一场变化，*labor*一词的道德色彩渐渐退化（劳苦），主要的词义变成了社会职业领域中、社会经济领域中使用的词义。但是面对这样一种词义的变化，方济各似乎没有做出清晰的选择。词汇的变形有力地解释了这种无力的状况，而这种无力的

168

状况也反映出了经济结构和社会结构的混乱状态[1]。

词汇是人和社会所使用的工具，而词汇同时也是一个制约人和社会的结构，词汇本身的弹性有限，不是很容易被改变，对人和社会而言，这构成了一种来自下层结构的阻力。

**这套词汇的情况：与历史研究者的问题域相比**

在对方济各会的社会词汇进行分析和描述的时候，其实已经是在进行解释了。历史研究者想了解这套词汇在方济各和与他同时代的人眼中的意思，这个过程与历史研究者所处的状况是息息相关的，历史研究者使用的工具、提出的问题域都会对其产生影响。因此在文章的最后一部分解释一下这一点不仅是合理的，甚至是必需的，至少要简短地解释一下。

重现历史情境

首先应该定义地点和时间。

我们应该注意到：孕育了方济各会的土壤是意大利，传统意义上的封建关系在意大利并不存在，在意大利更早、更明显地形成了一种城市社会模式，这种模式的特征就是两派之间的斗争。

---

1 详见：Kajetan Esser, "Die Handarbeit in der Frühgeschichte des Minderbrüderordens", *Franziskanische Studien*, 40, 1958。

# 第三章

而且，我们还需要注意的一点是：在12、13世纪之交，西方基督教世界发生了一场社会秩序的整体大洗牌，有的地方发生得早，有的地方发生得晚，程度不同，方式不同。这场巨变体现在权力上，一道新的鸿沟出现了，一边是得到了新形式的权力的人，另一边是被排除在新的权力之外的人。我们需要注意一点，在此不展开讲太多，即货币经济的发展既是这场巨变的结果，又是这场巨变的动因，只说货币经济是不足以解释这场巨变的，而且也不能把这场巨变等同为货币经济。金钱不是这场社会变革的核心要素，也不是方济各思想和他活动的社会环境中的主要因素[1]。金钱只不过是新权力的元素之一，就好比贵族身份也是权力的元素之一，贵族身份一直是构成权力的主要元素之一。

在社会阶层再分配的过程中，被贬低的阶层是从属者阶层，也就是隶属于他人的人或服从于他人的人，这些人也被称为穷人，因为与贫穷相对的另一面不仅是财富，还有其他要素。一直以来就是这样的，而我们在这里讨论的是新出现的穷人和一种社

---

[1] 详见：Lothar Hardick, "Pecunia et denarii. Untersuchung zum Geldverbot in den Regeln der Minderbrüder", *Franziskanische Studien*, 40, 1958。关于13世纪意大利的阶级斗争，请比对如下的经典著作：Gaetano Salvemini, *Magnati e popolani in Firenze dal 1280 al 1295*, Florence, tip. G. Carnesecchi, 1899；以及 Gina Fasoli, "La legislazione antimagnatizia nei comuni dell'alta e media Italia", *Rivista di storia del diritto italiano*。关于我在文中引用的方面，请参考：Gina Fasoli, "Gouvernants et gouvernés dans les communes italiennes du XI$^e$ au XIII$^e$ siècle", *Recueils de la Société Jean Bodin*, XXV, 1965, pp. 47-86。

会中新出现的、与众不同的贫穷化现象[1]。三等级模式是教士描述以前的社会时使用的模式，根据这个模式，劳动者代表的要么是整个被贬低的群体，要么是这个群体中的上层，即远离权力的农村经济精英。而在新的系统中，地位低者（personae minores）可以指居于下层的所有人，方济各倾向于使用这个词义，地位低者是从属者和穷人的同义词；此外，地位低者还可以指精英群体，请参考本书第112页注2中提到的列表，这里的精英指的是丧失了头衔和职位的城市精英，而头衔和职位正是权力的标志和权力带来的优势。

---

[1] 关于中世纪的贫困现象，最近的研究中最为重要的是米歇尔·莫拉和他的学生们所做的研究，米歇尔·莫拉写了两篇关于这些研究的阶段性综述："Pauvres et pauvreté à la fin du XII$^e$ siècle", *Revue d'ascétique et de mystique*, Toulouse, 1965, pp. 305-323; "La notion de pauvreté au Moyen Âge: position du problème", *Revue d'histoire de l'Église de France*, 1967（请参考这期杂志的所有文章，尤其是乔治·杜比的文章：Georges Duby, "Les pauvres des campagnes dans l'Occident médiéval jusqu'au XIII$^e$ siècle"）。然后，还可以参考：Michel Mollat, *Les Pauvres au Moyen Âge*, Bruxelles, Éditions Complexe, 1984。图德蒂纳学院（Academia Tudertina）1967年在托迪召开的研讨会的主题是12世纪的贫困现象。围绕我们讨论的时代的研究还有：Ernst Werner, *Pauperes Christi, Studien zu Sozial-Religiösen Bewegungen im Zeitalter des Reformpapsttums*, Leipzig, Koehler & Amelang, 1956; František Graus, "Au bas Moyen Âge: pauvres des villes et pauvres des campagnes", *Annales. E.S.C.*, 1961, pp. 1053-1065。对我们讨论的问题尤为重要的是这篇文章：Karl Bosl, "Potens und Pauper", *Festschrift für O. Brunner*, Göttingen, pp. 60-87。这篇文章之后被收录于：*Frühformen der Gesellschaft im mittelalterlichen Europa*, Munich; Vienne, Oldenbourg, 1964。

## 第三章

**选择参照系**

要根据何种社会学模式、何种思想模式来定义这个社会呢？

我们不需要讨论复杂系统的细节，那些复杂的系统很少真的在具体社会的历史中以一种纯粹的形式出现。我们可以确定这不是一个种姓社会，也不是一个等级社会，更不是一个阶级社会。我们采取宽泛的标准，在仔细分析方济各关于社会阶层的词汇和这套词汇所指的现实的过程中，我们发现这个社会里既没有神圣的或宗教的分层（比如说种姓或等级），阶级内部也不具备同质性。

当下人文科学的模式中最适合分析这个社会的模式是与贫困有关的模式，这也是方济各思想的历史遗产之一，方济各重视被贬低的阶层，这是他关心的首要问题。而我们在这里提到的"贫困"的一个例子就是奥斯卡·刘易斯（Oscar Lewis）讨论的贫困文化中的那种贫困。

不过，因为存在着各种各样的贫困，我们需要赶紧了解一下、确认一下方济各的社会词汇背后体现的到底是哪种"贫困社会"。

**定义问题**

通过方济各的思想和他使用的词汇，西方中世纪晚期的贫困社会闯入了历史的前台，尽管存在对有权的人和穷人的区分，但是这种区分不是种族隔离式的。奥斯卡·刘易斯研究的美洲的贫困现象中存在着隔绝性的文化，但是中世纪晚期的贫困社会不是这样的，中世纪的贫困社会被卷入了发展和增长的潮流中。

对于方济各和他的同伴们而言，最根本的问题在于如何把这个贫困的社会纳入历史中。我们在此不讨论上文已经做过的社会和语言研究之外的内容。方济各和他的同伴们提出的解决方案是具有宗教性质的、具有灵修性质的：整合、历史与救赎。尽管方济各的思想和基于方济各的思想而产生的规模更大的宗教运动给中世纪晚期的世界留下了深深的烙印，尽管方济各的思想在今天依然是活跃的，影响着西方的文化，但是他的社会改造方案是失败的。

对于历史研究者而言，问题在于要通过方济各思想的目标和失败来发现一种历史发展的模式，这种模式可以解释这个贫困社会的命运走向。

我们可以发现两个整合的过程，这两个整合的过程引导社会实现了整体的发展。

第一个整合的过程是经济方面的。货币经济的发展和财富的积累触及了社会的所有阶层，当然这种触及的程度是不均等的，在出现了新型的贫困以后（工业革命时期的贫困，这种贫困并没有像中世纪晚期的贫困那样给时代打上烙印，正相反，它只给时代带来了消极的影响），导致贫困的社会进入了我们现如今所处的消费社会。

第二个整合的过程是政治、文化方面的。民族单位的形成和民族意识的形成导致被贬低的社会群体无法一直待在一个洞穴

# 第三章

里，而一个正式的基督教的单元有可能会让这些穷人变得封闭起来，它已经失去了物质方面和精神层面的活力了[1]。

早期方济各思想的社会词汇之所以适合用来理解历史，正是因为开放的定性模式在这套词汇中占据了重要的位置。开放的定性模式反映出了贫困社会的状况，很好地定义了贫困社会，并且帮助贫困社会融入了历史的变迁过程。

因此，我们可以认为：这个模式概括了历史，具有解释力，而且从科学的角度来看是有效的。早期方济各思想的社会词汇是具有代表性的，根据西方中世纪社会独有的模式来看，它反映出了从封建制度向资本主义制度转变的过程[2]。

---

1 有一个把民族意识的形成过程（没有政治成果）重新置于整体史研究中的个案研究，请比对：Pierre Vilar, *La Catalogne dans l'Espagne moderne, recherches sur les fondements économiques des structures nationales*, Paris, Flammarion, coll. Science, 1977。关于中世纪以后地中海世界的贫困现象造成的灾难，请比对：Fernand Braudel, *La Méditerranée et le monde méditerranéen à l'époque de Philippe II*, 2e éd. revue et augmentée, Paris, Armand Colin, 1966, II, p. 75 *sq*.；以及 Eric J. Hobsbawm, *Les Primitifs de la révolte dans l'Europe moderne*, trad. fr. par Reginald Laars, Paris, Fayard, 1966。

2 关于阿西西的圣方济各和他所处时代的社会，有两篇很不错的文章：Sophronius Clasen, "Franziskus von Assisi und die soziale Frage", *Wissenschaft und Weisheit*, 15 (1952), pp. 109-121；以及P. Heribert Roggen, "Die Lebensform des heiligen Franziskus von Assisi in ihrem Verhältnis zur feudalen und bürgerlichen Gesellschaft Italiens", *Franziskanische Studien*, XLVI, Malines, St. Franciskus-Uitgeverij, 1964, pp. 1-57 et 287-321。

# 第四章

## 方济各会思想与13世纪的文化模式*

我将列出一个13世纪人们共通的心态和感受力中的模式或是关键概念的清单，试图定义方济各会在世俗社会传教的过程中对这些文化模式的态度。

然而我遇到了两方面的困难。

一方面的困难与文化模式的定义有关。总的来说，这些文化模式是在社会的统治阶层中产生的，即教士和贵族。很难说清楚什么是"大众的"模式，我这里所说的"大众"指的不是农村和城市中的被统治阶层，我说的不是通俗文化，我说的其实是这些阶层中的传统文化模式，是他们独有的文化模式，我们可以称之为"民间文化"。我对那些在整个社会广泛流传的文化模式尤其感兴趣，那些"共通的"文化模式。

在中世纪并不存在现代意义上的文化领域。我在这里说的"文化领域"是更加宽泛的，是从历史人类学的角度考察系统的

---

\* 本文最初发表于："Atti dell'VIII Convegno della Società internazionale di studi francescani", *Francescanismo e vita religiosa dei laici nel' 200 (Assisi, 16-18 ottobre 1980)*, Assise, 1981, pp. 85-128。

关键概念。我尤其对13世纪新出现的价值观和在13世纪确立的价值观感兴趣。我列出了如下的模式：

——与空间概念、时间概念有关的模式：城市、教堂、家、新奇之处、记忆；

——与经济发展有关的模式：金钱与劳动；

——与整体社会或市民社会结构有关的模式：各种身份（*status*）、平信徒、女性、儿童、爱德（慈善行为，不限于施济）；

——与宗教社会结构有关的模式：高级神职、兄弟会；

——与狭义的文化有关的模式：脑力劳动和科学、话语、通俗语言、计算；

——与举止和感受力有关的模式：宫廷典雅风度、美、愉悦、死亡；

——狭义的伦理-宗教模式：悔过、清贫、谦卑、纯洁（身体）、祷告、神圣性；

——有关神圣的传统模式：梦与幻象、奇迹、巫术、驱魔。

对于那些最重要的、同时也是大家最了解的模式，我稍稍带过，不特别强调，即，悔过、清贫和谦卑。

另一方面的困难与对方济各会传道行为的理解有关。方济各会内有不同的主张，这些不同的主张导致传教方式也不同（尤其是属灵派的活动）；方济各会的传教活动随着时间的推移发生了

## 第四章

变化,而且这种变化很早就发生了,甚至是在方济各本人还在世的时候就已经开始了;方济各会的创始人方济各对修会的传教活动的影响很大,这导致一旦研究方济各会的传教活动往往就要同时研究方济各本人,然而方济各会的传教活动的宗旨又跟方济各本人的理想和行为是明显不同的;历史学家在研究方济各会的传教活动的时候,没能仔细地把方济各会和其他的托钵修会区分开来,尤其是没能把方济各会和多明我会区分开。因此,即便说方济各会的原创性在某些方面很明显,归纳出方济各会的原创之处依然不是一件容易的事。而且还要考虑的最后一点是修会坚持的理想和实际的行为之间是有距离的,我们不是要审判方济各会,这不是历史研究者该做的事,而是因为方济各会追求的模式和实际上践行的模式之间的差异导致我们很难解释涉及平信徒的方济各会思想的历史地位。尽管存在上文提到的不合逻辑的地方、矛盾的情况和种种变化,我还是认为13世纪方济各会的价值观在理论方面和在实践方面都具有一致性。简而言之,在托钵修会模式内部存在着一种方济各会独有的向平信徒传教的模式。

在我列出的13世纪文化生活方面(这里说的文化是广义的文化)重要主题的清单中,我将会讨论方济各会对向平信徒传教的态度,方济各会传播一些模式,反对另一些模式,在一些模式中可以看到方济各会的原创性,方济各会还对一些模式进行了细分和改动。

## 与空间概念、时间概念有关的模式

### 城　市

方济各以及早期方济各会修士活动的空间是不固定的，他们在城市和荒僻之地、修道院和隐修地之间往返，一来一回，像呼吸那样。这种做法也符合圣马丁的传统，圣马丁本人作为图尔的主教，他需要牧灵；作为修士，他到马尔穆捷隐修，圣马丁在这两种身份之间摇摆。塞拉诺的托马斯着墨颇多，强调方济各喜欢到无人的地方隐修〔如《第二版传记》第9章："*solitaria loca de publicis petens*"（"远离公共场所，寻求僻静"）〕。

然而，方济各和他的兄弟们选择在城市中传教。目前已经有不少关于方济各会在城市中传教的选择以及关于修会如何在城市中扎根落脚的研究，特别是关于意大利的研究很多。比如说已经有人研究了佛罗伦萨[1]和佩鲁贾[2]的情况。萨林贝内在其著名的编年史中记载了城市中的方济各会修士，尤其是他所在城市帕尔玛的方济各会修士。萨林贝内强调方济各会对小城市尤其感兴趣，而多明我会则致力于在重要的城市中修建大型的修道院[3]。

---

1　Anna Benvenuti Papi, "L'impianto mendicante in Firenze, un problema aperto", in *Les Ordres Mendiants et la ville en Italie centrale (v. 1220-v. 1350)*, Table ronde de l'École française de Rome, Rome, 1977, pp. 595-608.

2　Anna Imelde Galletti, "Insediamento degli ordini mendicanti nella città di Perugia. Prime considerazioni e appunti di ricerca", *ibid.*, pp. 587-594.

3　Ludovico Gatto, "Il sentimento cittadino nella 'Cronica' di Salimbene", in *La coscienza*

（转下页注）

## 第四章

在城市落脚的选择引发了很多讨论，一个被认为是圣波那文图拉所写的文本也讨论了这个现象，这个文本的题目是《有关方济各会修士规章的问题的决议》(*Determinationes quaestionum super Regulam fratrum Minorum*)，其中第五个问题是："为什么兄弟们更经常住在城市和有要塞的居民点？"(*Cur fratres frequentius maneant in civitatibus et oppidis?*)[1] 马修·帕里斯也认为方济各会的特点是居住在城市里[2]。

方济各和他的兄弟们的活动空间还包括城市的网络和连接城市网络的道路。方济各会修士最经常"在路上"(*in via*)。有些修士甚至远赴亚洲，到过中国。史料还提到方济各和他的兄弟们穿过城市和各种地方(*per civitates et loca*)，他们进入城市和居民点(*intrant civitates et villas*)。方济各会要传教，这导致他们要在城市中使用或创造一些新的公共空间，讲道的时候尤其需要公共空间。在城市中可以讲话的新地点往往是*广场*，方济各会要

---

（接上页注）

*cittadina nei comuni italiani del Duecento*, Todi, Accademia Tudertina, 1972, pp. 365-394. 请比对：Cinzio Violante, "Motivi e carattere della Cronica di Salimbene", *Annali della Scuola normale superiore di Pisa*, s. II, 22 (1953)。

1　L. Pellegrini, "L'ordine francescano e la società cittadina in epoca bonaventuriana. Un'analisi del 'Determinationes quaestionum super Regulam Fratrum Minorum'", *Laurentianum*, 15 (1974), pp. 175-177. 请比对：Jacques Le Goff, "Ordres mendiants et urbanisation dans la France médiévale", *Annales. E.S.C.* (1970), pp. 928-931。

2　"Les frères qu'on appelle Mineurs...habitant les villes et les cités" (*Fratres qui dicuntur Minores... habitantes in urbibus et civitatibus*) (*Historia Anglorum*, in *MGH*, SS, XXVIII, 397, ad annum 1207).

179 在古典时期的阿哥拉和公共会场消失了的地方重建露天的公民空间[1]。有时战斗者即"战士们"想要把这种空间据为己有，不让祈祷者使用，这样的事情曾经在佩鲁贾发生过。有时，来听讲道的人太多，不得不在古罗马时期的废墟讲道，比如，有一次帕杜瓦的圣安东尼去利摩日讲道的时候就是这样，听众太多，他在竞技场讲道[2]。

最后，方济各会（多明我会也是如此）在城市中安顿下来，他们对城市周边和城市内部划分出小区域，在分区中安顿下来。在城市周边，方济各会给围绕城市的土地划定界限，即"地区"（custodiae；多明我会也做类似的分区，分区的名字叫"传教区"——praedicationes）。在城市内部，克莱芒四世于1265年11月20日发布了教宗诏书 Quia plerumque，规定了同一座城市里的两个托钵修会应该保持的最短距离，托钵修会的存在重组了城市

---

[1] 比如方济各于1222年在博洛尼亚的广场上布道，"城市里的所有人几乎都聚集"在市政厅前。（Thomas de Spalato, *Historia Salonitarum*, in Leonhard Lemmens, *Testimonia minora saeculi XIII de S. Francisco Assisiensi*, Quaracchi, 1926, p. 10.）

[2] "那时他呼唤利摩日的人们来听他的布道，人群如此庞大，以至于所有的教堂都显得太小了，他叫人们到一个宽敞的地点去，那里以前是不信神的人的宫殿，人们把它称为竞技场。"（*Cum semel Lemovicis populum ad praedicationem convocasset, et tanta esset multitudo populi quod angusta reputaretur quaelibet ecclesia, ad quemdam locum spatiosum, ubi olim fuerant palatia paganorum, qui locus dicitur Fovea de Arenis, populum convocavit.*）（AA.SS., Junii, II, 727. 转引自：Albert Lecoy de La Marche, *La Chaire française au Moyen Âge, spécialement au XIII$^e$ siècle*, d'après les manuscrits contemporains, Paris, H. Laurens, 1886, p. 141.）翻印巴黎版的复制版本为：Éditions Slatkine, Genève, 1974。

第四章

的空间结构[1]。

**教　堂**

尽管从建筑、城市规划和社会宗教的角度来看，托钵修会的教堂变得日益重要，不过还是应当注意方济各会的传教活动在某种程度上是脱离教堂的，这种现象在方济各会身上尤其明显。

皮埃尔·米修-康坦强调：正如同13世纪的大学并不追求拥有属于大学的建筑物，"方济各会修士似乎依然把波蒂昂卡拉（方济各最初的简陋小礼拜堂）视为他们理想的大本营"，米修-康坦还强调，托钵修会"取消了修士和修士居住的地点之间那种持久的、制度性的联系"[2]。

方济各会修士（以及多明我会修士）的主要职能是布道。布道就意味着修士们要走出教堂，要到外面去，到广场上、到人家里、在路上、到有人的地方。伴随方济各会的传教活动形成了一种属于他们自己的空间，或者说是把公共空间改造成了传播救赎的话语的空间。从这个角度来看，1279年8月14日教宗尼古拉三世发布的诏书的"标题""播种的人应该走出去"（*Exiit qui seminat*）是具有象征意义的。

---

1　Jacques Le Goff, "Ordres mendiants et urbanisations", art. cité, p. 932. 请比对：Enrico Guidoni, "Città e ordini mendicanti", in *La città dal medioevo al rinascimento*, Bari, Laterza, 1981, pp. 123-158。

2　Pierre Michaud-Quantin, *Universitas. Expressions du mouvement communautaire dans le Moyen Âge latin*, Paris, Vrin, 1970, notamment pp. 78-79.

## 家

方济各会在传教的过程中，尤其是他们最开始传教的时候，并不是等着平信徒来找他们，而是去找平信徒，方济各会修士常常去平信徒的居所，即他们的家[1]。这是一个从社会和文化角度来看非常重要的现象，而且这种现象越来越明显了，即以一个特定的地点为居所的核心家庭正在形成，家成为个人信仰和家庭信仰的中心（与虔诚信仰有关的图像、专门用来祈祷的角落），通过在"自家"与修士谈话，日常生活也日渐神圣化。《三兄弟传奇》中一个有名的片段讲述了方济各会的第三会诞生的经过："而且，丈夫和妻子不能打破婚姻的联系，他们在自己的家里采纳兄弟们提出的有关虔诚信仰的建议，采取了一种更接近悔过的方式。"[2]

《三兄弟传奇》强调森林中的人与城市中的人的差别，这种差别在早期的方济各会成员身上非常明显，《三兄弟传奇》记载了方济各会成员经常去贫苦人的家里："所有见到他们的人都很震惊，因为他们的衣着和生活方式让他们显得跟凡俗之人如此不

---

1 《教宗未批准的规章》的文本如下："不论他们进入哪座房屋，他们首先说：'愿此屋有和平。'"(*Et in quamcumque domum intraverint, dicant primum: Pax huic domui.*)（XIV）。请比对：*Opuscula Sancti Patris Francisci Assisiensis*, éd. Caietanus Esser, Grottaferrata, Collegii S. Bonaventurae ad Claras Aquas, 1978, Indices, s.v. domus, p. 370。这句话在《教宗批准的规章》中也出现了。

2 *Trium sociorum*, 60. 法文版翻详见：*Saint François d'Assise. Documents, écrits et premières biographies*, rassemblés et présentés par les PP. Théophile Desbonnets et Damien Vorreux, Paris, Éditions franciscaines, 1968, p. 846。

同,人们都以为他们是住在森林里的人。"

"他们进入一个城市或一座城堡,进入一个村庄或一间简陋的房屋,他们宣扬和平的理念,抚慰大家,告诉人们应当敬畏并且爱创造了天与地的造物主,要遵守他的命令。"[1]

他们经常到平信徒家里,包括贵族、骑士和富人的家,方济各自己并不鄙视贵族、骑士和富人,因为在方济各看来,向富有的平信徒传教是非常重要的,这也跟方济各会初创时期没有自己的住处有关[2]。

然而兄弟们自己想拥有属于自己的房屋这件事在修会内部无疑是一个争议点:塞拉诺的托马斯记载了一段方济各的经历,方济各本来是想经过博洛尼亚的,他得知博洛尼亚的修士居然最近修建了一座修士的房子:"他一听说这个词,'兄弟们的房子',转身就走了,朝远离博洛尼亚的方向走去,走了另一条路;然后他命令兄弟们立刻离开那座房子。"[3]

在此我们可以看出一个很重要的变化:方济各会修士与平信徒的关系发生了变化,兄弟们开始与平信徒分离,开始远离平信徒。在修会的初创期,兄弟们还是半在俗的状态,那时他们去

---

1 *Trium soc.*, 37, *in* Théophile Desbonnets et Damien Vorreux, *Saint François d'Assise*, *op. cit.*, p. 828.

2 请比对:*Trium soc.*, 60, *ibid.*, p. 845。这段大概可以翻译成:"当他们不能被神父接纳时,他们更愿意去那些虔诚的、敬畏上帝的人的家中。"

3 II Cel., 58, *ibid.*, p. 397.

平信徒的家里传教，住在平信徒的家里。教宗洪诺留三世在1219年的教宗诏书中写道："他们经常去不同的人的家里，传播上帝的话，就像使徒那样（ cum serendo semina verbi Dei apostolorum exemplo diversas circumeant mansiones ）。"

## 新奇之处

方济各和他的修会的新特点让与他同时代的人们感到震惊，在那个时代人们开始注意到新事物积极的一面，否定新事物的传统也逐渐淡化了[1]。人们认为有一首献给方济各的赞歌是塞拉诺的托马斯写的，这首赞歌中有这样的句子：

> 一个新的修会出现了，一种新的生活方式出现了，
> 都是这世上未曾有过的。
> ( *Novus ordo, nova vita*
> *Mundo surgit inaudita.* )[2]

普雷蒙特修会修士厄斯伯格的布沙尔于1230年去世，他曾在他的作品《编年史》( *Chronicon* ) 中这样描述方济各会修士和多

---

[1] B. Smalley, "Ecclesiastical Attitudes to Novelty c. 1100-c.1250", in Derek Baker (éd.), *Church, Society and Politics*, Oxford, Published for The Ecclesiastical History Society by B. Blackwell, 1975, pp. 113-131.

[2] *Analecta franciscana*, t. 10, p. 402.

## 第四章

明我会修士:"这个世界垂垂老矣,而教会内产生了两个新的修会,他们宛如鹰一般,让教会重获新生。"(*Mundo jam senescente exortae sunt duae religiones in Ecclesia cujus ut aquilae renovatur juventus.*)[1]

在《佩鲁贾传奇》(*Légende de Pérouse*)中,方济各曾对他的兄弟们说:"主对我说我是这个世界上新出现的一个疯子。"(*Et dixit Dominus michi quod volebat quod ego essem novellus pazzus in mundo.*)[2]

波那文图拉在《规章注解》(*Expositio super Regulam*)中为小兄弟们辩护,当时人们指责方济各会是一个"想象出来的修会,是一个新成立的组织"(*ordo fictitius, de novo institutus*),波那文图拉认为革新和创新的观念是对立的:"这份规章、这种生活方式不是新出现的,而是经过了革新的。"(*Non est ergo haec regula aut vita nova, sed procul dubio renovata.*)

12世纪中叶至13世纪初拉丁基督教世界经历了一场变革,人们的时间观念发生了变化,我们应该结合时代背景重新考察方济各会的这种"新特质"。什尼神父在他的作品《12世纪神学》(*La Théologie au XII$^e$ siècle*)中写道:在中世纪早期人们认为世界已经垂垂老矣〔这种说法来自厄斯伯格的布沙尔,"世界已经老

---

1 Leonhard Lemmens, *Testimonia minora, op. cit.*, p. 17.
2 *Légende de Pérouse*(下文简写为 *Leg. Per.*),114。其中使用了通俗语言词汇 *pazzo* (*pazzus*)。

了"（mundus senescit）〕，什尼神父还在书中写了历史的机制是如何在12世纪重新运转起来的。法兰西斯·德·比尔（Francis de Beer）十分细致地分析了塞拉诺的托马斯描述方济各的方式，托马斯用"现在我已经开始了"（nunc coepi）的表达来强调方济各是一个改革者，也是一个开创者。这是一种具有创新性的精神。在变化的潮流中，过去被抛弃了，因为现在与过去是对立的，而现在与未来却是连成一体的。这种观点尤其符合末世论的视角，这种观点作为灵修生活的法则也具有进步意义，即开始追求比完美更进一步的存在（perfectiora incipere）（I Cel., 103, 3）[1]。

尽管方济各会思想和千禧年思想——具体来说是方济各会思想与约阿希姆主义（joachimisme）——的关系十分紧密，而且这两者之间的关系有些模棱两可（约阿希姆主义者和方济各会内部的一些派别曾经宣称方济各会思想是独属于自己这一派的，试图从自己这一派的角度对方济各会思想进行解释），但不应该夸大方济各会中的千禧年主义倾向[2]。塞拉诺的托马斯在描述教会内有关方济各的事情时做出的解释是非常具有历史感的，他按照时间

---

[1] Francis De Beer, *La Conversion de saint François selon Thomas de Celano*, Paris, Éditions franciscaines, 1963.

[2] 除了路易吉·萨尔瓦托雷利的经典文章：Luigi Salvatorelli, "Movimento francescano e gioachimismo. La storiografia francescana contemporanea", in *X Congresso Internazionale di scienze storiche, Relazioni*, III (*Storia del Medioevo*), Florence, 1955, pp. 403-438；还有大量的相关研究，详见：F. Russo, "S. Francesco ed i Francescani nella letteratura profetica gioachimita", in *Miscellanea francescana* 46 (1946), pp. 232-242。

顺序写下了事件发生的日期。当阿西西主教在贝内文托看到了方济各死去的幻象时,"他请来了公证人,让他记下日期和时刻"[1]。由此可见人们有了新的习惯,开始注意时间的顺序,注意日期。

## 记 忆

在口口相传的方式起重要作用的社会和时代,记忆发挥着非常重要的功能。在中世纪西方,尽管书面记载已经有了发展,口口相传和记忆依然很重要。从这个角度来看,在12世纪的复兴以后,13世纪是记忆发展的真正顶峰期。

有关记忆的理论和技巧不断增多、完善。托钵修会的修士们参与了这场思想领域的变革[2]。

基督教的生活被定义成了一种记忆。生动地记住基督的事迹被认为是促进灵修生活的主要驱动力。

在告解和布道的过程中首先要检验自己的良心,而这种检验的过程首先就是一种回想的过程。

对方济各而言,最重要的品质是记得自己有爱他人的灵魂(*recordatio*)。有关这一点,法兰西斯·德·比尔记载了"内省的回忆"在方济各皈信的过程中的重要性:"方济各记着上帝(*memor Dei*, II Cel., 14, 15),他没有忘记他的承诺(*non obliviscetur*,

---

[1] II Cel., p. 220.

[2] 请比对: Frances Amelia Yates, *The Art of Memory*, Londres, 1966, trad. fr. par Daniel Arasse, *L'Art de la mémoire*, Paris, Gallimard, "Bibliothèque des Histoires", 1975。

II Cel., 11, 10）……他想起了基督的伤口（recordans plagarum Christi, II Cel., 11, 8）……基督是人们回忆起的人。"[1]

在《教宗未批准的规章》的结尾，方济各要求兄弟们记住它："为了我们的灵魂能够得救，我希望所有的兄弟们都能记住这份规章的内容和意义，经常在脑海中回想规章的内容和意义。我乞求全能的、三位一体的上帝祝福所有的老师、学生、持有者、有记忆的人和劳动者。"（Rogo omnes fratres, ut addiscant tenorem et sensum eorum quae in ista vita ad salvationem animae nostrae scripta sunt et ista frequenter ad memoriam reducant. Et exoro Deum, ut ipse, qui est omnipotens, trinus et unus, benedicat omnes docentes, discentes, habentes, recordantes et operantes.）

正如基督在圣周星期四晚上所做的那样，方济各在锡耶纳立下了遗嘱，他在遗嘱中表示希望他的兄弟们能记住他[2]。

最后，根据早期修道主义的观点，正如亚他那修（Athanase）在谈及安东尼时所说的那样，对安东尼而言，"记忆起到了书本一般的作用"（memoriam pro libris habebat, II Cel., 102, 9）。从这种说法里，我们可以看出坚持反智主义的一派和希望追求书本中的知识、去上大学的一派之间的冲突。

自从基督对方济各说了话以来（II Cel., 11, 7），方济各一直

---

[1] Francis De Beer, La Conversion, op. cit., pp. 222-224.
[2] Caietanus Esser, Opuscula, op. cit., p. 324. "为了表达对我的祝福和对我的遗嘱的铭记"（in signum memoriae meae benedictionis et mei testamenti）。

# 第四章

没有忘记基督受难的经历:"他仿佛一直能在眼前看见基督似的"（*quasi semper coram oculis*）。正是这种观念启发了圣波那文图拉，让他提出了"孜孜不倦的虔诚"（*assidua devotio*）的概念[1]。

## 与经济发展有关的模式

13世纪初，西方经济领域经历了一次重大转向。其中两个主要的现象既体现在思想和心态领域，又体现在经济现实中，即，货币经济的范围剧烈扩大，人们广泛地使用金钱，劳动也发生了变化，城市里的劳动出现了分化，雇佣劳动越来越多，人们开始用金钱衡量劳动的价值，修道院和大学开始讨论体力劳动。

### 金 钱

对于方济各和他的兄弟们而言，金钱首先是以物质的形态出现的，是以钱币的形式出现的。当时所有人都有越来越多的机会接触、拿到和占有金钱，在城市中尤其是这样。

厌恶金钱首先是一种身体上排斥金钱的举动，不接触货币，应该认为、觉得金钱不过是石头，还没有尘土重要。《教宗未批

---

[1] "*L'assidua devotio è la 'memoria di Dio' presente in maniera stabile e continua 'ante oculos cordis'*" (Zelina Zafarana, "Pieta e devozione in San Bonaventura", in *San Bonaventura francescano* [Convegni del Centro di studi sulla spiritualità medievale, XIV], Todi, Accademia tudertina, 1974, p. 134).

准的规章》的第8章篇幅很长，这一章禁止兄弟们收钱，认为收钱是邪恶的举动，应该把金钱视为尘土〔"我们认为金钱不过如我们踩在脚下的尘土一般，因为它是虚妄中的虚妄"（*de his non curemus tanquam de pulvere, quem pedibus calcamus, quia vanitas vanitatum*）〕，主张对那些收钱、占有金钱的兄弟处以绝罚，收钱、占有金钱的兄弟不是合格的兄弟，而是叛徒、小偷和窃贼，是占有小匣的人〔管理钱包、珍宝的人（*loculos habens*）〕，跟犹大是一类人（Jean XIV, 6）。在《教宗批准的规章》中禁止接触金钱的禁令被弱化了，篇幅也缩短了，《教宗批准的规章》的第4章写道："我坚决禁止兄弟们用任何方式收钱，他们不得自己收钱，也不得通过第三方作为中介来收钱。"（*Praecipio firmiter fratribus universis ut nullo modo denarios vel pecuniam recipiant per se vel per interpositam personam.*）根据诺南（Noonan）的记载，13世纪的人把对金钱的使用分为"事实上的使用"（*usus facti*）和"作为权力的使用"（*usus juris*），方济各会认为捐钱的人在这笔钱没有被花掉之前有权收回这笔钱[1]。而方济各会的这种观点引发了一些人的怀疑，至少在理论层面上一直有人怀疑这种观点。

然而方济各会也做出了调整。一方面，在修会内部规定了使用金钱的方式，在个人不拥有财产权的情况下，使用金钱不再是

---

[1] John Thomas Noonan, *The Scholastic Analysis of Usury*, Cambridge, Harvard University Press, 1957, p. 60.

# 第四章

被诅咒的行为；另一方面，方济各会在平信徒之间传教的过程中要证明他们获得金钱和使用金钱的方式都是正当的。方济各会比多明我会走得更远，方济各会把金钱和使用金钱的人引入了基督教系统，缓和了商人-银行从业者与教会和基督教思想的关系。方济各会对13世纪的灵修文学和教会法文献的影响很大，他们创作作品、传播思想，写下了论著《论良心的问题》（*De casibus conscientiae*）、《论美德与恶端》（*De virtutibus et vitiis*）、告解手册《告解大全》（*Summae confessorum*），还有论述高利贷和返还不合法收益的论著《论高利贷》（*De usuris*）和《论返还》（*De restitutionibus*）。方济各会走在托钵修会的前列，分析占有和支配金钱的行为，从中区分出了上帝的部分和恶魔的部分，区分出了好的基督徒和不好的基督徒[1]。

诺南还提到了一位名为阿斯特桑纽斯的方济各会修士，他是方济各会伦巴第大区的会长，1330年去世，他的作品《大全》（*Summa*，成书于1317年）"在神学领域对诸多（货币和经济领域

---

[1] 详见：Jacques Le Goff, "Temps de l'Église et temps du marchand", *Annales. E.S.C.*, 15 (1960), pp. 417-433。这篇文章被收入：*Pour un autre Moyen Âge, op. cit.*, pp. 46-65。之后又被收入：*Un autre Moyen Âge, op. cit.*, pp. 49-66，以及 "The Usurer and Purgatory", in *The Dawn of Modern Banking*, Yale University Press, 1979, pp. 25-52；还有：*La Bourse et la Vie. Économie et religion au Moyen Âge*, Paris, Hachette, "Textes du XX$^e$ siècle", 1986。此书之后被收入：*Un autre Moyen Âge, op. cit.*, pp. 1261-1340。尤其要参考：Lester K. Little, *Religious Poverty and the Profit Economy in Medieval Europe*, Londres, P. Elek, 1978。

里）已经讨论过的主题提出了前所未有的宽松解释"[1]。

## 劳 动

  对于方济各和他的兄弟们来说，劳动是维生的手段。那么问题来了，到底是要从事体力劳动还是去乞讨？

  方济各曾在《教宗未批准的规章》的第7章讨论过这个问题。他同意在进入修会之前有工作的兄弟们继续从事自己的工作，这又一次体现出当时平信徒和兄弟们之间几乎是没有区别的。方济各甚至同意同时是手工匠人的兄弟们拥有劳动工具〔"适合劳动使用的铁质物品和工具"（*ferramenta et instrumenta suis artibus opportuna*）〕。方济各把那些不体面的职业排除在外，而当时这样的职业正在减少[2]。方济各引用《圣经》，用《圣经》的权威支撑自己的观点，他支持用金钱衡量工作的价值。他引用了《诗

---

[1] John Thomas Noonan, *The Scholastic Analysis, op. cit.*, p. 63. 关于圣方济各对金钱的态度，除了两版规章中的段落，还请查阅：I Cel., 9, 12 : "qu'il ne se soucie de l'argent pas plus que de poussière" (*de pecunia velut de puivere curat*); II Cel., 65, 66-68 ; *Trium soc.*, 35 ; *Legenda maior*, 7, 5 ; *Speculum perfectionis*, 14。方济各会把犹大视为金钱邪恶一面的象征，关于犹大，请参考：Malcolm David Lambert, *Franciscan Poverty*, Londres, S.P.C.K., 1961, s.v. *Judas*。

[2] 详见：Jacques Le Goff, "Métiers licites et métiers illicites dans l'Occident médiéval", *Études historiques. Annales de l'École des hautes études de Gand*, V (1963), pp. 41-57。该文被收入：*Pour un autre Moyen Âge, op. cit.*, pp. 91-107；又被收入：*Un autre Moyen Âge, op. cit.*, pp. 89-104。

# 第四章

篇》第127章第2节[1]："你要吃劳碌得来的，你要享福，事情顺利。"（*Labores fructuum tuorum manducabis, beatus es et bene tibi erit.*）方济各还引用了圣保罗的话："若有人不肯做工，就不可吃饭。"（*Qui non vult operari non manducet.*）(《帖撒罗尼迦后书》第3章第10节）"弟兄们，你们各人蒙召的时候是什么身份，仍要在神面前守住这身份。"（*Unusquisque qui [in ea arte et officio] in quo vocatus est, permaneat.*）(《哥林多前书》第7章第24节）而让方济各感到担忧的是领取工资的雇佣劳动。方济各禁止兄弟们收取金钱形式的报酬。这是《教宗批准的规章》中保留下来的唯一一项禁令，在《教宗批准的规章》的第5节提到了"给自己的和兄弟们的劳动报酬"（*de mercede, laboris pro se et suis fratribus*）。方济各在《遗嘱》中重申体力劳动的重要性："我呢，我以前用自己的双手劳动，我想用这样的方式劳动；我恳切地希望所有兄弟们都从事一项正当的劳动。那些不会劳动的兄弟们应该学习如何劳动，劳动不是因为想得到劳动的报酬，而是为了给他人树立榜样，是为了摆脱无所事事的状态。"（*Et ego manibus meis laborabam, et volo laborare; et omnes alii fratres firmiter volo, quod laborent de laboritio, quod pertinet ad honestatem. Qui nesciunt, discant, non propter cupiditatem recipiendi pretium laboris, sed propter exemplum et ad repellendam otiositatem.*）

190

---

[1] 译者按：见中文版《圣经》和合本《诗篇》第128章第2节。

(*Test.*, 20-21)

劳动生活与静思生活之间存在着很大的对立,里夏尔·德·伯宁顿在其作品《论方济各会兄弟的神贫》(*Tractatus de Paupertate fratrum minorum*,约1311—1313年)中认为方济各会过的是劳动生活、出力的生活〔"他们尽可能经常地过劳动生活,也就是一种出力的生活"(*vacant ut plurimum actioni, que es vita laboriosa*)〕。

吉尔兄弟不劳动(*otiose*)就不吃面包,他到水源地去找水,把水装在水罐里扛在肩上,把水带到城里,换取面包。一位主教见到他像穷人那样通过劳动挣得面包,感到很吃惊,吉尔兄弟引用《诗篇》的第127章来回应主教[1]。

埃克莱斯顿的托马斯强调第二个在英格兰加入方济各会的平信徒博韦的劳伦,"根据规章的原则,最开始是以工匠的身份劳动的"[2]。

圣波那文图拉想要根据当下的情况更新三等级模式,三等级指的是三种有不同职能的人:祈祷者、战斗者和劳动者,中世

---

[1] *Vila Beati Fratris Egidii*, 5, in *Scripta Leonis, Rufini et Angeli socio rum S. Francisci*, éd. Rosalind B. Brooke, Oxford, Clarendon Press, 1970, pp. 324-326.

[2] *De adventu fratrum minorum in Angliam. The Chronicle of Thomas of Eccleston*, éd. A. G. Little, Manchester, University Press, 1951, pp. 5-6: "他最初从事一项技术性职业,就像规章准许的那样(*qui laboravit in principio in opere mechanico, secundum decretum regulae*)。"

第四章

纪早期的社会包括修士、战士和农民，这个三等级模式正是在中世纪早期社会中诞生的。圣波那文图拉想让三等级模式更接近他所处时代的城市社会、更接近深受古典时期哲学影响的认知模式。因此他提出了技术劳动（opus artificiale）、城市劳动（opus civile）和灵修劳动（opus spirituale）的概念，技术劳动这一类包括农业从业者和手工匠人，根据一个人从事的劳动对社会进行分类[1]。

我在此再补充一点：圣波那文图拉与圣托马斯一道，跟在大学任教的托钵修士站在一边，与那些身为堂区教士的大学教师对抗，尤其反对圣阿穆尔的纪尧姆。有人指责托钵修士无所事事，圣波那文图拉反驳这种指责，他也因此把劳动的概念引入了知识领域和宗教领域[2]。

方济各会修士逐渐不再从事体力劳动，也不再思考劳动这个概念了。他们很在意管理金钱这件事，却不是很在意要把平信徒的劳动纳入灵修价值观和宗教价值观的新体系这件事。从向平信徒传教的角度来看，这是方济各会的一项失败。

---

1　详见：W. Kölmel, "Labor und paupertas bei Bonaventura", in *San Bonaventura maestro di vita francescana e di sapienza cristiana* (Atti del Congresso internazionale per il VII centenario di san Bonaventura da Bagnoregio), éd. A. Pompei, II, Rome, 1976, pp. 569-582。

2　请比对：Michel-Marie Dufeil, *Guillaume de Saint-Amour et la polémique universitaire parisienne, 1250-1259*, Paris, A. et J. Picard, 1972, s.v. *travail intellectuel, travail manuel*。

## 与整体社会或市民社会结构有关的模式

### 各种身份

13世纪是一个具有整体性的世纪。13世纪存在把一部分群体（犹太人、异端、麻风病人等）驱逐出去的现象，但是还是致力于把所有基督徒都包揽到同一个结构内。方济各和方济各会成员最终还是参与了驱逐一部分人（异端）的活动，不过对抗异端的主要目的是让异端分子放弃异端信仰，重新回归正统信仰。方济各会承认一些被整个基督教社会排斥在外的群体（麻风病人）的地位。方济各会想影响社会中的所有人。从圣方济各写给所有信徒（*Ep. Fid.* I 和 *Ep. Fid.* II）、所有教士（*Ep. Cler.* I-II）和所有统治者（*Ep. Rect.*）的信就可以看出这一点[1]。

《教宗未批准的规章》中有一段内容（XXIII, 7）非常重要，我在此不展开分析了[2]。这段内容表现出方济各想要拥抱人类社

---

[1] 凯塔努斯·埃塞尔神父（P. Caietanus Esser）整理的圣方济各作品集没有保留以往惯用的标题"写给所有信徒的信，写给所有教士的信"。当然，中世纪的手稿里没有这些标题。不过，圣方济各写下的文本的开头几行分别是："所有男人和所有女人"（*omnes autem illi et illae*），"写给所有基督教的修士、教士和平信徒，所有男性和女性，居住在这个世界上的所有人"（*universis christianis religiosis, clericis et laicis, masculis et feminis omnibus qui habitant in universo mundo*），"我们，所有的教士，要注意了"（*attendamus, omnes clerici*），"写给这个尘世界上所有的掌权者、执政官、法官、统治者以及其他所有人"（*universis potestatibus et consulibus, indicibus atque rectoribus ubique terrarum et omnibus aliis*）。以前惯用的标题取自方济各写下的文本的开头。

[2] 我在前文关于社会阶层的词汇的章节中对这个文本进行了粗略的分析，参见本书第三章。

会的全体成员，展现出了方济各对人类社会的结构的认识。我在此完整引用这一段：

> *Et Domino Deo universos intra sanctam ecclesiam catholicam et apostolicam servire volentes et omnes sequentes ordines : sacerdotes, diaconos, subdiaconos, acolythos, exorcistas, lectores, ostiarios et omnes clericos, universos religiosos et religiosas, omnes pueros et parvulos et parvulas, pauperes et egenos, reges et principes, laboratores et agricolas, servos et dominos, omnes virgines et continentes et maritatas, laicos, masculos et feminas, omnes infantes, adolescentes, iuvenes et senes, sanos et infirmos, omnes pusillos et magnos, et omnes populos, gentes, tribus et linguas, omnes nationes et omnes homines ubicumque terrarum, qui sunt et erunt.*[1]

这段内容引人注意，它包含了按照不同的原则进行分类的群体和不同出身的群体。在这份列表中，那些被贬低的阶层也被赋予了尊严，包含了不同地区的人和未来的人，然而它也抹去了社会中的对立关系，对平信徒的态度模棱两可。方济各想要用整齐划一的兄弟会来整合社会的各种结构，但是在整合的过程中也掩

---

1 这段文字的翻译参见本书第129页注1。

盖了不同的社会结构。我们可以感受到这种概念对中世纪的大众而言是有诱惑力和煽动力的，但这种概念同时也欺骗了中世纪的大众。

然而正是中世纪的大众跑着去看方济各、去吸收他的传道，所有阶级、所有性别都有。方济各的诸多传记使用的表达很能说明问题："人们"（*populus*）、"一大群人"（*magnus populus*）、"很多人"（*multi de populo*）、"贵族与非贵族"（*nobiles et ignobiles*）、"教士与平信徒"（*clerici et laici*）、"不仅有男人，还有很多处女和寡妇"（*non solum viri sed etiam multae virgines et viduae*）、"所有人"（*cunctus populus*）、"低微者与大人物"（*parvi et magni*）、"男人们和女人们"（*homines et mulieres*）等等。

## 平信徒

方济各会的活动与两股潮流相契合，一股潮流是把平信徒纳入基督教之内的宗教运动，另一股潮流是社会整体走向世俗化的过程。历史学家乔治·德·拉加德（Georges de Lagarde）曾在思想和理论层面研究世俗化过程[1]。

---

1 Georges de Lagarde, *La Naissance de l'esprit laïque au déclin du Moyen Âge*, 6 vol., nouv. éd., Paris, Béatrice-Nauwelaerts, 1956-1963. 关于平信徒在13世纪灵修中的地位，详见：Jean Leclerc, François Vandenbroucke, Louis Bouyer, *La Spiritualité du Moyen Âge*, Paris, Aubier, 1961: "Laïcs et clercs au XIII[e] siècle", pp. 414-447。

## 第四章

在修会初创期,《教宗批准的规章》的第3章认可了修会内同时存在*平信徒和教士*。约翰·孟迪（John Mundy）认为托钵修会尤其是方济各会深刻地改变了杂务修士或在俗兄弟的状况，与修道院的传统和结构相比是一种很大的改变。杂务修士和在俗兄弟属于第一会，而尘世中的平信徒和女性组成了第三会。在修会初创期，杂务修士和在俗兄弟"给兄弟们的居所定下了基调"，因为身为教士的兄弟们有大部分时间是在修道院以外传教[1]。

约翰·伊文是修会初创期的一个典型的平信徒，他属于伦敦的市民阶层，是服装商人，他十分虔诚，因此吸引了人们的注意。"他以平信徒的身份开始了宗教生活，他为我们留下了完美的悔过和至高的虔诚的典范。"（*Ipse ut laicus ingressus religionem perfectissimae penitentiae et summae devotionis nobis exempla reliquit.*）[2]

1239年，修会总会议在罗马召开，翻开了有关平信徒问题的重要的一页，特例被取消了，尽管有一些极少数的例外情况，但实际上还是等于把平信徒排除在修会之外了。拉乌尔·曼塞利（Raoul Manselli）清楚地刻画了方济各会在13世纪日益教士化的过程，这是一个具有决定性的现象，从此以后，便以是否具有教

---

1　John H. Mundy, *Europe in the High Middle Ages 1150-1309*, Londres, Longman, 1973, pp. 186-187.

2　*De adventu fratrum minorum in Angliam*, 21.

士身份为标准划分出了兄弟和平信徒之间的界限[1]。

## 女　性

在圣方济各眼中、在13世纪的方济各会思想中，女性的地位是前所未有的，除了北真团和世纪末即将出现的赫尔弗塔的本笃会的女性神秘主义者，女性在宗教界的地位从未达到这样的高度。

在方济各看来，女性是一种梦境一般的意象，有象征意义。方济各"寻找一位伴侣"，"憧憬他的贵妇人"。除了伴侣和贵妇人的形象，母亲也是方济各经常提起的一个象征。方济各把自己比作一位"美丽的女性"（*mulier formosa*, II Cel., 16, 10）[2]。在方济各皈信以后，他的生活中出现了三位对他影响很大的女性，即阿西西的克莱尔、塞泰索利的贾科米娜和影响稍弱的罗马隐修女巴西德。

圣克莱尔与男修士组成的第一会有着非常紧密的联系，她建立了女性组成的第二会，即克拉丽丝贫穷修女会。

雅克·德·维特里从他1216年的第一封信起便注意到了方济

---

1　Raoul Manselli, "La clericalizzazione dei Minori e san Bonaventura", in *San Bonaventura, op. cit.*, pp. 181-208.

2　详见: Francis De Beer, *La Conversion*, s.v. *Femme*。现在我们还可以参考: Jacques Dalarun, *François d'Assise: un passage. Femme et féminité dans les écrits et légendes franciscaines*, 1997。

第四章

各会发展过程中的男性和女性:"我看到很多男人和女人出于对基督的爱,放弃了财产、离开尘世,我感觉很欣慰。这些人称自己是'小兄弟'和'小姐妹'……这些女人住在离城市不远的收容所和庇护所,她们集体生活,用自己的双手劳动,不收取任何报酬。"雅克·德·维特里评价说:"教士和平信徒对她们表示出了尊重,但这种尊重对她们而言成了负担,让她们感到悲伤和不安。"[1]

我在此重提方济各写的信,他的信既是写给男人的,也是写给女人的。方济各的传记作者强调在来听方济各讲道的听众中有很多女性。

我们发现方济各会与很多信仰圣母的兄弟会有着紧密的联系,乔万尼·米考利(Giovanni Miccoli)清楚地解释了圣母信仰对信徒发挥的作用,尤其是对平信徒的作用。圣母信仰是一种非常有效的中介,通过圣母接近神性比通过礼拜仪式和圣像更为容易[2]。

但是女性和女性特质并没有得到方济各会的完整认可。方济各和他的兄弟们依然是遵循基督教传统的,尤其是遵循修道

---

[1] Trad. de Théophile Desbonnets et Damien Vorreux, *Saint François d'Assise, op. cit.*, pp. 1443-1444. Texte latin de Robert Burchard Constantijn Huygens, *Lettres de Jacques de Vitry*, Leyde, E. J. Brill, 1960, pp. 75-76.

[2] Giovanni Miccoli, "La storia religiosa", in *Storia d'Italia*, 2/1: *Dalla caduta dell'impero romano al secolo XVIII*, 1974, Turin, pp. 825-831. 关于方济各会13世纪在面向女性传教时使用的"复杂话语",详见:Carla Casagrande, *Prediche alle donne del secolo XIII*, Milan, Bompiani, 1978, pp. XVIII-XIX, 以及图尔奈的吉尔伯特(Gilbert de Tournai)的节选。

院的传统，他们认为女性是具有诱惑力的，因此要避免经常接触女性。《教宗未批准的规章》的第12章希望兄弟们"对女性不好的一面保持警惕，注意不要经常与女性接触"（ *a malo visu et frequentia mulierum* ）。《教宗批准的规章》的第11章则禁止兄弟们"接触女性、跟女性一起商量事情"（ *suspecta consortia vel consilia mulierum* ），并且禁止兄弟们进入修女的修道院。

已经结婚的人可以加入修会的第三会，但是不能加入第一会。禁欲是格列高利改革提出的区分教士和平信徒的重要标准之一，《教宗批准的规章》要求兄弟们禁欲。《教宗批准的规章》的第2章详细地介绍了加入修会的条件，已婚的人不能加入修会，如果一个男人的妻子已经进了修道院，或者他的妻子允许他加入修会，才能破例，而且还需要他所在教区的主教同意，这个人要在自己的妻子已经发愿守贞以后才能开始修道，而且他的妻子的年龄不能引人怀疑。以婚姻为界，区分开了教士和平信徒，而婚姻也同样区分出了兄弟们和平信徒，在这种情况下，女性依然是一种模棱两可的、危险的存在[1]。

## 儿 童

当时人们不太注意儿童，方济各和小兄弟们却加入了重

---

1 详见：Georges Duby, *Le Chevalier, la Femme et le Prêtre. Le mariage dans la France féodale*, Paris, Hachette, 1981。

## 第四章

视儿童的潮流。重视儿童的潮流的主要代表人物之一是圣贝尔纳,他比方济各活跃的年代早一个世纪;另一个代表人物则是雅克·德·维特里,他跟早期的方济各会成员是同时代的人,也是他们的支持者,他在《根据身份的布道》(Sermones ad status)中列出了"儿童"(pueri)这个类别。

《教宗未批准的规章》(XXIII, 7)列了一个基督徒的分类清单,其中儿童出现了两次。第一次出现在被统治的群体中[1],第二次出现在根据年龄所做的分类中:幼儿、少年、年轻人和老人。方济各一生中的著名经历——格雷乔的"马槽",推广了对作为儿童的耶稣的信仰。以儿童的面貌出现的耶稣对于提升儿童的地位而言起到了很大的作用,这种作用类似于对圣母的信仰对于提高女性地位所起到的作用[2]。

## 爱 德

爱德是一种广为人知的态度,在此我不展开多讲。爱德是建立在爱的基础上的。上帝是爱。(Deus est caritas.)在方济各写

---

[1] 有些版本用的表达是"conversos et parvulos",其他版本用的是"pueros parvulos",这两种用法指的应该都是儿童和被捐给修道院的孩子。13世纪以来人们对儿童越发关注,关于这个主题详见:M. Rouche, *Histoire générale de l'enseignement et de l'éducation en France*, I : *Des origines à la Renaissance*, Paris, G.-V. Labat, 1981, pp. 408-413。

[2] 尤其要参考:I Cel., 84-87。1223年圣诞节的那一段。圣方济各对圣诞节有很特别的感情,因为正是在圣诞节,耶稣道成肉身,体现出了耶稣的谦卑。

给莱昂兄弟的《上帝赞歌》中,上帝被定义为爱和"爱德","你是爱,是爱德"(*tu es amor, caritas*)。有一些传抄这首赞歌的抄本在结尾处列举三种神学中的美德时,还加了这句"你是我们的慈爱"(*tu es caritas nostra*)。在《教宗未批准的规章》(XVII, 5; XXII, 26)中,方济各两次引证了《约翰一书》(第4章),《约翰一书》认为上帝是爱(*Deus charitas est*),他对我们的爱是完美的(*perfecta est charitas Dei nobiscum*),如果我们爱上帝,我们应该同样爱与我们亲近的人(*qui diligit Deum, diligat et fratrem suum*)。对方济各而言,上帝对我们的爱和我们应该怀有的对上帝的爱是爱邻人的基础,他说过很多次[1]。比如在《写给所有信徒的第二封信》(*Ep. Fid.*, II, 30-31)中,他说"*habemus itaque caritatem*",又补充说"*et faciamus eleemosynas*"("因此我们有爱,我们应当施济")。而且这一整段充满了慈悲之心(*misericordia*)。

实际上与我们讨论的主题相关的是:公开强调对上帝的爱和对邻人的爱孕育了13世纪的机构和实践,方济各会(以及其他托钵修会)的活动加入了一场更广泛的运动。

从13世纪初开始,"意大利富商开始大规模地行善济贫"[2]。他们建立了慈善院(*case di misericordia*)和济贫院。

然而以佛罗伦萨为例,方济各会成员最初到达佛罗伦萨的时

---

[1] 详见:Caietanus Esser, *Opuscula, op. cit.*, s.v. *Caritas*。

[2] P. Gilles Gérard Meersseman, *Dossier de l'ordre de la Pénitence au XIII<sup>e</sup> siècle*, Fribourg, Éditions universitaires, 1961, p. 11, 以及 Giovanni Miccoli, "La storia religiosa", art. cité, p. 797。

候住在1218年成立的圣加仑济贫院，而多明我会修士1219年到佛罗伦萨的时候则住在圣潘克拉齐奥济贫院。

方济各会与其他托钵修会在落实、推进新的慈善系统的过程中发挥了很大的作用，这个新的慈善系统就是善功（œuvres de miséricorde）。方济各会更加关注穷人和病人。其中的一个特别的方面就是方济各会照顾麻风病人，正如乔万尼·米考利所言，通过照顾麻风病人方济各和他的同伴们展现了他们挑战既有价值观的决心[1]。

## 与宗教社会结构有关的模式

### 高级神职

方济各一直尊敬圣职人员和教阶制度。他在锡耶纳的《遗嘱》中劝告兄弟们也要这样做："要一直忠于、服从母亲教会的高级神职人员和所有教士。"（*Ut semper praelatis et omnibus clericis sanctae matris ecclesiae fideles et subjecti existant.*）

方济各在修会内承认高级神职人员的地位，他甚至赞美对高级神职人员完全服从的态度。不过，如果一个高级神职人员命令一个兄弟去做违背灵魂（*contra animam*）的事，那么这个兄弟有权不服从，也无须因此离开上级机构（也就是说不需要因此离开修道院或退出修会）。高级神职人员不应该因为自己的

---

[1] Giovanni Miccoli, "La storia religiosa", art. cité, p. 737.

身份而沾沾自喜，而是要像给兄弟们洗脚那样完成自己的使命（*Admonitions*, 3 & 4）。

方济各无论如何都拒绝担任高级神职（II Cel., 138, 以及 *Speculum perfectionis*, 43, 圣多明我也是如此），他认为高级神职"可能让人堕落"（II Cel., 145）。他对"权力"持怀疑的态度。方济各讨厌所有"高人一等"的东西，厌恶一切名号里有表示高人一等之意的人：大的（*magis-*）〔比如有权者（*magnus*）、大师（*magister*）和豪族（*magnatus*）〕；优先的（*prae-*）〔比如高级神职人员（*praelatas*）、修道院院长（*prior*）〕；高的（*super-*）〔高位者（*superior*）、高的（*superbus*）〕。他想要赞扬的是那些在社会中被贬低的人：地位低者（*minores*）和从属者（*subditi*）。方济各希望修会内的成员是均一的（*uniformitas*），是平等的（II. Cel., 191）[1]。

方济各的这种想法符合当时世俗社会的大潮流，当时世俗社会的大潮流反对傲慢的现象（*superbia*），反对贵族的原罪，尤其反对封建的原罪，而且还反对教会。对高级神职人员的批评从未如此强烈，这可能受到了异端分子的影响，这也是异端分子反对教会的一种论据[2]。

---

1 参见本书第三章。

2 玛丽-克莱尔·加斯诺（Marie-Claire Gasnault）提醒我，雅克·德·维特里（他是主教，晚年又成了枢机！）在他的《根据身份的布道》中对高级神职人员尤为严厉，他给高级神职人员写了八篇布道词，而给其他身份的布道词他写得最多的也不过只有三篇。

# 第四章

## 兄弟会

方济各不想当一个传统修道院里的修士,他想要到人群中去,如果不是教会要求他把自己的门徒组成一个修会的话,他可能是不想这样做的。方济各的理想一方面是均一和平等,另一方面是爱。他用"兄弟"这个词称呼自己和他的同伴,他和他的同伴日后组成了一个修会,而方济各认为自己的修会是一个兄弟会(*fraternitas*)。

"兄弟会"这个词引发了很多共鸣,承载着丰富的内容。方济各认为小兄弟们(和其他托钵修会的成员)跟传统的修士和教士是不一样的。皮埃尔·米修-康坦强调托钵修士不用"会众"(*congregatio*)这个词,他们不是一直隶属于某个机构,也不需要一直住在同一个修道院里,而传统的修士在发愿的时候要宣布自己一直待在同一个修道院里[1]。

然而兄弟会跟"联合体"(*consortium*)也不一样,"联合体"是一个模糊的词,"联合体"大致类似于"团体"(*universitas*)。但是"团体"的含义在13世纪发生了变化:一方面,人们强调团体在制度层面具有具体的特点;另一方面,人们强调团体中的成员之间的内部联系,"团体"的含义在这两者之间摇摆[2]。巴黎大学神学院的堂区教士讲师(*maître séculier*)形成了一个联合体,

---

[1] Pierre Michaud-Quantin, *Universitas, op. cit.*, p. 105.
[2] 同上,第315—319页,关于"*consortium*"。

这个结构强调的是**功能和共同利益**。在1250—1259年间，堂区教士讲师团体的存在加剧了堂区教士讲师和托钵修会讲师之间的冲突。

*fraternitas*（兄弟会）的同源对似词是 *confraternitas*（兄弟会），这个词在法语中是confrérie。联合运动是13世纪的城市社会中独有的大规模运动，这些词的出现反映出宗教界也参与了这场联合运动。在 *confraternitas* 这个词上，我们可以感受到 *caritas*（爱德）的气氛，爱、把对方视为兄弟一般的友爱和善行在此紧密相连[1]。

兄弟会也暗指耶路撒冷最初的基督教团体，强调在兄弟会内部教士和平信徒是共存的。

最后，兄弟会的概念意味着方济各把未来的修会看作家庭，对方济各而言，家庭是一个非常重要的概念。家庭的概念也表现为其他的亲属关系，比如《隐修地规章》（*Règle pour les ermitages*）中强调的母子关系就很典型。这种母子关系体现的是兄弟之间的友爱关系的女性版本，即马大和马利亚之间的关系。目前中世纪历史研究者越来越关注亲属关系和人为约定的亲缘关系，在这种情况下，这种用亲缘关系来定义一个团体的形式是非常重要的，方济各会就属于这种用亲缘关系定义一个团体的情

---

1 Pierre Michaud-Quantin, *Universitas, op. cit.*, pp. 179-192, 关于 "*fraternitas*" 和 "*confraternitas*"；pp. 197-200, 关于 "*caritas*"。

况，这些问题都值得进行更详细的研究[1]。

## 与狭义的文化有关的模式

### 脑力劳动

圣方济各对知识和脑力劳动持怀疑态度，甚至可以说是敌对态度。我觉得这种怀疑的态度有三个理由，涉及三个主要的方面：当时通行的观念认为知识是一种财富，这与方济各所坚持的不占有物品的态度是相悖的；当时书籍很贵，被视为奢侈品，要学习就意味着必须要有书籍，这与方济各的清贫思想和拒绝持有财产权的态度是相悖的；当时人们认为知识会让人变得狂妄傲慢，会让人站在统治者的地位上支配他人，产生一种来自知识的权力，而这与方济各所倡导的谦卑是相悖的。

相关的文本很多。比如，加入修会的条件中很清楚地写着要放弃对知识的所有权和财产权："地位很高的教士在加入修会时甚至应该放弃知识，摆脱了知识的所有权以后，他才能赤身裸体地投入耶稣的怀抱中（*magnum clericum etiam scientiae quodam modo resignare debere, cum veniret ad Ordinem, ut tali expropriatus possessione, nudum se offeret brachiis Crucifixi*）。"（II Cel., 192）

此外，在著名文本《灵花》的第8章中，方济各对莱昂兄弟

---

[1] 参见本书第三章。

说，对于方济各会的小兄弟而言，至高的快乐不在于会说所有语言、了解所有知识和所有文字，不在于会说天使的语言、了解天体的运行规律以及药草的用途，不在于了解土地上的所有宝物，也不在于了解鸟类、鱼类、所有动物、所有人类以及树木、石头、树根和水的特点。显然，这段话与其说是反对知识，不如说是号召人们去接受"背负苦难和疾病的十字架的过程中"的快乐。而且，方济各认为有了学识和知识以后，人有可能变得狂妄傲慢。

在这方面，方济各与时代潮流相悖，也与基督教思想的变化相悖。当时的基督教思想需要用知识来抗击异端、保卫教会。基督教需要知识来满足人的精神需求，需要知识来实现基督教的人文主义（humanisme chrétien）。

然而方济各做出了让步，虽然方济各在规章中严格限制拥有书籍（*Regula non bullata*, III），同意不识字的人加入修会，加入修会以后也不需要学习（*Regula bullata*, X, 8），而实际上他尊敬有知识的人，并且向有知识的人请教问题[1]。在《遗嘱》中方济各不仅要求人们把"抄写了主的话"的手稿放在更稳妥的地方，而且要求兄弟们赞美、尊敬神学家，"他们滋养了我们的精神和生命"（*sicut qui ministrant nobis spiritum et vitam*）。

---

[1] Théophile Desbonnets et Damien Vorreux, *Saint François, op. cit.*, s.v. *Savants*, p. 1548.

# 第四章

实际上,方济各会很快就在知识界有了越来越大的影响力,并且参与大学的教学工作[1]。在知识方面方济各会经历了一些重要的阶段,第一个阶段是教宗英诺森四世的教宗诏书 *Ordinem vestrum* 在实际操作过程中把不识字的人排除出了修会;第二个阶段是帕尔玛的约翰担任修会总会长的这段时间(1247—1257年),帕尔玛的约翰认为修会的大厦是靠两面墙支撑起来的,即"好的道德水平和好的知识水平"(*scilicet moribus bonis et scientia*),他强调"兄弟们应当修筑知识这面墙,让这面墙的高度达到天空之上,以便寻求上帝"(*parietem scientiae fecerunt fratres ultra coelos et coelestia sublimem, in tantum ut quaererent, an Deus sit*)[2];最后一个阶段是圣波那文图拉的任期,他从1257年担任修会的总会长,一直到1274年去世为止[3]。

波那文图拉最终使得修会接受了拥有书籍的做法:"修会规章明确规定兄弟们有权、有义务去传教,我觉得其他规章都没有用这样的词做出这样的规定。因此,兄弟们不应该在传教时

---

1 请比对:*Le scuole degli Ordini Mendicanti*, Todi, 1978 (Convegni del Centro di studi sulla spiritualità medievale, 17)。

2 *De adventu fratrum minorum in Angliam*, 74.

3 请比对:P. Gratien de Paris, *Histoire de la fondation et de l'évolution de l'ordre des frères Mineurs au XIII<sup>e</sup> siècle*, Paris, Société et librairie Saint-François d'Assise, 1928, pp. 269-275。关于知识和清贫,详见:Dieter Berg, *Armut und Wissenschaft. Beiträge zur Geschichte des Studienwesens der Bettelorden im 13. Jahrhundert*, Düsseldorf, Pädagogischer Verlag Schwann, 1977。

胡说，而是应该传神圣的话语给人听。在这种情况下，如果兄弟们不读书，他们就无法知道神圣的话语是什么。而如果他们没有书的话，就不可能读书。所以这件事其实是很清楚的，拥有书籍是为了做到规章的规定，传教也是为了做到规章的规定。"（*Epistola de tribus questionibus*）然而，波那文图拉不认为教士应该垄断知识和书籍，他把书籍看作有利于传教的工具，他还希望兄弟们写供平信徒使用的普及读物。

最后，在方济各会出了罗杰·培根和雷蒙德·吕勒这两个人物以后，修会就不再觉得获得全面的知识跟方济各会的灵修是矛盾的了。

## 话　语

方济各会在书籍和书写方面的进展使修会的话语变得丰富起来。方济各会贴近平信徒社会，平信徒社会的文化是基于视听的，口头表达占有压倒性的地位，在此其实还应该分析一下图像，但是这方面就不是我擅长的了。

这里所说的话语主要是讲道。在方济各看来，讲道的目的是传达耶稣基督的话语和圣灵的话语，耶稣基督的话语是圣父的话语，圣灵的话语是精神和生命（第一封信《写给所有信徒的信》）。在第二封信《写给所有教士的信》中，方济各甚至认为耶稣的话语跟耶稣的身体和血是同等重要的。因此存在一种有关话

# 第四章

语的方济各神学思想。

1223年9月29日洪诺留三世发布教宗诏书 *Solet annuere*，批准了方济各会的规章，同意方济各会传教，洪诺留三世认为方济各会讲道的目的应该是谦卑的："在传教过程中，应该使用朴素纯洁的、精挑细选的话语，要向人们展示出罪恶和美德、地狱的痛苦与天堂的荣耀，要使用简明扼要的话语，因为主向世间的人说话的时候用的词就是简明扼要的。"( *In praedicatione quam faciunt sint casta et examinata eorum eloquia, ad utilitatem et aedificationem populi, annuntiando eis vitia et virtutes, poenam et gloriam, cum brevitate sermonis, quia verbum abbreviatum fecit Dominus super terram.* )[1]

洪诺留三世希望方济各会在讲道时力求简洁，这可能是因为他不想让方济各和兄弟们做长篇大论的布道。但是教宗说的不是在教堂里的、在弥撒上的布道，在教堂里和在弥撒上，听众其实反而喜欢听短的布道[2]。方济各会是在露天环境中讲道的，他们直接对着人群说话，这种情况下讲道可以说很长时间。

---

1  关于托钵修士可以传教的法律基础，详见：P. Michel Peuchmaurd, "Mission canonique et prédication", *Recherches de théologie ancienne et médiévale*, 19 (1962), pp. 122-144, pp. 251-276; P. Pierre-Marie Gy, "Le statut ecclésiologique de l'apostolat des Prêcheurs et des Mineurs avant la querelle des Mendiants", *Revue des sciences philosophiques et théologiques*, n° 59, Paris, 1975, pp. 79-88。

2  请比对：Albert Lecoy de La Marche, *La Chaire française, op. cit.*, pp. 209-215。

小兄弟们会运用一些话语的新形态[1]，这些话语的新形态塑造了新型的关系，这种关系没有以往那么遥不可及和等级分明。

1222年8月15日，斯帕拉托的托马索在博洛尼亚听方济各布道："方济各讲话的样子不属于神圣的雄辩那一类，更像是充满热情的演讲。"[2]《三兄弟传奇》也认为方济各说的话诚恳真挚，他说的不是充满修辞的话语[3]。

众所周知，方济各会在布道词中大量使用劝谕故事，其他的托钵修会也是这样。托钵修会是最早编写劝谕故事集的作者。这些小故事在道德方面教化人，适合方济各会讲道的特点，引入了日常生活的氛围，有亲身经历的真实感，像是听人直接讲述自己的经历，这些小故事符合方济各会的风格，劝谕故事这种文学体裁也适合表现这种故事[4]。

---

1 Jacques Le Goff et Jean-Claude Schmitt, "Au XIII[e] siècle, une parole nouvelle", *in* Jean Delumeau (éd.), *Histoire vécue du peuple chrétien*, I, Toulouse, Privat, 1979, pp. 257-280.

2 Leonhard Lemmens, *Testimonia minora*, éd. citée, p. 10; Théophile Desbonnets et Damien Vorreux, *Saint François, op. cit.*, p. 1435.

3 *Legenda trium sociorum*, XIII, 54, éd. Théophile Desbonnets, in *Archivum franciscanum historicum*, 67 (1974), p. 129.

4 可参考13世纪末一位法国方济各会修士的作品：*La Tabula Exemplorum secundum ordinem alphabeti*, éd. de l'Abbé Jean-Théobald Welter, Paris-Toulouse, Occitania, 1926; 1926年版的影印复制版：Éditions Slatkine, Genève, 1973。请比对：Claude Brémond, Jacques Le Goff, Jean-Claude Schmitt, *L'Exemplum*, fascicule 40 de la Typologie des Sources du Moyen Âge occidental, Turnhout, Brepols, 1982。

# 第四章

最后，我们还应该关注两个使用话语的特殊情况，这两个特殊情况与13世纪重要的事件有关，即十字军东征和打击异端。

在这两件事里，方济各希望用话语和行动的表率来斗争，最后达到的效果是让不信教的人和异端分子重归正统信仰。在十字军东征这方面，达维德·比加利（Davide Bigalli）记述了罗杰·培根是如何借用亚里士多德的思想来定义话语的，他认为话语（verbum）是一种权力（potestas）。话语的力量（sermo potens）植根于信仰的真实之中，这是它与一般的权力不同的地方。因此，罗杰·培根借鉴了方济各的思路，他认为话语在"普遍的基督教化过程"（universelle christificatio）中占有中心位置，他把话语纳入与话语和基督的十字架有关的神学中，重新思考话语的功能[1]。

在打击异端这方面，话语的性质从劝说（persuasio）滑向了强制（coercitio）[2]。正如拉乌尔·曼塞利所言，话语变质了，人们

---

1 D. Bigalli, "Giudizio escatologico e tecnica di missione nei pensatori francescani: Ruggero Bacone", in *Espansione del francescanesimo tra Occidente e Oriente nel secolo XIII* (Atti del VI Convegno internazionale, Assisi, 1978), Assise, Società internazionale di studi francescani, 1979, p. 186. 有关对13世纪十字军东征的态度，详见：Franco Cardini, "La crociata nel Duecento, l''avatara' di un ideale", *Archivio storico italiano*, 135, 1977, pp. 101-139; Franco Cardini, *La crociata*, Florence, Arnaud, 1987。

2 Raoul Manselli, "De la 'persuasio' à la 'coercitio'", in *Le Credo, la Morale et l'Inquisition* (Cahiers de Fanjeaux, 6), Toulouse, E. Privat, 1971, pp. 175-198. 关于13世纪意大利的方济各会修士与宗教裁判，见：Mariano da Alatri, *L'inquisizione francescana nell'Italia*

（转下页注）

不再用话语劝说他人了。方济各会开始参与到反对异端的斗争中（1254年），这导致方济各最初创立修会时想保持的那种兄弟会的感觉不复存在了。

## 通俗语言

从很久之前开始，面向平信徒讲道时使用的语言就是通俗语言。托钵修会大大促进了通俗语言的使用，尤其是方济各会。实际上，通俗语言是在13世纪出现的，并且很快在大部分西方基督教社会中站稳脚跟，通俗语言开始出现在文学作品中，文书处（chancellerie）也开始用通俗语言写文书，人们也把很多拉丁语文本翻译成本地语言（langue vernaculaire）[1]。

在此，我只讨论几个非常有代表性的例子。

大家都知道方济各的《太阳兄弟赞歌》和雅各布尼·达·托迪的《赞歌》(*Lauda*) 在意大利诗歌史中占有重要的地位。平信徒群体的"赞颂"（*laudesi*）逐步发展，使得这种唱出来的诗歌的形式得到了普及。人们还认为托钵修会，尤其是方济各会通过

---

（接上页注）

centrale nel sec. *XIII*, Rome, 1954；Rome, Istituto storico dei Cappuccini, Bibliotheca Seraphico-Capuccina n° 49, 1996。还请参阅：Lorenzo Paolini, "Gli ordini mendicanti e l'Inquisizione: il 'comportamento' degli eretici e il giudizio sui frati", in *Les Ordres Mendiants et la ville en Italie cen- trale, op. cit*., pp. 695-709。

[1] 请比对：Carlo Delcorno, "Predicazione volgare e volgarizzamenti", in *Les Ordres Mendiants et la ville..., op. cit*., pp. 679-689。

# 第四章

他们的行动和姿态促进了戏剧的发展，戏剧开始从礼拜仪式中独立出来[1]。我再提一次，方济各用法语唱献给上帝的赞歌，当他兴高采烈的时候，他喜欢用法语唱歌。

人们认为雷蒙德·吕勒"创造了加泰罗尼亚语"。

然而，方济各会成员把通俗语言当作一种交流的方式，但是他们并不盲目狂热。根据埃克莱斯顿的托马斯的记载，图克斯伯里的彼得是方济各会英格兰省的省级负责人，他请了六七个外国教士到英格兰来，"他们不会说英语，用行动作为表率，以此传教"（*qui scilicet, quamvis nescirent Anglicum, exemplo praedicarent*）[2]。

## 计 算

亚历山大·穆瑞（Alexander Murray）发现13世纪出现了一种"算术心态"。他举的一个例子是萨林贝内所处的环境。他注

---

1 F. Demarchi, "*Una prospettiva sociologica dell'evoluzione della liturgia medioevale in teatro religioso*", in *Dimensioni drammatiche della liturgia medioevale*, Atti del I Convegno di Studio del Centro di Studi sul teatro medioevale e rinascimentale (Viterbe, 1976), Rome, Bulzoni, 1977, p. 303. 应该选出并研究方济各会带有戏剧特点的身体语言，正如塞拉诺的托马斯列出了圣方济各的身体语言，方济各进行过真正的表演（他在阿西西的广场上对着大教堂的地下墓穴的入口讲道，回来时袍子不见了，身上扎着一条绳子；他在格雷乔讲道的姿态也被记录下来了；方济各在洪诺留三世面前讲道，他"跳起了某种舞蹈，跳舞的方式不像街头卖艺人，而是仿佛被上帝之爱灼烧"）。此外，还有真正的戏剧排演，比如杰拉尔多（Gerardo）兄弟在帕尔玛市镇广场（Piazza del Comune de Parme）上讲道的时候，萨林贝内记载了这场讲道，讲道的杰拉尔兄弟忽然停下来，把脸埋进风帽里。

2 *De adventu*, 91-92.

意到萨林贝内对数字非常熟悉。他记录年月日；他列出了9份食品价格清单；他在谈到战役、开销和距离的时候会提到数字；他追求正确的数字。1284年，比萨人在海战中败给了热那亚人，萨林贝内开始思考：阵亡人数有多少？负伤人数有多少？而且他还不相信比萨主教提供的数据。他写道："我决定了，我要等热那亚和比萨的方济各会修士给我提供一个更可靠的数据。"由此可以看出方济各会修士追求数字的精确。亚历山大·穆瑞做出了如下这番结论："萨林贝内和他的兄弟们是先驱。"是的，他们是计算的先驱[1]。

## 与举止和感受力有关的模式

**宫廷典雅风度**

中世纪基督教的西方除了宗教模式，尤其是修道院模式和神圣性模式，还存在一些世俗文化模式，即"贵族的"模式，这些方面是乔治·杜比感兴趣的领域[2]。

12世纪末，在世俗社会的贵族和骑士圈子里产生了最早的一

---

1 Alexander Murray, *Reason and Society in the Middle Ages*, Oxford, Clarendon Press; New York, Oxford University Press, 1978, p. 182.

2 Georges Duby, "La vulgarisation des modèles culturels dans la société féodale", in *Niveaux de culture et groupes sociaux*, Paris et La Haye, 1967. 该文后来被收入：*Hommes et structures au Moyen Âge*, Paris et La Haye, 1973, pp. 299-309; Paris, Flammarion, coll. Champs, 1991。

种具有系统性的平信徒价值准则，即：宫廷典雅风度。

方济各在青年时代对这套准则很着迷。他可能在吸收法国文化的同时接受了这套准则。从方济各的传记中可以看出方济各对宫廷典雅风度的痴迷对他的一生都产生了影响，也能看出他受到了骑士文化的影响。

最令人感到震惊的是：方济各皈信以后，宫廷典雅风度和骑士文化这种风格以及他对这种风格的喜好有一部分延续了下来。方济各通过典雅爱情（amour courtois）的象征和词汇表达他对清贫的爱。方济各在提到清贫的时候说的是"清贫女士"。他依然慷慨大方（magnanimitas, I Cel., 4, 13; I Cel., 13, 11; II Cel., 3, 14），他保持了宫廷风格的典雅礼仪（curialissimus, I Cel., 17, 15; II Cel., 3）[1]。

不过，方济各把他的骑士理想用到了服务基督和教会上。

方济各梦到了装满武器的宫殿（I Cel., 5; II Cel., 5, 6; Leg. min., 1, 3），这个梦显然标志着方济各放弃了骑士生活，但是这个梦也表现出方济各依然深受骑士文化的影响，他用骑士文化的方式来感受和表达自己。

在我看来，乔万尼·米考利似乎简化了一些文本的意义。这些文本包括：人们看到方济各对着一群土匪大喊"我是伟大的

---

[1] Théophile Desbonnets et Damien Vorreux, *Saint François, op. cit.*, s.v. *Courtoisie*, p. 1530.

王的使者"（I Cel., 16）。还有一段是方济各说"这是我的圆桌骑士们，他们是一群躲在隐蔽、偏远的地方专心祈祷和冥想的兄弟们"（Leg. Per., 71）。还有一段是方济各反驳了一个想要一本《诗篇》的兄弟："查理大帝、罗兰、奥利维埃、所有勇士、所有虔诚的战士都英勇地战斗，不遗余力地追击不信教者，最终取得了载入史册的胜利；归根结底，这些殉道的圣徒是在捍卫基督的信仰的战斗中死去的。然而，现如今很多人都想把荣誉和荣光都加到自己身上，觉得只是歌唱一下战功就够了。"（Leg. Per., 72）对米考利而言，这些句子在方济各的宗教经验中没什么实质性的意义[1]。不过他十分敏锐地补充说这些句子展示出了方济各有能力"通过广为人知的形象和典故，用通行的语言表现自己、表达自己的想法，不使用宗教文学和教化文学中的传统渠道和媒介"[2]。

实际上，方济各使用的话语拉近了他和平信徒的距离。不过我认为方济各使用的带有宫廷典雅风度的词汇不仅是参与到他同时代的平信徒文化模式中的手段。他表达出了战士的英雄气概的内化过程，这是他所处时代的宗教特质。中世纪早期的圣徒是上帝的运动员，13世纪的圣徒是上帝的骑士。不论在这方面还是其他文化态度方面，方济各和诸多托钵修会都延续了圣贝尔纳和熙笃会的态度。

---

[1] Giovanni Miccoli, "La storia religiosa", art. cité, pp. 735-736. 相反的观点详见：Franco Cardini, "San Francesco e il sogno delle armi", *Studi Francescani*, 77 (1980), pp. 15-28。

[2] Giovanni Miccoli, "La storia religiosa", art. cité, p. 736.

# 第四章

方济各会将把这种基于宫廷典雅风度的感受力、这种骑士般的态度，尤其是对于清贫的态度一直延续下去。雅各布尼·达·托迪在《赞歌》的第59首中写道："因为爱清贫，你的领主权力是伟大的。"( *Povertate ennamorata, grann'è la tua segnoria.* )[1]

## 美

对于方济各和方济各会修士而言，女性具有两面性，美也具有两面性。一方面，美是上帝造物的至高表达。托德曾提出一个观点，他认为方济各会思想是文艺复兴之父，方济各会思想孕育了人们对美的感知，这个观点很陈旧，也饱受争议。最近拉斐尔·摩根（Raffaello Morghen）重提托德的观点，他认为方济各会的艺术（单廊建筑、围成一圈的壁画）是一种表现生活的甜美温馨的艺术。摩根又提到了路易吉·萨尔瓦托雷利的一句话："圣方济各爱一切造物，这是一种新现象，是一种全新的现象。直接地感受到万事万物中的神性正是精准地、充满热情地感受美的过程，对美的感知的过程体现着对上帝的爱。"[2]

在此，我们需要把这种感受力放到它所处的神学基础中来

---

1 Éd. F. Ageno, Florence, 1953, p. 233.
2 Luigi Salvatorelli, "Movimento francescano e gioa-chimismo", p. 425, cité par Raffaello Morghen, *Civilità medioevale al tramonto*, V: *San Francesco e la tradizione francescana nella civiltà dell'Europa cristiana*, Bari, Laterza, 1971, p. 66. 参见：Raffaello Morghen, "Francescanesimo e Rinascimento", in *Iacopone e il suo tempo*, Todi, Accademia tudertina, 1959, pp. 30-35。

考虑。

主即是美，正如方济各在写给莱昂兄弟的《至高上帝赞歌》中所写的那样："你是美的"（*Tu es pulchritudo*）（重复）。而在《太阳兄弟赞歌》中太阳也是这种美的标志："而且他是美的"（*Et ellu è bellu*）。

上文已经提到了方济各把自己比作一位美丽的女性（*mulier formosa*），这位美丽的女性有长相英俊的儿子（*filii venustissimi*）（II Cel., 16, 10）。

不过美会削弱意志力，"待在一个美的地方可能削弱内心的意志"（*loci amoenitas quae ad corrumpendum animi vigorem non mediocriter potest*）（I Cel., 35, 71）。方济各的皈信使他远离了美的愉悦，"田野的美、葡萄园的乐趣和一切眼中的美好事物都不再能让他感觉愉悦了"（*sed pulchritudo agrorum, vinearum amoenitas et quidquid visu pulchrum est, in nullo potuit eum delectare*）（I Cel., 3, 12）。

这就是13世纪的态度，人们受到了美的吸引，却还有些犹豫不前。13世纪人们有了美的意识，尤其是感受到了人间的美。

## 愉　悦

尘世的快乐在愉悦的举止中表现得非常明显。宗教人士和平信徒的距离拉近了，在此之前，修道院中典型的修士的形象是以泪洗面的人（*is qui luget*）。而方济各与之相反，大量文本都证明

## 第四章

方济各是"快乐的,他的脸充满喜悦"[1]。

埃克莱斯顿的托马斯记载了最早到达英格兰的方济各会成员的情况,在他的叙述中多次记载了兄弟们感到快乐的经历,不过这些快乐的经历有时是勉强的,有时则是过度的。

兄弟们在坎特伯雷的一座房子里安顿下来,一天晚上他们回到房子里,生起火,围坐在火附近,用锅煮粥(potus),围成一圈喝粥。他们欢快地喝粥(et sic cum gaudio biberent),有时粥太稠了,必须得兑水。而且,在萨勒姆,兄弟们在厨房里的炉火前喝着不洁的稀粥(faeces),如此高兴、如此快乐(cum tanta jocunditate et laetitia),他们友爱地互相追逐[2]。

在牛津,年轻的兄弟们已经养成了保持"高兴愉快"(iocundi et laeti)的习惯,这导致他们哪怕只是对视一下都忍不住要笑(ut vix in aspectu mutuo se temperarent a risu)。兄弟们大肆狂笑,最后不得不拿鞭子抽他们,可是这也无济于事。笑像是会传染似的,需要出现一个奇迹才能停止[3]。

而图克斯伯里的彼得曾对一个兄弟说:"在尘世想要获得救赎就必须做这三件事:吃饭、睡觉和玩耍。他让一个郁郁寡欢的兄弟喝下满满一杯上好的葡萄酒,让他用喝酒来悔过。这位兄弟

---

1 Théophile Desbonnets et Damien Vorreux, *Saint François, op. cit.*, s.v. *Joie*, pp. 1514-1537.
2 *De adventu*, 7.
3 *Ibid.*, 26.

不情愿地喝下了酒,图克斯伯里的彼得对他说:'我亲爱的兄弟,如果你经常这样悔过,你就不会觉得良心不安。'"[1]

方济各的修会的箴言是"愉悦中的清贫"(*paupertas cum laetitia*)。(*Admonitions*, XXVII, 3)

实际上,这种愉悦来自神圣的秩序。这是一种超验的经验,是恩典的标志,是圣灵的作用,愉悦产生于探索福音书和清贫的过程中。魔鬼无法影响这种愉悦。(II Cel., 88)

最后,愉悦与严格修行和痛苦的经验相伴,这是为了让自己投身于爱。波那文图拉在《三重道路》(*De triplici via*)中表述了这种观点:"这条道路以良知受到刺激而开始,以感受到精神上的愉悦而结束,这条道路是在痛苦中走出来的,最终却在爱中完结。"(*Incipit via ista a stimulo conscientiae et terminatur ad affectum spiritualis laetitiae, et exercetur in dolore, sed consummatur in amore.*)

## 死 亡

方济各会有着愉悦的精神状态,但是他们并没有因此就不在日常生活中思考死亡。13世纪,死亡有了新的个人形式(个人审判和炼狱的重要性)和新的集体形式(兄弟会成员的葬礼)。

---

[1] "*Tria sunt necessaria ad salutem temporalem, cibus, somnus et iocus. Item iniunxit cuidam fratri melancholico ut biberet calicem plenum optimo vino pro poenitentia, et cum ebibisset, licet invitissime, dixit ei : Frater carissime, si haberes frequenter talem poenitentiam, haberes utique meliorem conscientiam.*" (*De adventu*, 92.)

# 第四章

我们可以发现方济各会思想中对死亡的理解反过来影响了平信徒的死亡观念。

首先是人们开始信仰死去的基督、受难的基督，基督受难的情节暗含方济各出现圣痕的经历。其次是兄弟们开始虔诚地为死去的兄弟们祈祷。方济各会也开始准许死去的平信徒安葬在他们的修道院和教堂里。直到1250年教宗才同意方济各会接纳去世的平信徒，而教宗早在1227年就批准多明我会这样做了。

最后，在《太阳兄弟赞歌》中出现的"我们的身体死亡姐妹"是无须畏惧的，因为只有"第二次死亡"（*Cant. Sol.*, 13）即被罚入地狱才是可怕的。

## 狭义的伦理-宗教模式

本节讨论的这些模式非常重要，同时也是最广为人知的，我就不展开讲太多了。

### 悔 过

13世纪是悔过者的世纪[1]，方济各会强调悔过，修会活动与其

---

[1] 请比对：Ida Magli, *Gli uomini della penitenza*, Milan, 1977 et Padoue, F. Muzzio, 1995。该书将方济各称为"一个悔过的人"（*un uomo della penitenza*），并且提出了一个说法，即"悔过的文化"（*una cultura penitenziale*）。此外，乔万尼·米考利把方济各会修士描述为"一群悔过的人"（*gruppo di penitenti*）（"La storia religioso", art. cité, p. 734）。

所处时代的社会联系紧密[1]。

根据《三兄弟传奇》(33)的记载，方济各堪称领域的先驱者："当时，悔过的道路完全是未知的，悔过也被视为一种疯狂的行为。"在《遗嘱》(1)中，方济各认为自己的皈信是皈信于悔过："主让我，方济各兄弟，开始悔过。"(*Dominus ita dedit mihi fratri Francisco incipere faciendi poenitentiam.*)

方济各和他的兄弟们考虑到了平信徒在悔过道路上的最大障碍，即婚姻，他们找到了一种适合平信徒的悔过方式。因为平信徒曾问他们该怎么做："我们有妻子，我们不能抛弃妻子。告诉我们该走哪条路才能得到救赎吧！"

悔过需要通过告解来实现。第四次拉特兰公会议（1215年）颁布了教会法规 *Omnis utriusque sexus*，要求信徒每年告解一次，方济各会和多明我会都促进了每年一次告解的做法。他们编写了供听告解的神父使用的手册，成了告解理论和告解实践方面的专家。

人们开始追问行为的意图，并且在耳室进行告解，这导致人们开始觉得说出自己的想法的招认行为（aveu）是重要的。13世纪发展出了解除罪恶式（libératoire）的招认行为和审问式（inquisitoriale）的招认行为（拷问）。"那些谦卑地招认的人是有真福的。"(*Beatus... qui humiliter confitetur.*)(*Admonitions*, XXII) 方济各这样说。

---

[1] 详见：*Il movimento francescano della penitenza nella società medioevale* (éd. Mariano da Alatri, Secondo Convegno di studi francescani, Padoue, 1979), Rome, 1980。

## 第四章

### 清 贫

要弄清楚方济各会的清贫观念是怎么一回事的话,需要研究两个问题。第一个问题是:"方济各会的清贫与之前的概念和实践相比,到底是一种延续还是一种断裂?"这个问题已经有了答案[1]。第二个问题是:"方济各会自愿的清贫与13世纪穷人被迫的受穷状态这两者之间的关系是怎样的?方济各会所说的'像其他穷人那样'(*sicut alii pauperes*)(*Regula non bullata*, II, 7-8)具体是什么意思呢?"关于这个主题,目前只有一些初步的研究[2]。这个问题从历史学的角度和从神学的角度来看都非常重要。

### 谦 卑[3]

谦卑的典范显然是耶稣的谦卑。谦卑是清贫的姐妹。

在方济各会(在13世纪的其他托钵修会体现的程度稍弱),谦卑的精神尤其体现在乞讨行为中,这在历史上构成了一个很大的问题。西方修道制度传统中并不包含乞讨,而且明确地规定了教士不得乞讨。在历史上乞讨行为是边缘化的,只有11、12世纪之交的巡游讲道者乞讨,此外格朗蒙修会的规章将乞讨视为"严

---

1 *La povertà del secolo XII<sup>e</sup> Francesco d'Assisi* (Atti del II Convegno internazionale della Società internazionale di studi francescani, Assisi, 1974), Assise, 1975.
2 我们可以参考米歇尔·莫拉和他的学生们的研究。
3 详见: P. Willibrord-Christian van Dijk, *Le Message spirituel de saint François d'Assise dans ses écrits*, Blois, Éditions Notre-Dame-de-la-Trinité, 1960, s. v. *Humilité*, pp. 238-240。

格修行和谦卑的锻炼"[1]。而且，应当把乞讨行为重新放到历史的脉络中来考虑，在历史中，乞丐是长期存在的。

谦卑在社会整体方面的体现是禁止兄弟们担任公职、对高级神职人员抱有怀疑的态度、倡导平等的理念、认为自己的地位比他人低的思路（因此方济各会的成员称自己是"小兄弟"）。我在之前的章节中已经讨论了与整体社会（或公民社会）或宗教社会的结构有关的模式，请参考前文[2]。

## 纯洁与身体

方济各爱所有造物，但其中有一个例外，方济各不爱身体。他觉得应该憎恨身体（第一封信《写给所有信徒的信》），肉身是一种把我们同上帝隔开的阻碍（I Cel., 15）。不过，不论身体多么可鄙，身体（*Regula non bullata*, XXIII, 23-24）是上帝赐予的，因此应该爱身体。而且方济各也说过（*Admonitions*, V）：上帝依照他心爱的儿子的形象创造了人的身体，然后他依照自己的灵魂创造了人的灵魂（这又让我们想起了基督受难和方济各对基督的模仿，他认为这是一种身体上的终结）。《太阳兄弟赞歌》提到了

---

[1] 请参考乔万尼·米考利的极佳评论：Giovanni Miccoli, "La storia religiosa", art. cité, p. 757。

[2] 埃弗拉姆·朗普雷神父（P. Éphrem Longpré）在《灵修字典》的第5卷（*Dictionnaire de spiritualité*, V, 1964）的"方济各会"的词条（第1290页）中列出了圣方济各的作品和传记中所有表达了"谦卑和内在的清贫意味着不接受任何职务（任何权力）"的观点的段落。

# 第四章

"身体兄弟"，塞拉诺的托马斯记载了方济各的一次谈话的内容，方济各当时讨论了对身体的照料（II Cel., 160）。然而身体是原罪之源（*Regula non bullata*, XXII, 5），因此应当鄙视和憎恨身体[1]。

然而，在方济各会看来，真正的对立不是肉欲与贞洁的对立，而是肉体与纯洁的对立。肉体与纯洁的对立不仅与身体有关，也与心和精神有关。有关色欲，我发现七宗罪在方济各或是13世纪的方济各会思想中似乎占有很弱的地位。总的来说，方济各（和方济各会成员）的行动常常是通过改变已有的价值观和做法来实现的。

与纯洁接近的品质是纯真（simplicité）。只有上帝才能完全拥有纯洁这种品质。可以区分出感觉的纯洁、心的纯洁和精神的纯洁。《太阳兄弟赞歌》提到了四种象征着灵修的元素，是水、我们的水姐妹象征着纯洁，人们认为水既贞洁又谦卑。方济各会的价值观数量庞杂，其中一个就是纯洁，而在这套庞杂的价值体系中居于核心位置的重要价值是谦卑。

埃克莱斯顿的托马斯在《方济各会修士到达英格兰》（*De adventu fratrum minorum in Angliam*）的第5章中讨论了"兄弟们原初的纯洁"（*de primitiva puritate fratrum*）。这种纯洁也可以被理解成纯真，也包括贞洁（出现梦遗时需要做公开告解）、快

---

[1] 雅各布尼·达·托迪也持同样的态度。阿尔塞尼奥·弗鲁格尼（Arsenio Frugoni）曾写道："雅各布尼竭尽全力憎恨身体。"（*Convegno di storia della spiritualità medievale*, Todi, 1959, p. 86.）

乐（*laetitia*）和兴高采烈（*hilaritas*），也就是我在上文讨论过的愉悦。

方济各会早期对待身体的态度与当时社会整体对身体和肉身的态度的变化趋势是不一致的，当时人们并不像方济各那样认为身体应该是清贫的容器，而是认为身体是享乐的容器，从艺术领域（雕塑）对裸体的审美和烹饪美食的技术的发展中可以看出这种态度的变化。方济各没有在福音书中找到要节制饮食的说法，他在节制饮食这方面是不那么严格。焦尔达诺·迪·嘉诺曾记载了一则逸闻：方济各与彼得罗·卡塔尼一起吃肉。一个兄弟走过来，说修会的新规定禁止吃肉。圣方济各回答说："吃吧，就像福音书教导我们的那样，人们在我们面前放了什么，我们就吃什么……"（*Mangiamo, come insegna il Vangelo, ciò che ci viene messo davanti...*）

## 祷 告

我目前没有见过关于方济各会早期的祈祷行为以及这种行为与同时代教士和平信徒的行为之间关系的专门研究[1]。我们可以思考一下内化的默念祈祷和近乎自发的、近乎有魔力的祈祷做法（方济各会也是如此），尤其是念着万福（*Ave*）和圣父（*Pater*）

---

1 我们可以在该书中找到一些参照：*La Prière au Moyen Âge (Littérature et civilisation)*, Aix-en-Provence, Publications du CUERMA; Paris, diffusion H. Champion, "Senefiance" n° 10, 1981。

的名字的祈祷之间的平衡状态。

## 神圣性

安德烈·孚歇清晰地展现出了托钵修会在神圣性概念演变的过程中发挥的重要作用，尤其是方济各会的作用。在神圣性概念演变的过程中，逐渐建立起了"福音书"模式（12世纪末—13世纪末），这种模式是建立在严格修行、清贫和虔诚牧灵的基础上的[1]。

在方济各会看来，奇迹并不构成神圣性，奇迹只是展示了神圣性。《三兄弟传奇》的开头就这一点做出的论述非常典型："我们不想仅仅讲述一些奇迹，这些奇迹展现出了神圣性，但是奇迹并没有创造出神圣性，我们还想要讲述方济各神圣举动的影响，还要讲述方济各想用自己虔诚的愉悦去称颂、去荣耀至高的上帝，他也想从至高的父身上得到虔诚的愉悦，我们讲述这些是希望给那些想要模仿方济各的人一些启发。"[2]

---

[1] André Vauchez, *La Sainteté en Occident aux derniers siècles du Moyen Âge, op. cit.*, notamment "Les ordres mendiants et la sainteté locale", pp. 243-255, et "La sainteté des ordres mendiants", pp. 388-409.

[2] "*Non contenti narrare solum miracula, quae sancti- tatem non faciunt sed ostendunt, sed etiam sanctae conversationis eius insignia et pii beneplaciti voluntatem ostendere cupientes, ad laudem et gloriam summi Dei et dicti patris sanctissimi, atque aedificationem volentium eius vestigia imitari.*" (*Legenda trium sociorum*, éd. Théophile Desbonnets et Damien Vorreux, *Saint François d'Assise, op. cit.*, p. 89.)

最重要的是如何生活，是美德。

在方济各还在世的时候人们就被他吸引，这种吸引力持续到了他去世以后，由此确立了一种神圣性模式，这种模式的很大一部分内容在于模仿基督，在这种模式中最重要的品质是谦卑、清贫和纯真。不过，我们很快就会发现大众对方济各会圣徒的崇拜的形式依然是传统的，他们还是觉得圣徒可以行治疗疾病的奇迹，也很在意圣徒的遗骨和圣物。

## 有关神圣的传统模式

### 梦与幻象

中世纪的文本中充满了对梦和幻象的记载。然而，人们对中世纪的梦的历史和对梦的解释的历史缺乏了解。在13世纪，梦似乎开始推广和普及，在此以前占主流的是大人物的梦（这是对"国王的梦"这个古老主题的延续）和圣徒的梦，这些梦往往有固定的模式，要么是受到了梦中恶魔的诱惑，要么是梦到了极为神圣的场景，并由此获益[1]。

有一项以方济各的梦为对象的研究得出的结论是：方济各可

---

[1] 详见：Jacques Le Goff, "Les rêves dans la culture et la psychologie collective de l'Occident médiéval", *Scolies*, I (1971), pp. 123-130。后来被收入：*Pour un autre Moyen Âge*, pp. 299-306；又被收入：*Un autre Moyen Âge*, pp. 287-294。

能比其他圣徒做的梦要少[1]。然而，我们可以观察到至少三组有代表性的梦：

① 与方济各皈信有关的梦境和幻象，塞拉诺的托马斯、波那文图拉和《三兄弟传奇》都有记载[2]。

这些记载包括圣方济各自己的（其中包括那个著名的与武器有关的梦）[3]、阿西西主教的，以及教宗英诺森三世的梦或幻象。阿西西主教和教宗英诺森三世的梦的风格更为传统。

② 埃克莱斯顿的托马斯在作品《方济各会修士到达英格兰》中记载的幻象（总计18次）。

③《灵花》记载的吉尔兄弟的幻象。这份独立的清单说明了梦和幻象是方济各会非常喜欢的表现方式。梦和幻想也代表了一种经历，这值得我们仔细研究。

## 奇迹、巫术、驱魔

虽然早期的方济各会修士认为奇迹并不构成神圣性，圣方济各和帕杜瓦的圣安东尼的奇迹却十分盛行。这种现象表明了一种重回基督的奇迹的倾向，表明了中世纪大众面对奇迹的传统态度

---

1 Giovanni Zen et Giuseppe Sauro, *I sogni di san Francesco d'Assisi*, Padoue, Edizioni laurenziane, 1975.

2 详见：Théophile Desbonnets et Damien Vorreux, *Saint François, op. cit.*, s.v. *Vision*, 1551（长的清单）。

3 详见：Franco Cardini, "San Francesco e il sogno delle armi", 也见本书第226页注1。

没有变化,他们甚至对奇迹更为狂热了。

圣方济各的所有传记都记载了他的奇迹,根据传统,塞拉诺的托马斯还写了一部方济各的《奇迹集》。

帕杜瓦的圣安东尼的传记记载了在他去世后产生的大量奇迹,一群群外国人涌到他的墓前:"在那儿,瞎子的眼睛能看见了,聋子的耳朵也能听见了,瘸子开始像小鹿一样跳跃。哑巴的舌头开始动了,吟出赞美上帝的赞歌。瘫痪的四肢也能像从前那样动起来了,驼背、痛风、发烧和各种各样的传染病都被驱散了……威尼斯人跑来,特雷维索人(Trévisan)蜂拥而至,维琴察人(Vicentin)、伦巴第人、斯拉夫人、阿奎莱亚人(Aquiléen)、条顿人(Teutonique)、匈牙利人等等都来了……"[1]

安德烈·格度(André Goddu)曾做过一项有启发性的研究,他统计了《圣徒传集成》中的《传记》部分出现的驱魔的次数,画出了一张曲线图,他认为这张曲线图主要反映出了驱魔的有效性或无效性[2]。因此13世纪的峰值符合当时人们不太相信驱魔的情况。不过圣方济各和帕杜瓦的圣安东尼做过的驱魔次数不少[3]。

---

[1] 请比对:*Sancti Antonii de Padua Vitae due*, Paris, Léon de Kerval, 1904。

[2] André Goddu, "The Failure of Exorcism", *Miscellanea Mediaevalia*, 12/2 : *Soziale Ordnungen im Selbstverständnis des Mittelalters*, Berlin, New York, W. De Gruyter, 1980, pp. 540-557.

[3] Théophile Desbonnets et Damien Vorreux, *Saint François, op. cit.*, s.v. *Démon*, p. 1531.

第四章

方济各会开创了新的模式,是现代性的代表,可是他们依然没有脱离旧有的传统和已有的模式。

# 结　论

拉乌尔·曼塞利提出了一个重要的问题,每一个研究方济各会的历史研究者都为这个问题贡献了一些答案。在理解这个问题的意义之前,我不会贸然给出一个概括的回答。拉乌尔·曼塞利提出的问题是:在13世纪,方济各会凭借什么改变了教会对平信徒的态度,又凭借什么改变了平信徒的行为呢? 13世纪虽然也有千禧年思想突然涌现的情况,基督教世界的人们却不再相信世界的尽头就要来了,而是在尘世安顿了下来。

我只想讲三点。

方济各会告诉世人:人不是拯救了自己就能得救的。他们认为要全人类、所有造物共同拯救自身,这样大家才能都得救。修士确实想要成为整个社会的典范,他严格修行不仅是为了他自己的救赎,也是为了所有人的救赎,他通过向上帝代祷争取所有人的救赎。不过修道院的模式依然是独自悔过的模式。托钵修会——尤其是方济各会——通过话语和行动传教,他们认为要通过集体的悔过实现全人类的救赎。集体悔过的榜样不是等级制度顶端的人,而是居于低位的人,也就是那些最卑微的人和最贫穷的人,平信徒和教士中都有这样的人。不过,方济各会在修会内部并没有废除对教士和平信徒的区分,因为平信徒很快就被驱逐出了修会,不过方济各有力地推进了命运共同体的观念,在命运共同体中教士和平信徒不再有区别。

从方济各会的思想和行动中可以明显地看出他们所生活的世界具有一种模棱两可的性质。一方面,这个世界是上帝创造出来的,应该爱这个世界,在这个世界中有愉悦和兄弟之情;另一方面,这个世界也因恶魔和原罪变了形,于是应该反对这个世界,应该毫不妥协地拒绝它。这个世界催生了不平等和敌意,一切权力的形式都产生于此,而权力的各种形式都是建立在财产权、金钱、知识、等级的威力、出身和肉身的基础上的。人到底是要接受这个愉快的人间,还是要拒绝尘世的堕落,这是一种两难的境地。人们应该在两难中完成救赎,在既接受又抵抗的辩证关系中实现救赎。这是一种理想,不过方济各会从13世纪开始便常常远离这种理想了。13世纪中叶一位无名的托斯卡纳诗人曾这样描述方济各会:

> 没有人希望自己看起来是一副贫穷的样子,
> 财富,所有能拥有财富的人,
> 都有了财富。
>
> (*Povero nessun non voglion vedere,*
> *dei richi, tutti quanti ponno avere,*

# 第四章

*tutti li ànno.* )[1]

不过方济各会依然表达理想、提及理想[2]。

方济各会最终树立了一种具体的历史典范，这种典范是一个新人的形象，是一个悔过的人，他无比痛苦，最终被钉在了十字架上。方济各是基督教历史上唯一一个以耶稣为榜样，并且在耶稣之后在西方基督教中发挥了耶稣的作用的人。众所周知，大家追随方济各，但这并非一种个人崇拜，不论什么形式的个人崇拜最后的结果都会非常有害。集体的取向体现在方济各个人身上，方济各代表的是清贫和谦卑的品质，要比所有人都贫穷，要比所有人都谦卑。他在整个基督教世界的空间里游走，既去人口众多的大城市，也去偏僻无人的旷野，他从翁布里亚出发去西班牙和圣地。

而且历史学研究者发现了方济各会的思想是与他们所处历史阶段相契合的，当时正是人们组织在一起形成共同体的时代。行会、兄弟会和大学都得到了充分的发展，与此同时产生了个人意识，人们也开始认可个人。很少有宗教活动能像方济各会这样符

---

[1] Alfredo Stussi, "Un serventese contro i frati tra ricette mediche del secolo XIII", *in L'Italia dialettale*, 30 (1967), p. 148. 转引自：Giovanni Miccoli, "La storia religiosa", art. cité, p. 797。

[2] 托钵修士表面上反对富人，反对既有社会，但他们又是传统观念的传播者，在讲道过程中劝人们屈服。关于这方面详见：*ibid.*, pp. 798-799, pp. 803-806。

合所处时代的特点,尽管他们遭遇了一些困难,他们自身也有矛盾之处,他们也遭遇了一些失败,但他们的活动都很适应这个新社会,他们所提倡的和他们所排斥的事物都符合这个新社会的特点。在思想层面和精神层面,方济各会的活动体现了封建主义向资本主义的过渡。更确切地说,按照胡塞·路易斯·罗梅罗(José Luis Romero)的说法,方济各会的活动体现了封建-市民体系(système féodal-bourgeois)的发展。

不过,我们也能发现:很少有一场活动能如此精准地反映人类历史的各个时代,并且给后世的各个时代提供启发。对世界抱有开放的态度,同时也明白要拒绝哪些东西,这是一种适用于过去、现在和未来的思路和做法。

在我们所处的时代,我们应该首先关注第三世界的穷困国家,应该尽自己的努力去帮助这些国家,要把弱势群体、穷苦的人和被压迫的人当成自己的榜样。尽管方济各会遭遇了失败、失控和背叛,但他们在面对平信徒的大规模活动中所总结出的经验是有效的。现如今,饥饿、苦难和压迫依然没有被消除。在我们的时代,方济各会的经验依然是有效的。

# 附 录

# 参考书目

## 圣方济各的作品与关于其作品的研究

FACCHINETTI, Vittorio et CAMBELL, Jacques (dir.), *Gli scritti di san Francesco d'Assisi*, Milan, Vita e pensiero, 1954, 1962[5].

CAMBELL, Jacques, "Les écrits de saint François d'Assise devant la critique", *Franziskanische Studien*, 36, 1954, p. 82-109.

QUAGLIA, P. Armando, *Origine e sviluppo della regola francescana*, Monastero S. Chiara, Naples, 1948.

QUAGLIA, P. Armando, *L'originalità della regola francescana*, Sassoferrato, Edizioni La Pace, 1959.

QUAGLIA, P. Armando, *Storiografia e storia della regola francescana*, Falconara, Edizioni Francescane, 1985.

BENEDETTO, Luigi Foscolo, *Il Cantico di Frate Sole*, Florence, G. C. Sansoni, 1941.

SABATELLI, Giacomo, "Studi recenti sul Cantico di Frate Sole", *Archivum franciscanum historicum*, 51, 1958, p. 3-24.

VAN DIJK, P. Willibrord-Christian, *Le Message spirituel de saint François d'Assise dans ses écrits*, Blois, Éditions Notre-Dame de la Trinité, 1960.

## 传记史料与关于史料的研究

BIHL, Michael, *Sacrum Commercium S.F. cum domina Paupertate*, Florence, Quaracchi, 1929.

PISTELLI, P. Ermenegildo, *Le sacre nozze del beato francesco con Madonna povertà*, Foligno, Franco Campitelli, 1926.

BUGHETTI, P. Benvenuto, et PRATESI, P. Riccardo, *I fioretti di san Francesco*, Florence, Salani, 1958.

## 现代传记与整体性研究

COSMO, Umberto, *Con Madonna povertà*, Studi francescani, Bari, G. Laterza & Figli, 1940.

CUTHBERT, P. Laurence Anthony Hess, *Life of St. Francis of Assisi*, Londres, 1912 ; New York, Longmans, Green & Co, 1921[2].

ENGLEBERT, Omer, *Vie de saint François d'Assise*, Paris, Albin Michel, 1947, 1956[2].

FACCHINETTI, P. Vittorino, *San Francesco d'Assisi nella storia, nella leggenda, nell'arte*, Milan, Casa editrice S. Lega eucaristica, 1926.

FELDER, Hilarin, *Die Ideale des Hl. Franziskus von Assisi*, Paderborn, F. Schöningh, 1951 (nouv. éd.).

FELDER, Hilarin, *Der Christusritter aus Assisi*, Zurich-Altstetten, B. Götschmann, 1941.

GRATIEN DE PARIS, *Histoire de la fondation et de l'évolution de l'ordre des frères Mineurs au XIII[e] siècle*, Paris, Société et Librairie Saint-François d'Assise ; Gembloux, J. Duculot, 1928.

JÖRGENSEN, Johannes, *Den Hellige Franz af Assisi*, Copenhague, 1907; trad. allemande : *Der heilige Franz von Assisi*, Munich, Kösel, 1952.

NICCOLI, Mario, "San Francesco d'Assisi", in *Enciclopedia italiana*, 1932.

SABATIER, Paul, *Vie de saint François d'Assise*, Paris, Fischbacher, 1931.

SABATIER, Paul, *Études inédites sur saint François d'Assise*, Paris, Fischbacher, 1932.

SALVATORELLI, Luigi, *Vita di san Francesco d'Assisi*, Turin, Giulio Einaudi, coll. Saggi, n° 511, 1973.

SALVATORELLI, Luigi, "Movimento francescano e gioachimismo. La storiografia francescana contemporanea", *X Congresso internazionale di scienze storiche, Relazioni*, III, *Storia del Medioevo*, Rome, 1955.

SALVATORELLI, Luigi, *Movimento francescano e gioachimismo. Francesco d'Assisi e il francescanesimo nel primo secolo dell'ordine*, Florence, G. C. Sansoni, 1955.

## 文 章

CELLUCI, Luigi, *Le leggende francescane de sec. XIII nel loro aspetto artistico*, Milan, Soc. Dante Alighieri, 1929; Modène, Società tipogr. ed. Modenese, 1957[2].

DELARUELLE, Étienne, "L'influence de saint François d'Assise sur la piété populaire", *X Congresso internazionale di scienze storiche, Relazioni*, III, *Storia del Medioevo*, Rome, 1955.

DELARUELLE, Étienne, *L'influence de Saint François d'Assise sur la piété populaire*, Florence, G. C. Sansoni, 1955.

FACCHINETTI, P. Vittorino, *Iconografia francescana*, Milan, Casa editrice S. Lega Eucaristica, 1924.

FOCILLON, Henri, *Saint François d'Assise et la peinture italienne au XIII[e] et au XIV[e] siècle* (Moyen Âge : survivances et réveils), Montréal, 1945.

FRANCASTEL, Pierre, "L'art italien et le rôle personnel de saint François d'Assise", *Annales. E.S.C.*, Paris, 1956. KAFTAL, George, *St. Francis in Italian Painting*, Londres, Allen and Unwin, 1950.

KAFTAL, George, *Iconography of the Saints in Tuscan Painting*, Florence, Sansoni, 1952; Florence, Le Lettere, 1986.

KLINGENDER, Francis Donald, "St. Francis and the Birds of the Apocalypse",

*Journal of the Warburg and Courtauld Institute*, XVI, 1953.

LADNER, Gerhart Burian, "Das älteste Bild des Hl. Franziskus von Assisi. Ein Beitrag zur mittelalterlichen Porträtikonographie", dans *Mélanges Percy Ernst Schramm*, I, Wiesbaden, 1964; Rome, Edizioni di Storia e Letteratura, 1983.

MEISS, Millard, *Giotto and Assisi*, New York, New York University Press, 1960.

MEISS, Millard et TINTORI, Leonetto, *The Painting of the Life of St. Francis in Assisi with Notes on the Arena Chapel*, New York, New York University Press, 1962.

OFFNER, Richard, "Note on an unknown St. Francis in the Louvre", *Gazette des beaux-arts*, février 1962.

OFFNER, Richard, *Studies in Florentine painting. The fourteenth century*, Integral repr. / with an introd. essay by Bruce Cole, New York, Junius Press, 1972.

"L'Influence de saint François d'Assise sur la civilisation italienne". Conférences tenues à la Sorbonne sous le patronage de l'Union intellectuelle franco-italienne, par MM. Paul Sabatier, Alexandre Masseron, Henri Hauvette, Henri Focillon, Étienne Gilson, Édouard Jordan, Paris, Éditions Ernest Leroux, 1926.

THODE, Henry, *Franz von Assisi und die Anfänge der Kunst der Renaissance in Italien*, 1885, 19263; Vienne, Phaidon, 1934.

关于方济各会所处的环境

CAVANNA, P. Nicola, *L'Umbria francescana illustrata*, Pérouse, Unione tip. Cooperativa, 1910.

FORTINI, Arnaldo, *Assisi nel Medio Evo, leggende, avventure, battaglie*, Rome, Edizioni Roma, 1940.

FRUGONI, Arsenio, "Subiaco francescana", *Bullettino dell'Istituto Storico*

*Italiano per il Medio Evo e Archivio Muratoriano*, LXV, 1953.

JØRGENSEN, Johannes, *Pèlerinages franciscains*, Paris, Perrin et Cie, 1912.

## 圣方济各与中世纪宗教史

BENZ, Ernst, *Ecclesia Spiritualis. Kirchenidee und Geschichtstheologie der franziskanischen Reformation*, Stuttgart, Kohlhammer, 1964.

BUONAIUTI, Ernesto, *La prima Rinascita. Il profeta : Gioacchino da Fiore. Il missionario : Francesco di Assisi. Il cantore : Dante*, Milan, Corbaccio dall'Oglio Editore, 1952.

CHENU, Marie-Dominique, "L'expérience des Spirituels au XIII$^e$ siècle", 10, Lyon, Lumière & Vie, 1953.

GRUNDMANN, Herbert, *Religiöse Bewegungen im Mittelalter. Untersuchungen über d. geschichtl. Zusammenhänge zwischen d. Ketzerei, den Bettelorden u.d. religiösen Frauenbewegung im 12. u. 13. Jahrhundert u. über d. geschichtl. Grundlagen d. dt. Mystik*, Berlin, 1961$^2$; Darmstadt, 1970.

# 补充书目
## （1967—2013年之间的部分研究）

### 史 料

*François d'Assise, Écrits.* Texte latin de l'édition de K. Esser. Introduction, traduction, notes et index des PP. Théophile DESBONNETS, Jean-François GODDET, Thaddée MATURA et Damien VORREUX, Paris, Le Cerf / Éditions franciscaines, 1981.

*Saint François d'Assise. Documents, écrits et premières biographies*, rassemblés et présentés par les PP. Théophile DESBONNETS et Damien VORREUX, Paris, Éditions franciscaines, 1968, 1981², 2002.

### 研 究

1968. VAUCHEZ, André, "Les stigmates de saint François et leurs détracteurs dans les derniers siècles du Moyen Âge", *Mélanges d'archéologie et d'histoire*, publiés par l'École française de Rome, t. 80, pp. 595-625; Paris, Boccard.

1981. MANSELLI, Raoul, *Saint François d'Assise* (original italien, 1980), Paris, Éditions franciscaines.

1982. *800 Jahre Franz von Assisi. Franziskanische Kunst und Kultur des Mittelalters* (catalogue), Krems-Stein, Niederösterreichisches Landesmuseum.

1983. DESBONNETS, P. Théophile, *De l'intuition à l'institution. Les Franciscains*, Paris, Éditions franciscaines.

1983. *Francesco d'Assisi nella storia*, vol. I, Convegno di studi per l'VIII centenario della nascita di S. Francesco (1182-1982), Secoli XIII-XV, Rome, Istituto Storico dei Cappucini.

## 补充书目

1983. FLOOD, David Ethelbert, *Frère François et le mouvement franciscain*, Paris, Éditions ouvrières.

1984. BARTOLI LANGELI, Attilio, "Le radici culturali della popularità francescana", dans *Il francescanesimo e il teatro medievale* (colloque de San Miniato, 1982), Castelfiorentino, Biblioteca della Miscellanea storica della Valdera, 6, pp. 41-58.

1988. FRUGONI, Chiara, *Francesco, un'altra storia*, Gênes, Marietti.

1991. MICCOLI, Giovanni, *Francesco d'Assisi. Realtà e memoria di un'esperienza cristiana*, Turin, Einaudi.

1991. MERLO, Grado Giovanni, *Tra eremo e città. Studi su Francesco d'Assisi e sul francescanesimo medievale*, Assise, Edizioni Porziuncola, Saggi, 2.

1991. MERLO, Grado Giovanni, "La storiografia francescana dal dopoguerra ad oggi", *Studi storici*, Anno 32, No 2, Rome, Fondazione Istituto Gramsci, pp. 287-307.

1992. KRÜGER, Klaus, *Der frühe Bildkult des Franziskus in Italien. Gestalt und Funktionswandel des Tafelsbildes im 13. und 14. Jahrhundert*, Berlin, Gebr. Mann, 1992.

1993. FRUGONI, Chiara, *Francesco e l'invenzione delle stimmate. Una storia per parole e immagini fino a Giotto ed a Bonaventura*, Turin, Einaudi.

1994. SCHENKLUHN, Wolfgang, *San Francesco in Assisi. Ecclesia specialis. Die Vision Papst Gregors IX. von einer Erneuerung der Kirche*, Darmstadt, Wissenschaftliche Buchgesellschaft, 1991.

1994. FELD, Helmut, *Franziskus von Assisi und seine Bewegung*, Darmstadt, Wissenschaftliche Buchgesellschaft.

1996. DALARUN, Jacques, *La malavventura di Francesco d'Assisi. Per un uso storico delle leggende francescane*, Milan, Biblioteca francescana.

1996. MATURA, Thaddée, *François d'Assise, "auteur spirituel"*, Paris, Éd. du

Cerf.

1997. DALARUN, Jacques, *François d'Assise, un passage. Femmes et féminité dans les écrits et les légendes franciscaines*, postf. de Giovanni Miccoli, Arles, Actes Sud (original italien : *Francesco, un passagio : donna e donne negli scritti e nelle leggende di Francesco d'Assisi*, 1994).

1997. ACCROCCA, Felice, *Francesco e le sue immagini. Momenti della evoluzione della coscienza storica dei frati minori (sec. XIII-XVI)*, Padoue, Centro di studi antoniani, 27.

1997. *Francesco d'Assisi e il primo secolo di storia francescana*, Turin, Einaudi, Biblioteca Einaudi 1.

1997. FRUGONI, Chiara, *Saint François d'Assise. La Vie d'un homme*, préf. de Jacques Le Goff, Paris, Éd. Noesis, 1997; Hachette Littératures, coll. Pluriel, $1992^2$.

1998. BESSIÈRE, Gérard et VULLIEZ, Hyacinthe, *Frère François. Le saint d'Assise*, Paris, Gallimard, Découvertes n° 354.

1998. BUONGIORNO, Teresa et FRUGONI, Chiara, *Storia di Francesco. Il santo che sapeva ridere*, Rome et Bari, Laterza.

1999. DALARUN, Jacques, *François d'Assise ou le pouvoir en question. Principes et modalités du gouvernement dans l'ordre des frères Mineurs*, Paris et Bruxelles, De Boeck Université, coll. Bibliothèque du Moyen Âge.

2010. FRANÇOIS D'ASSISE, *Écrits, Vies, témoignages*. Édition du VIII[e] centenaire en deux volumes publiés sous la direction de Jacques Dalarun, avec une préface d'André Vauchez, Paris, Éditions du Cerf, coll. Sources franciscaines.

2013. CLAIRE D'ASSISE, *Écrits, Vies, documents*. Direction et traduction de Jacques Dalarun et Armelle Le Huërou; préface d'André Vauchez, Paris,

Éditions du Cerf, coll. Sources franciscaines.

## 音 乐

Olivier MESSIAEN, *Saint François d'Assise : scènes franciscaines*, opéra créé à Paris en 1983.

## 电 影

Roberto ROSSELLINI, *Onze Fioretti de François d'Assise*, film italien, 1950.

## 激光唱盘

*François d'Assise*, par Jacques Le Goff, Paris, Gallimard, 1998.

# 后　记

在本书成书以后，罗兰·雷希特（Roland Recht）在伽利玛出版社出版了他的重要著作《信仰与观看：哥特式大教堂艺术》（*Le Croire et le Voir: L'art des cathédrales XII$^e$-XV$^e$ siècles*，"历史图书馆"丛书，1999年）。他在书中指出：在12、13世纪之交，"圣方济各的教义对信仰中视觉化因素的增长有着重要的影响"。视觉化正是表现两种重要事实的手段，即圣体圣事与福音书。方济各想要表达信仰、让信仰变得有效，他把圣体圣事理解为把圣徒的遗骨遗物展示给信徒，他将耶稣视为榜样，要模仿福音书中描述和记载的耶稣的行为，方济各也让其他人这样看待圣体圣事和耶稣。通过圣方济各的圣像，信仰的视觉化得到了延伸，这种现象在方济各去世后的最初几十年中尤为明显："以图像为媒介，让圣徒的行为为人所知。"看到这些图像的人也成了圣徒奇迹的见证者。信仰是通过观看传递的。在此之后，这一点在乔托身上表现得尤其明显，罗马正教教义对方济各圣像做出了修正，在圣像中"守贫的理想实际上不见了"。这种观点与嘉拉·弗鲁格尼对图像做出的解读和本书的解读一致。

### 索 引

（索引中的数字为原书页码，即中文版边码）

Agnello de Pise, frère 比萨的阿涅洛兄弟（方济各会修士） 101

Agnese (sœur de Claire) 阿涅斯（克莱尔的妹妹） 77

Alain de Lille 里尔的阿兰 128

Albertino da Casale 阿尔贝蒂诺·达·卡萨莱 47

Albigeois 阿尔比派 71, 113

Alcuin 阿尔昆 129

Alimentation 饮食 84, 95, 101, 210, 221, 222

Allemagne 德国 78, 83, 105, 121

Ancône 安科纳 68, 78, 83

Ange, frère 安格兄弟（方济各会修士） 51, 68, 89, 103

Angleterre 英格兰，英国 20, 71, 101, 121, 191, 210, 215

Animaux 动物 39, 73, 74, 79, 88, 108, 116, 135, 148, 204

Anselme de Laon 拉昂的安塞尔姆 28

Antoine de Padoue, saint 帕杜瓦的圣安东尼 43, 64, 85, 86, 153, 179, 225

Apulie 普利亚 58, 62

Arezzo 阿雷佐 79

Argent 金钱 22, 31, 35, 40, 59, 62, 66, 78, 96, 97, 108, 111, 117, 139, 151, 164, 170, 175, 187, 188, 189, 190, 192, 227

Aristocratie: voir Noblesse 贵族制：见"贵族"

Aristote 亚里士多德 157, 208

Arnaldistes 阿诺迪斯特派 113

Arnaud de Brescia 布莱西亚的阿诺 27

Art 艺术 9, 25, 105, 106, 127, 213, 221

Art gothique 哥特艺术 36, 107
Art roman 罗曼艺术 25, 123
Ascèse, ascétisme 严格修行 25, 26, 140, 216, 219, 222
Ascoli 阿斯科利 79
Assise 阿西西 23, 35, 39, 55, 57, 58, 62, 63, 64, 67, 75, 76, 91, 92, 110, 135, 146, 163
 Porziuncola 波蒂昂卡拉 66, 68, 75, 76, 81, 82, 89, 91, 92, 93, 103, 111, 112, 140, 180
 Sacro Convento 圣方济各修道院 101
 San Damiano 圣达米亚诺 55, 57, 63, 65, 66, 77, 90, 92, 148
 San Francesco 圣方济各圣殿 45
 San Giorgio 圣乔治教堂 67, 92
 Santa Chiara 圣克莱尔圣殿 65, 67
 Santa Maria degli Angeli 天使之后圣殿 93
Astesanus 阿斯特桑纽斯 189
Augustin, saint 圣奥古斯丁 129
 Règle de saint Augustin 圣奥古斯丁规章 26, 81
Augustiniens 奥斯定会 26

Barthélemy de Pise 比萨的巴特勒米 49
Baumgartenberg 鲍姆加滕贝格 161
Bégards 北格团 27, 34
Béguines 北真团 27, 34, 195
Bénédictins et Bénédictines 本笃会修士和修女 73, 75, 76, 77, 102, 113, 122, 125, 195
Bénévent 贝内文托 184
Benoît, frère 伯努瓦兄弟（方济各会修士）100
Benoît de Nursie, saint 努西亚的圣本笃 51, 77
 Règle de saint Benoît 圣本笃规章 25
Bergame 贝加莫 113
Bernard, saint 圣贝尔纳 25, 107, 112, 198, 213
Bernard de Quintavalle, saint 昆塔瓦莱的贝尔纳，圣徒 67, 68, 76
Bernardo Primo 贝尔纳多·普里莫 113
Bevagna 贝瓦尼亚 79
Bible 《圣经》 33, 128, 129, 150, 153, 160
Blanche de Castille 卡斯蒂利亚的布朗什 136
Blasphème 亵渎 72
Bologne 博洛尼亚 29, 42, 67, 76,

# 索 引

84, 85, 110, 181, 182, 207

Bonaventure, saint  圣波那文图拉  41, 47, 48, 49, 66, 87, 121, 122, 152, 154, 155, 166, 178, 183, 186, 191, 205, 216, 224

Bonizzo, frère  伯尼佐兄弟（方济各会修士）  86, 89

Bourgeois, bourgeoisie  市民，市民阶层，市民阶级  22, 56, 57, 149

Bruno, saint  布鲁诺，圣徒  25

Burchard d'Ursperg  厄斯伯格的布沙尔  183

Byzantins, Byzance  拜占庭人，拜占庭  105

Cannara  坎纳拉  85

Cantorbéry  坎特伯雷  215

Carceri  卡尔切利  76

Cathares, catharismes  清洁派  32, 33, 71, 113, 133

Célestin V (pape)  西莱斯廷五世（教宗）  46

Celle (les)  策勒  76, 91

Cham  含  144

Charité  爱德，慈善  39, 65, 175, 198

Charlemagne  查理大帝  212

Chartres  夏尔特尔  29

Chartreux  加尔都西会  25

Chasteté  贞洁，守贞  94, 197, 220

Chine  中国  178

Chrétiens, Chrétienté  基督徒，基督教世界  9, 20, 21, 22, 24, 31, 33, 39, 43, 71, 77, 100, 102, 105, 112, 113, 116, 123, 134, 143, 169, 173, 183, 185, 188, 189, 192, 197, 198, 202, 204, 209, 211, 226, 228

Christianisme  基督教  32, 59, 90, 105, 112, 114, 116, 127, 188, 194, 204, 228

Cisterciens (ordre de Cîteaux)  熙笃会成员  25, 30, 33, 113, 213

Città della Pieve  皮耶韦城  79

Città di Castello  卡斯泰洛城  79

Claire, sainte  圣克莱尔  36, 58, 76, 77, 90, 92, 101, 196

Clarisses  克拉丽丝  77, 144, 196

Clément IV (pape)  克莱芒四世（教宗）  179

Cœur  心  220, 221

Colonna (famille des)  科隆那（家族）  72

Commerce, marchands  商业，商人  20, 21, 22, 35, 108, 110, 111

Commune　城市自治体　23, 31, 57

Confession　告解　28, 81, 101, 115, 185, 188, 218, 221

Conscience　良心，意识　28, 95, 105, 185, 216

Constantinople　君士坦丁堡　31

Conversion　皈信，改变　55, 58, 59, 60, 62, 65, 66, 67, 69, 100, 108, 112, 140, 144, 152, 184, 185, 208, 211, 214, 218, 224

Corps　身体　60, 61, 65, 90, 92, 106, 119, 175, 206, 220, 221

Cortone　科尔托纳　78, 91

Courtois, monde, culture, poème　宫廷典雅风度、世界、文化、诗歌　9, 31, 32, 40, 57, 112, 155, 175, 211, 212, 213

Crescence de Jesi　耶西的克莱桑斯　51

Croisade　十字军　30, 33, 40, 71, 80, 82, 208

 Quatrième croisade (1204)　第四次十字军东征（1204年）　31

 Croisade des Enfants (1212)　儿童十字军（1212年）　78

 Cinquième croisade—Prise de Damiette (1219)　第五次十字军东征——夺下杜姆亚特城（1219年）　83

Dante　但丁　46, 47, 117

Démographie　人口　19, 20

Dévotion　虔诚，虔信　49, 54, 56, 105, 180, 195, 217, 223

Dominicains　多明我会修士　122, 125, 176, 178, 179, 180, 183, 188, 199, 217, 218

Dominique, saint　圣多明我　80, 81, 115, 200

Droit(s)　法律，法学　22, 29, 30, 31, 36, 86, 147

Durando di Huesca　韦斯卡的杜兰多　113

Ecoles　学校

 épiscopales　主教学校　28, 29

 monastiques　修道院学校　29

 urbaines　城市学校　29

Economie　经济　19, 20, 21, 23, 25, 29, 30, 40, 62, 108, 170, 173, 175, 186, 187

Ecrit　书面，书写　13, 93, 185

Égide, frère　艾吉德兄弟（方济各会修士）　67, 68

## 索 引

Eglise 教会，教堂 9, 20, 23, 24, 26, 27, 30, 31, 32, 33, 36, 41, 44, 45, 49, 57, 63, 65, 66, 67, 71, 72, 74, 80, 81, 84, 87, 92, 100, 110, 113, 114, 115, 116, 123, 160, 175, 179, 180, 183, 184, 188, 200, 201, 204, 207, 211, 217, 226

Egypte 埃及 78

Elie(ou Elia), frère 埃利兄弟（方济各会修士） 45, 51, 61, 78, 84, 86, 90, 91, 93

Empereur 皇帝 23, 40, 57, 71, 85, 108, 135

Enfant(s) 儿童，孩子，小孩，孩童 35, 36, 67, 99, 110, 111, 141, 142, 175, 197, 198

Ermite(s) 隐修士 21, 25, 35, 46, 73, 99, 102, 112

Eschatologie 末世论 114, 184

Espagne 西班牙 78, 105, 228

Eucharistie 圣体圣事 102, 115

Evêques(s) 主教 21, 22, 23, 64, 75, 80, 97, 113, 177, 197

Exemplum, exempla 劝谕 31, 106, 208

Faenza 法恩扎 85

Femme(s) 女性，妇女，女人，妻子 10, 22, 33, 34, 36, 64, 84, 89, 98, 111, 127, 141, 142, 147, 149, 175, 194, 195, 196, 197, 198, 213, 214, 218

Féodalité 封建制度 22, 23, 29, 30, 31, 32, 135, 159, 169, 201

Flandre 佛兰德 27

Florence 佛罗伦萨 68, 78, 82, 85, 113, 178, 199

San Gallo 圣加仑 199

San Pancrazio 圣潘克拉齐奥 199

Foi 信仰 105, 208, 212

Foligno 福利尼奥 63

Fonte Colombo 科伦坡泉 76, 86

Forêt 森林 64, 88, 89, 112, 116, 181

Franciscains 方济各会修士，方济各会成员，方济各会兄弟 12, 13, 37, 42, 43, 44, 45, 46, 47, 48, 49, 50, 51, 54, 63, 67, 74, 75, 77, 83, 84, 85, 87, 94, 95, 98, 99, 100, 101, 103, 105, 109, 110, 114, 116, 117, 121, 122, 123, 124, 125, 130, 131, 136, 138, 139, 144, 148, 152, 154, 161, 162, 165, 166, 167, 172, 174, 176,

177, 178, 179, 180, 181, 182, 183, 184, 188, 190, 191, 192, 194, 195, 196, 197, 198, 199, 201, 203, 204, 205, 206, 207, 208, 209, 210, 213, 215, 216, 218, 219, 221, 222, 223, 224, 226, 227, 228

Conventuels 住院派 46, 49

Spirituels ou Fraticelles 属灵派，属灵派小兄弟 46, 49, 54, 114, 133, 176

Fraternité 兄弟会 36, 37, 84, 85, 98, 110, 137, 138, 139, 143, 144, 165, 175, 201, 202

Frédéric II 腓特烈二世 105, 121

Gênes 热那亚 122, 210

Genièvre, frère 乔尼威兄弟（方济各会修士）75

Giacomina dei Settesogli 塞泰索利的贾科米娜 101, 196

Gilles, frère 吉尔兄弟（方济各会修士）191, 224

Giordano di Giano 焦尔达诺·迪·嘉诺 222

Giotto (Giotto di Bondone) 乔托（乔托·迪·邦多纳）74

Giovanni di Staccia, frère 乔万尼·迪·斯塔奇亚兄弟（方济各会修士）84, 85

Giovanni Parenti 乔万尼·帕朗第 45, 78

Giovanni Velita 乔万尼·维利塔 89

Grandmont, Grandmontains 格朗蒙，格朗蒙修会 219

Gratien 格兰西 29

Greccio 格雷乔 36, 88, 89, 107, 198

Grégoire I<sup>er</sup> le grand (pape) 格列高利一世（教宗）51

Grégoire VII (pape) 格列高利七世（教宗）23

Grégoire IX (Cardinal Ugolino de Amagni, pape) 格列高利九世（曾为枢机主教乌戈利诺，教宗）42, 48, 50, 82, 84, 85, 86, 93, 99, 121, 152, 166

Gubbio 古比奥 79, 148

Guerre, guerriers 战争，战士 33, 57, 58, 62, 137, 167, 179, 191, 212

Guido Faba 吉多·法巴 161

Guigues II 吉格二世 25

Guillaume de Champeaux 纪尧姆·德·香浦 28

Guillaume de Saint-Amour 圣阿穆

## 索 引

尔的纪尧姆 191
Guy (ou Guido), évêque 居伊（或吉多），主教 69, 72, 77, 184, 224

Helfta 赫尔弗塔 195
Henri d'Avranches 阿夫朗什的亨利 121, 126, 147, 148, 152
Hérésie, hérétiques 异端 9, 31, 32, 36, 71, 113, 114, 115, 123, 192, 201, 204, 208, 209
Histoire 历史 10, 12, 31, 39, 46, 54, 113, 117, 125, 171, 172, 183
Homebon de Crémone 奥莫彭·德·克雷莫纳 35
Honorius III (pape) 洪诺留三世（教宗）81, 85, 86, 182, 206
Humilité 谦卑 9, 10, 36, 41, 103, 109, 175, 176, 203, 219, 221, 223, 228

Illuminé, frère 伊吕米内兄弟（方济各会修士）89
Image 图像，形象 60, 74, 108, 180, 206, 212, 220
Individu, individuel 个人 26, 28, 43, 44, 91, 145, 180, 188, 216, 228
Infidèles 不信教者 76, 77, 83, 98, 208, 212
Innocent III (pape) 英诺森三世（教宗）34, 35, 69, 70, 71, 72, 73, 74, 80, 81, 110, 115, 224
Innocent IV (pape) 英诺森四世（教宗）205
Inquisition 宗教裁判所 33, 71
Italie 意大利 9, 19, 20, 22, 33, 34, 40, 46, 68, 76, 78, 82, 83, 105, 108, 112, 113, 121, 124, 146, 159, 162, 178, 209

Jacopone da Todi 雅各布尼·达·托迪 209, 213
Jacques de Vitry 雅克·德·维特里 27, 196, 198
Jacques de Voragine 沃拉津的雅克 122
Japhet 雅弗 144
Jean de Meung 让·德·默恩 137
Jean de Parme 帕尔玛的约翰 52, 205
Jean de Saint-Paul (cardinal) 圣保罗的约翰（枢机主教）72
Jean XXII (pape) 约翰二十二世（教宗）46
Jérôme, saint 圣杰罗姆 129

Jérusalem 耶路撒冷 202
Joachim de Flore (Gioacchino da Fiore), abbé 菲奥雷的约阿希姆, 修道院院长 35, 46, 114, 117
John Iwyn 约翰·伊文 195
Jugement dernier 末日审判 43
Juifs 犹太人 21, 36, 192
Julien de Spire 斯派尔的朱利安 121, 152
Justice 司法 29

Laïcs 平信徒, 世俗 9, 21, 23, 24, 26, 27, 32, 34, 35, 41, 71, 73, 79, 81, 84, 85, 95, 108, 110, 111, 114, 115, 116, 127, 137, 139, 141, 142, 143, 146, 147, 161, 165, 175, 176, 177, 180, 181, 182, 189, 191, 192, 193, 194, 195, 196, 197, 202, 206, 209, 211, 212, 215, 217, 218, 222, 226, 227, 229
Lambert le Bègue 朗贝尔·北格 27
Langue(s) 语言 32, 33, 42, 55, 93, 111, 123, 126, 127, 128, 160, 175, 204, 209, 210
Laon 拉昂 26, 28, 29
Las Navas de Tolosa 拉斯纳瓦斯·德·托洛萨 78
Latran 拉特兰 72
Premier concile du Latran 第一次拉特兰公会议 30
Deuxième concile du Latran 第二次拉特兰公会议 30, 33
Troisième concile du Latran 第三次拉特兰公会议 30
Quatrième concile du Latran 第四次拉特兰公会议 28, 30, 75, 80, 81, 218
Laurent de Beauvais 博韦的劳伦 191
Léon, frère 莱昂兄弟（方济各会修士）51, 52, 53, 68, 75, 86, 89, 100, 101, 103, 133, 139, 198, 204, 214
Léonard, frère 莱昂纳尔（方济各会修士）109, 151, 152
Lépreux 麻风病人 36, 49, 65, 66, 75, 84, 87, 96, 100, 138, 192, 199
Limoges 利摩日 179
Lombardie 伦巴第 33, 34, 122, 189
Londres 伦敦 195
Louis IX (saint Louis) 路易九世（圣路易）124, 136
Lucidus, frère 鲁西都（方济各会修士）75

# 索 引

Lucius III (pape) 卢修斯三世（教宗） 33
Ludolf von Hildesheim 鲁道夫·冯·希尔德斯海姆 161
Lyon 里昂 33, 71

Maladie 疾病 61, 79, 84, 91, 96, 97, 109, 111, 119, 138, 142, 199, 225
Malik al-Kamil 马利克·卡米勒 83
Mariage 婚姻 24, 63, 127, 181, 197, 218
Marie (Vierge) 马利亚（圣母） 97, 102, 106, 134, 136, 155, 196, 198
Marie (sœur de Marthe) 马利亚（马大的妹妹） 139, 203
Marie d'Oignies 奥涅的玛丽 27
Marie-Madeleine 抹大拉的马利亚 99
Marmoutier 马尔穆捷 35, 177
Maroc 摩洛哥 78, 83
Marthe (soeur de Marie) 马大（马利亚的姐姐） 99, 139, 203
Martin, saint 圣马丁 35, 51, 62, 91, 156, 177
Massée, frère 马西兄弟（方济各会修士） 75, 82, 89, 107

Mateo d'Acquasparta 马泰奥·迪·阿夸斯帕尔塔 47
Matthieu Paris 马修·帕里斯 71, 73, 178
Maurice de Sully 莫里斯·德·苏利 32
Mémoire 记忆 175, 184, 185, 186
Mendiants (frères; Ordre des) 托钵修士，托钵修会 9, 21, 122, 154, 176, 179, 180, 185, 189, 194, 199, 201, 202, 208, 209, 213, 219, 222, 226
Mendicité 乞讨 33, 37, 55, 63, 75, 96, 107, 109, 138, 139, 154, 219
Merveilleux 不可思议 116
Milan 米兰 33, 113
  Concile de 米兰公会议 27
Mineurs: voir Franciscains 小兄弟：见方济各会修士
Miracle(s) 奇迹 52, 77, 104, 122, 148, 175, 215, 222, 223, 224, 225
Miracles opérés par saint François d'Assise 圣方济各所行的奇迹 38, 52, 79, 145, 148, 225
Monachisme 修道主义，修道制度 21, 25, 27, 33, 35, 36, 37, 70, 75, 76, 77, 98, 102, 116, 123, 138, 141, 148,

267

165, 177, 186, 187, 191, 194, 197, 201, 202, 211, 215, 219, 226
Monnaie 货币 21, 117, 187, 189
Monte Casale 卡萨莱山 76
Montefeltro 蒙特菲尔特罗 79
Mort 死亡 103, 119, 175, 216, 217
Mort de saint François d'Assise 圣方济各的死亡 45, 52, 53, 54, 60, 87, 88, 90, 92, 101, 223, 225
Musique 音乐 61, 121
Musulmans 穆斯林 30, 77

Naissance 出生，出身 22, 109, 164, 227
Narbonne 纳博讷 122
Narni 纳尔尼 76, 79
Nicolas III (pape) 尼古拉三世（教宗）180
Noblesse 贵族 31, 32, 40, 56, 57, 71, 109, 110, 130, 149, 156, 170, 201, 211
Norbert de Xanten 克桑腾的诺贝特 26
Nouveauté, mordernité 创新性，现代性 9, 10, 19, 20, 22, 23, 25, 26, 27, 28, 29, 30, 31, 37, 38, 51, 52, 62, 63, 64, 66, 80, 103, 104, 105,

106, 108, 112, 116, 117, 123, 124, 125, 128, 129, 167, 170, 175, 178, 182, 183, 184, 192, 199, 207, 213, 216, 226, 228

Oberaltaich 上阿尔特艾希 122
Observants: voir Franciscains Spirituels ou Fraticelles 守规派：见方济各会属灵派或属灵派小兄弟
Offreduccio di Favarone 奥弗雷杜乔·迪·法瓦罗纳家族 58
Ombrie 翁布里亚 20, 39, 68, 76, 228
Orlando de Chiusi in Casentino 丘西卡森蒂诺的奥兰多 79
Othon IV 奥托四世 135
Oxford 牛津 215

Pacifica di Guelfuccio 帕西菲卡·迪·圭尔富乔 77
Paix 和平 24, 35, 43, 109, 110, 181
Pape, papauté 教宗，教廷 23, 30, 33, 40, 44, 45, 46, 51, 57, 61, 63, 69, 71, 72, 74, 80, 83, 84, 85, 91, 92, 93, 94, 98, 108, 114, 207, 217
Paradis 天堂 104, 207
Paris 巴黎 29, 32, 121, 122, 202

# 索 引

Parme 帕尔玛 178
Parole 话语，道 9, 13, 34, 44, 47, 59, 65, 73, 94, 110, 117, 123, 146, 153, 175, 178, 180, 193, 205, 206, 207, 208, 226
Patarins, Pataria 巴塔里亚派，巴塔里亚运动 27, 113
Paul, saint 圣保罗 161, 168, 190
Pauvres, pauvreté, paupérisme 穷人，贫穷，贫困，清贫，守贫 9, 26, 32, 33, 34, 35, 37, 44, 46, 49, 54, 62, 63, 67, 87, 88, 94, 95, 96, 97, 100, 101, 103, 109, 110, 111, 112, 113, 136, 138, 139, 141, 149, 154, 155, 156, 163, 170, 175, 176, 191, 199, 203, 211, 213, 216, 219, 221, 222, 223, 227, 228
Pauvres Dames: voir Clarisses 贫穷女士：见克拉丽丝
Paysans 农民 19, 20, 22, 23, 32, 75, 109, 112, 116, 138, 142, 150, 191
Péché 原罪 27, 28, 59, 60, 67, 70, 95, 101, 115, 119, 127, 137, 164, 167, 201, 220, 227
Pénitence 悔过 28, 65, 73, 81, 102, 105, 175, 176, 181, 195, 215, 216,
217, 218, 226
Pérouse 佩鲁贾 23, 35, 58, 92, 109, 151, 163, 178, 179, 183
Peter de Tewksbury 图克斯伯里的彼得 210, 215
Picardie 皮卡第 27
Pierre Abélard 皮埃尔·阿贝拉尔 28
Pierre Lombard 皮埃尔·隆巴尔 29
Pierre Valdès 皮埃尔·瓦勒度 33
Piété 虔信，虔诚 33, 136, 195
Pietro Cattani 彼得罗·卡塔尼 45, 67, 84, 222
Pietro di Morrone 摩罗尼的彼得罗 46
Pise 比萨 122, 210
Poésie, poème 诗歌 152
Poggibonsi 波吉邦西 113
Poggio Bustone 波焦布斯托内 76
Poitiers 普瓦提埃 91
Praxède 巴西德 196
Prémontré 普雷蒙特 26, 113
Prière 祈祷 25, 33, 93, 95, 102, 120, 180, 212, 222
Provence 普罗旺斯 33, 46
Purgatoire 炼狱 216

Quaracchi, pères ou Franciscains de 卦拉基（卦拉基的神父或方济各会修士） 93, 121

Raymond Lulle 雷蒙德·吕勒 206, 209
Réforme grégorienne 格列高利改革 23, 24, 30, 197
Reims 兰斯 29
Reliques 遗骨 91, 92, 223
Rêve, vision, songe, mirage 梦、幻象、梦境、幻想 32, 58, 64, 72, 89, 90, 151, 175, 195, 223, 224
Rhénanie 莱茵地区 32
Richard de Bonington 里夏尔·德·伯宁顿 190
Rieti 列蒂 61, 68, 76, 86, 91
Rire 笑 36, 215
Rivo Torto 曲河 75, 150
Robert de Molesme 茂来斯木的乐伯 25
Rocca, la 拉罗卡岩石要塞 57
Roger Bacon 罗杰·培根 206, 208
Roger de Wendover 温都尔的罗杰 73
Rome 罗马 9, 23, 45, 63, 68, 69, 73, 74, 81, 83, 84, 85, 86, 101, 195

Romuald, saint 圣罗慕铎 91
Rufin, frère 鲁凡兄弟（方济各会修士） 51, 68, 75, 89, 90

Sacrements 圣事 27, 28, 36, 115
Saint, sainteté 圣徒，神圣性 10, 21, 38, 52, 59, 79, 93, 104, 106, 121, 136, 175, 211, 212, 213, 222, 223, 224
Saint sacrement 圣体 56, 102
Saint François 圣方济各
  Maladie de saint François 圣方济各生病 44, 58, 60, 61, 78, 88, 91, 101
  "Première Règle de 1210" 最初的规章（1210年） 41, 69, 71, 72, 84, 93
  "*Regula non bullata* de 1221" 《教宗未批准的规章》（1221年） 44, 45, 84, 85, 86, 93, 94, 95, 96, 97, 98, 99, 100, 101, 110, 117, 120, 132, 134, 135, 141, 185, 187, 189, 192, 197, 198, 204, 219, 220
  "*Regula bullata* de 1223" 1223《教宗批准的规章》（1223年） 46, 48, 86, 87, 93, 94, 99, 132, 167, 197, 204, 207

## 索 引

Saint-Jacques-de-Compostelle 圣-雅克-德-孔波斯特拉 68, 81
Salimbene de Parme 帕尔玛的萨林贝内 178, 210
San Gemini 圣杰米尼 79
San Paolo de Bastia 巴斯蒂亚的圣保罗 76
Sant'Angelo 圣安杰洛 77
Sant'Urbano 圣乌尔巴诺 76
Sarteano 萨尔泰阿诺 76
Sarum 萨勒姆 215
Scolastique, sainte 圣思嘉 77
Sem 闪 144
Serment 宣誓 22
Sermon, prédication 布道,传道,讲道,传教 26, 31, 32, 33, 55, 56, 67, 71, 73, 74, 75, 76, 79, 81, 82, 89, 97, 98, 99, 115, 145, 178, 179, 180, 185, 198, 205, 206, 207, 208, 209
Sexualité 性行为,性别 24, 98, 197
Sienne 锡耶纳 44, 76, 91, 99, 106, 186, 200
Soleil 太阳 42, 74, 91, 92, 93, 103, 108, 118, 214, 217, 220, 221
Spolète 斯波莱托 58, 73
Stigmates 圣痕 10, 90, 92, 217
Subiaco 苏比亚科 102, 107
Sylvestre, frère 西尔维斯特兄弟(方济各会修士) 89
Syrie 叙利亚 78

Table, repas 桌子,用餐 148, 215
Terre sainte 圣地 45, 78, 81, 228
Thomas d'Aquin, saint 圣托马斯·阿奎那 154, 191
Thomas d'Eccleston 埃克莱斯顿的托马斯 191, 210, 215, 221, 224
Thomas de Celano 塞拉诺的托马斯 49, 50, 51, 52, 53, 56, 58, 59, 62, 63, 64, 68, 69, 73, 75, 85, 87, 88, 90, 91, 103, 106, 117, 121, 122, 124, 129, 132, 147, 148, 150, 151, 153, 154, 155, 157, 163, 165, 168, 177, 181, 182, 184, 220, 224, 225
Thommaso (ou Tommaso) da Spalato 斯帕拉托的托马索 110, 207
Tiers Ordre 第三会 34, 85, 110, 144, 181, 194, 197
Toscanella (ou Tuscanella) 图斯卡尼亚(或图斯卡尼拉) 79, 148
Toulouse 图卢兹 162
Tours 图尔 35, 51, 91, 177
Travail (manuel et intellectuel) 劳动(体力劳动和脑力劳动) 21, 22,

24, 25, 26, 33, 37, 41, 49, 57, 66, 75, 87, 96, 100, 110, 111, 113, 137, 142, 154, 167, 168, 175, 186, 187, 189, 190, 191, 192, 196, 203

Ugolino de Amagni (cardinal): voir Grégoire IX (pape) 乌戈利诺（枢机主教）：见格列高利九世（教宗）

Umiliati 卑贱者 33, 34, 71, 85, 113

Université (s) 大学 37, 117, 122, 125, 153, 154, 179, 228

Usure 高利贷 21, 188

Vaudois 瓦勒度派 33, 71, 113

Venise 威尼斯 83, 84

Verne (la) 韦尔纳 9, 45, 76, 79, 89, 101

Vérone 维罗纳 33, 68

Vêtements 衣服 56, 67, 95, 155

Ville(s) 城市 9, 20, 21, 22, 23, 30, 35, 57, 66, 68, 79, 110, 116, 123, 131, 142, 145, 146, 175, 177, 178, 179, 181, 187, 191, 196, 228

Violence 暴力 31, 151, 166

Walter Map 沃尔特·迈普 32, 33

# 译后记

《阿西西的圣方济各》一书前两章从历史背景出发,讨论阿西西的圣方济各的一生,相对接近传统传记中的叙事部分;而后两章均为词汇研究。勒高夫以方济各本人和方济各会的其他作者所写文本为语料库,从词汇出发,观察、分析方济各和方济各会对他们所处时代的理解和他们对13世纪文化模式的影响。在勒高夫看来,词汇研究是实现整体史的重要方式。他研究词汇的思路受到了吕西安·费弗尔(Lucien Febvre)的启发,也受到法国语言学家乔治·杜梅吉尔(Georges Dumézil)的影响[1]。在杜梅吉尔的启发下,勒高夫注意到了传统的历史学家并不注意的领域[2]。勒高夫的另一部作品《炼狱的诞生》也脱胎于词汇研究。通过阅读大量史料,勒高夫发现"炼狱"一词从形容词逐渐变成了名词,并把这个变化定位在12世纪70年代。他认为,词性的变化可以反映心态的变化,词汇也反映了使用词汇者的心态,词汇反映出的诸多变化也可以算得上涂尔干所说的"整体的社会现象"(phénomène social total),所以通过研究词汇试图达到整体史的

---

1 Jacques Le Goff, *Une vie pour l'histoire: entretiens avec Marc Heurgon*, Paris, La Découverte, 1996, p. 213, p. 216.

2 Jacques Le Goff, *Une vie pour l'histoire*, p.213.

目标是可行的。

在本书的第三章和第四章，勒高夫频繁讨论成组的词汇之间的区别和联系，讨论同一个词在不同时段和不同语境中的具体意思。词汇能成为历史研究对象的前提是词汇反映了使用词汇者的心态，而使用词汇者本身甚至都没有注意到这一点。在阅读和翻译本书的过程中，我一直在思考人与人所使用的词汇之间的关系，对词汇也变得更为敏感。我开始用类似的思路思考中文中的词汇。我也开始思考一些看似已经固定的中文译法在具体的语境中是否恰当、准确。

在《阿西西的圣方济各》中，勒高夫围绕阿西西的圣方济各和方济各会展开讨论。方济各会是四大托钵修会之一，因此勒高夫在本书中频繁使用了"托钵修会"（ordre mendiant）这个词。这个词此前在国内多被翻译为"托钵僧修会"或者"托钵僧团"，而中文里的"托钵僧"，往往让人想起佛教僧侣的形象。当然，"僧侣"一词并非只跟佛教有关，天主教的修士确实也可以被称作僧侣。倘若单用"僧"一字，佛教色彩更明显。但在翻译过程中，我认为"僧"这个字与方济各会和多明我会等托钵修会的气质不符，因此将"ordre mendiant"翻译为"托钵修会"，把"mendiant"翻译为"托钵修士"。托钵修会追求清贫，在发展初期靠乞讨获取生活所需的物资。在法语中，"mendiant"既有"乞丐"的意思，也有"托钵修士"的意思。方济各会的成员去乞讨时是否拿着钵？勒高夫没有提到这个细节。但我觉得用"托钵"

## 译后记

一词形容靠乞讨维生的状态非常形象，因此保留了"托钵"二字，去掉了"僧"字。

之所以强调托钵修会的修道属性，是因为托钵修会是在格列高利改革的余韵中产生的，他们追求的仍是"使徒般的生活"（*vita apostolica*）。托钵修士不同于11—12世纪的律修改革运动中出现的律修教士，也不同于本笃会、熙笃会等主张远离人群的静修型修会的修士，然而，这三类人在中文里似乎都可以被称为"修士"：在城市中传教、过清贫生活的托钵修士算得上是修士；在主教周围、遵循规章、放弃个人财富、过集体生活的律修教士也算得上修士；发愿以后就不离开、远离人群的本笃会修士也算得上修士。但这三类修士在法文中分别被称为mendiant、chanoine régulier和moine，这三个词看起来一点儿也不一样。还没有算上隐修士（ermite），如何在中文里表现出这三种人的区别和联系已经是一件难事。而我在翻译中就频繁遇到这种在法文中区别十分明显，但在中文里区别不明显的一组词。

再举一个例子，法文中的couvent、monastère和abbaye指的是三种不同类型的机构，可是在词典里它们的释义都是"修道院"。不同的语言承载的历史不同，所对应的社会现实也不同；在一门语言中非常发达的一类词汇在另一种语言中可能并不发达，因此一门语言中的词未必能在另一门语言中找到现成的对应词。

词典能解决大部分问题，但有时恐怕也指望不上词典。很多词在不同时代的意思并不相同，要结合时代背景和学术语境才能确定这个词在这里到底是什么意思。以法语"commune"一词为例，在词典里这个词的一个释义是"市镇"，也有人在谈论中世纪的城市时提到"市镇"。但是，我认为"市镇"这个译法并不符合勒高夫提到的中世纪城市的现象。在勒高夫笔下，commune 是从世俗领主或教会领主处获得自由（franchise）的一伙城市人，其主要特征是自治。如果把它翻译成"市镇"，会让人觉得摸不着头脑，因此我将 commune 译成了"城市自治体"。而在中世纪之外的语境中，commune 也可以指巴黎公社的"公社"。在无法找到恰当词典释义的情况下，译者需要在几千个常用汉字中选出几个，拼成一个合适的词。在选字的过程中，译者需要对读者负责，这责任无可推卸；同时，译者也有着塑造该学科术语的巨大权力。正因如此，更需要谨慎、认真地思考。

在遇到难以翻译的词时，参考英译本几乎是无效的。英文和法文都是使用字母的文字，词汇容易对应，英译本甚至可以直接使用法语词。我并非不知道那个法语词是什么意思，我可以用一两句话概括那个词的意思，却不知如何将它的意思浓缩到几个汉字里。这时，我便参考日本学者池上俊一和梶原洋一合译的《阿西西的圣方济各》日文译本[1]。长久以来，中文和日文的词汇借助汉字这一媒介东来西往。有些还没有被翻译成中文的词汇，已经被翻译成日文，完成了从拉丁字母到汉字的转化。池上俊一是东京大学的教授，他主要的研究领域是欧洲中世纪史，尤其是13—

---

[1] ジャック・ルゴフ、池上俊一・梶原洋一訳『アッシジの聖フランチェスコ』岩波書店、2010年。

# 译后记

15世纪意大利锡耶纳的社会史；梶原洋一在翻译这本书时是东京大学欧洲中世纪史方向的博士生。他们翻译的日文译本质量很高，给了我很多帮助。

以"chanoine régulier"一词的翻译为例："chanoine"曾被译为"议事司铎"、"法政牧师"和"沙努安"，但似乎每一种都无法对应勒高夫笔下11世纪和12世纪律修改革运动中的情况。在翻译法国的食物时，国内多采取音译，比如"brioche"被翻译成"布里奥修"、"financier"被翻译成"费南雪"、"madeleine"被翻译成"玛德莱娜小蛋糕"。食物固然可以音译（也正因音译，这些食物的名称明确地传达了其异国特质，消费者也乐于接受），可是，"chanoine"显然不能被翻译成"沙努安"，学术翻译里没有这样轻巧的事。近年来，人们感慨机器翻译的飞速进步，担心机器翻译将取代人工翻译，甚至认为翻译是一项可能消失的工作。可是，当我在谷歌翻译中输入"chanoine régulier"时，网页上显示出的翻译是"常规佳能"。我猜这大概是从英语转译而来，因为"chanoine régulier"对应的英语词是"regular canon"。可见机器翻译固然发展迅速，但是对于这些未曾被翻译过的词，机器翻译束手无策。机器翻译虽然可以从海量信息中抓取多种语言中互相对应的词，但它尚不能创造出符合语境的合适译法，这样的工作目前仍需要人来完成。

为了找出一个词在具体语境中的具体含义，需要阅读大量与这个词相关的研究，了解该词的具体含义。与chanoine régulier

对应的概念是chanoine séculier，这两类人的区分发生在格列高利改革之后，前者是依照规章、过集体生活、放弃个人财产的律修教士；后者是与之相反的堂区教士。而对于格列高利改革之前的chanoine，便无须做此类区分。régulier在这里并不能按字面意思理解为"常规的"或"规律的"，而是与律修教士遵守的规章（règle）有关。Mouvement canonial形容的是欧洲各地的主教座堂议事会等机构采纳规章的改革进程，其中的"canonial"是形容词，它与"chanoine"有关，而这个词来自拉丁语中的"canon"[1]。我认为在翻译中体现出两者的区别和联系非常重要，因此将mouvement canonial翻译成了"律修改革运动"，将chanoine régulier翻译成了"律修教士"。有人误以为律修改革运动后的律修教士都遵守奥古斯丁规章，便认为律修教士等于奥斯定会的成员，这种认识也是错误的。律修改革运动中，参与改革的教士未必都采取奥古斯丁规章，也有采取其他修道规章的情况。因此，不能把律修教士和奥斯定会修士混为一谈。

勒高夫在本书中还讨论了方济各本人和方济各会使用的词汇从何而来，通过这些词汇分析方济各本人和方济各会对他们所处的社会及时代的理解。这些词汇体现了方济各和方济各会的特点。勒高夫在举例时往往讨论同一个词在古典拉丁文、中世纪拉丁文和方济各会语境中分别是什么意思，比如 *dux* 和 *magister*。因此，我在处理中文翻译时将同一个拉丁文词结合语境翻译成了不同的

---

[1] Agnès Gerhards, "Chanoines" dans *Dictionnaire historique des ordres religieux*, Paris, Fayard, 1998, pp. 134-137.

# 译后记

意思。词语随着时间的流逝产生了不同的意思，在不同的语境中有不同的意思，这些区别在法文中相对容易表现。然而，在中文中想把这样的词翻译得既有区别又有联系，是一件难事。在这种情况下，本书选择了在适当处扩注原文，供读者参考、比对。

词汇的具体含义无法脱离其所处的时代。以拉丁文词 *illiteratus* 为例，勒高夫在举例时同时讨论的词还有 *idiota* 和 *simplex*。这三个词都可以理解为"没文化"，但它们侧重的方面又不同。*illiteratus* 可以对应法文里的 illettré，法文里的 illettré 的意思是"不识字的人"或"文盲"，可是我们却不能把拉丁文词 *illiteratus* 简单理解为"不识字的人"。以13世纪的情况为例，所谓 *illiteratus* 实质上强调的是一个人不会拉丁文，而不是不认字。一个会法文但不会拉丁文的人可能被形容为 *illiteratus*，但这个人并不是中文语境中的"文盲"。

在翻译本书的过程中，我在不同的语言之间往返穿梭。比起用一门语言写作，跨越多种语言的经历给了我更多思考和学习的机会。

感谢让我知道了《阿西西的圣方济各》的存在并一直鼓励我的彭小瑜老师。感谢相信我并为我介绍翻译本书的工作机会的闵雪飞老师。感谢挚友李文丹，她一直鼓励我求知。她审读了译稿的前两章，为我提出了宝贵的修改意见。

栾颖新
2022年1月9日
巴黎

图书在版编目（CIP）数据

阿西西的圣方济各 /（法）雅克·勒高夫著；栾颖新译. — 北京：商务印书馆，2021（2022.8重印）
ISBN 978 - 7 - 100 - 20285 - 5

Ⅰ. ①阿⋯　Ⅱ. ①雅⋯ ②栾⋯　Ⅲ. ①方济各(Francesco d'Assisi 1182-1226) — 生平事迹②世界史 — 中世纪史　Ⅳ. ①B979.9②K13

中国版本图书馆 CIP 数据核字（2021）第173790号

权利保留，侵权必究。

### 阿西西的圣方济各
〔法〕雅克·勒高夫　著
栾颖新　译

商务印书馆出版
（北京王府井大街36号　邮政编码100710）
商务印书馆发行
山西人民印刷有限责任公司印刷
ISBN 978 - 7 - 100 - 20285 - 5

2022年7月第1版　　　开本 889×1194　1/32
2022年8月第2次印刷　　印张 9½ 插页1
定价：75.00元